国家出版基金项目
NATIONAL PUBLICATION FOUNDATION

中宣部2022年主题出版重点出版物

"十四五"国家重点图书出版规划项目

纪录小康工程

全面建成小康社会

山东奋斗者

SHANDONG FENDOUZHE

本书编写组

山东人民出版社

责任编辑：崔　敏　战海霞
封面设计：石笑梦
版式设计：汪　阳

图书在版编目（CIP）数据

全面建成小康社会山东奋斗者／本书编写组编著 . — 济南：山东人民出版社，
　2022.10

（"纪录小康工程"地方丛书）

ISBN 978 - 7 - 209 - 13803 - 1

I.①全…　II.①本…　III.①先进工作者－先进事迹－山东　IV.① K820.8

中国版本图书馆 CIP 数据核字（2022）第 071543 号

全面建成小康社会山东奋斗者

QUANMIAN JIANCHENG XIAOKANG SHEHUI SHANDONG FENDOUZHE

本书编写组

山东人民出版社出版发行

（250003　济南市市中区舜耕路 517 号）

山东临沂新华印刷物流集团有限责任公司印刷　新华书店经销

2022 年 10 月第 1 版　2022 年 10 月济南第 1 次印刷

开本：710 毫米 ×1000 毫米 1/16　印张：28

字数：340 千字

ISBN 978 - 7 - 209 - 13803 - 1　定价：98.00 元

邮购地址 250003　济南市市中区舜耕路 517 号

山东人民出版社市场部　电话：(0531) 82098027

总　序

为民族复兴修史　　为伟大时代立传

　　小康，是中华民族孜孜以求的梦想和夙愿。千百年来，中国人民一直对小康怀有割舍不断的情愫，祖祖辈辈为过上幸福美好生活劳苦奋斗。"民亦劳止，汔可小康""久困于穷，冀以小康""安得广厦千万间，大庇天下寒士俱欢颜"……都寄托着中国人民对小康社会的恒久期盼。然而，这些朴素而美好的愿望在历史上却从来没有变成现实。中国共产党自成立那天起，就把为中国人民谋幸福、为中华民族谋复兴作为初心使命，团结带领亿万中国人民拼搏奋斗，为过上幸福生活胼手胝足、砥砺前行。夺取新民主主义革命伟大胜利，完成社会主义革命和推进社会主义建设，进行改革开放和社会主义现代化建设，开创中国特色社会主义新时代，经过百年不懈奋斗，无数中国人摆脱贫困，过上衣食无忧的好日子。

　　特别是党的十八大以来，以习近平同志为核心的党中央统揽中华民族伟大复兴战略全局和世界百年未有之大变局，团结带领全党全国各族人民统筹推进"五位一体"总体布局、协调推进"四个全面"战略布局，万众一心战贫困、促改革、抗疫情、谋发展，党和国家事业取得历史性成就、发生历史性变革。在庆祝中国共产党成立100周年大会上，习近平总书记庄严宣告："经过全党全国各族人民持续奋斗，我们实现了第一个百年奋斗目标，在中华大地上全面建成了小康社会，历史性地解决了绝对贫困问题，正在意气风发向着全面建成社会主义现代化强国的第二个百年奋斗目标迈进。"

这是中华民族、中国人民、中国共产党的伟大光荣！这是百姓的福祉、国家的进步、民族的骄傲！

全面小康，让梦想的阳光照进现实、照亮生活。从推翻"三座大山"到"人民当家作主"，从"小康之家"到"小康社会"，从"总体小康"到"全面小康"，从"全面建设"到"全面建成"，中国人民牢牢把命运掌握在自己手上，人民群众的生活越来越红火。"人民对美好生活的向往，就是我们的奋斗目标。"在习近平总书记坚强领导、亲自指挥下，我国脱贫攻坚取得重大历史性成就，现行标准下9899万农村贫困人口全部脱贫，建成世界上规模最大的社会保障体系，居民人均预期寿命提高到78.2岁，人民精神文化生活极大丰富，生态环境得到明显改善，公平正义的阳光普照大地。今天的中国人民，生活殷实、安居乐业，获得感、幸福感、安全感显著增强，道路自信、理论自信、制度自信、文化自信更加坚定，对创造更加美好的生活充满信心。

全面小康，让社会主义中国焕发出蓬勃生机活力。经过长期努力特别是党的十八大以来伟大实践，我国经济实力、科技实力、国防实力、综合国力跃上新的大台阶，成为世界第二大经济体、第一大工业国、第一大货物贸易国、第一大外汇储备国，国内生产总值从 1952 年的 679 亿元跃升至 2021 年的 114万亿元，人均国内生产总值从 1952 年的几十美元跃升至 2021年的超过 1.2 万美元。把握新发展阶段、贯彻新发展理念、构建新发展格局、推动高质量发展，全面建设社会主义现代化国家，我们的物质基础、制度基础更加坚实、更加牢靠。全面建成小康社会的伟大成就充分说明，在中华大地上生气勃勃的创造性的社会主义实践造福了人民、改变了中国、影响了时代，世界范围内社会主义和资本主义两种社会制度的历史演进及其较量发生了有利于社会主义的重大转变，社会主义制度优势得到极大彰显，中国特色社会主义道路越走越宽广。

全面小康，让中华民族自信自强屹立于世界民族之林。中华民族有五千多年的文明历史，创造了灿烂的中华文明，为人类文明进步作出了卓越贡献。近代以来，中华民族遭受的苦难之重、付出的牺牲之大，世所罕见。中国共产党带领中国人民从沉沦中觉醒、从灾难中奋起，前赴后继、百折不挠，战胜各种艰难险阻，取得一个个伟大胜利，创造一个个发展奇迹，用鲜血和汗水书写了中华民族几千年历史上最恢宏的史诗。全面建成小康社会，见证了中华民族强大的创造力、坚韧力、爆发力，见证了中华民族自信自强、守正创新精神气质的锻造与激扬，实现中华民族伟大复兴有了更为主动的精神力量，进入不可逆转的历史进程。今天，我们比历史上任何时期都更接近、更有信心和能力实现中华民族伟大复兴的目标，中国人民的志气、骨气、底气极大增强，奋进新征程、建功新时代有着前所未有的历史主动精神、历史创造精神。

全面小康，在人类社会发展史上写就了不可磨灭的光辉篇章。中华民族素有和合共生、兼济天下的价值追求，中国共产党立志于为人类谋进步、为世界谋大同。中国的发展，使世界五分之一的人口整体摆脱贫困，提前十年实现联合国2030年可持续发展议程确定的目标，谱写了彪炳世界发展史的减贫奇迹，创造了中国式现代化道路与人类文明新形态。这份光荣的胜利，属于中国，也属于世界。事实雄辩地证明，人类通往美好生活的道路不止一条，各国实现现代化的道路不止一条。全面建成小康社会的中国，始终站在历史正确的一边，站在人类进步的一边，国际影响力、感召力、塑造力显著提升，负责任大国形象充分彰显，以更加开放包容的姿态拥抱世界，必将为推动构建人类命运共同体、弘扬全人类共同价值、建设更加美好的世界作出新的更大贡献。

回望全面建成小康社会的历史，伟大历程何其艰苦卓绝，伟大胜利何其光辉炳耀，伟大精神何其气壮山河！

这是中华民族发展史上矗立起的又一座历史丰碑、精神丰碑！这座丰碑，凝结着中国共产党人矢志不渝的坚持坚守、博大深沉的情怀胸襟，辉映着科学理论的思想穿透力、时代引领力、实践推动力，镌刻着中国人民的奋发奋斗、牺牲奉献，彰显着中国特色社会主义制度的强大生命力、显著优越性。

因为感动，所以纪录；因为壮丽，所以丰厚。恢宏的历史伟业，必将留下深沉的历史印记，竖起闪耀的历史地标。

中央宣传部牵头，中央有关部门和宣传文化单位，省、市、县各级宣传部门共同参与组织实施"纪录小康工程"，以为民族复兴修史、为伟大时代立传为宗旨，以"存史资政、教化育人"为目的，形成了数据库、大事记、系列丛书和主题纪录片4方面主要成果。目前已建成内容全面、分类有序的4级数据库，编纂完成各级各类全面小康、脱贫攻坚大事记，出版"纪录小康工程"丛书，摄制完成纪录片《纪录小康》。

"纪录小康工程"丛书包括中央系列和地方系列。中央系列分为"擘画领航""经天纬地""航海梯山""踔厉奋发""彪炳史册"5个主题，由中央有关部门精选内容组织编撰；地方系列分为"全景录""大事记""变迁志""奋斗者""影像记"5个板块，由各省（区、市）和新疆生产建设兵团结合各地实际情况推出主题图书。丛书忠实纪录习近平总书记的小康情怀、扶贫足迹，反映党中央关于全面建成小康社会重大决策、重大部署的历史过程，展现通过不懈奋斗取得全面建成小康社会伟大胜利的光辉历程，讲述在决战脱贫攻坚、决胜全面小康进程中涌现的先进个人、先进集体和典型事迹，揭示辉煌成就和历史巨变背后的制度优势和经验启示。这是对全面建成小康社会伟大成就的历史巡礼，是对中国共产党和中国人民奋斗精神的深情礼赞。

历史昭示未来，明天更加美好。全面建成小康社会，带给中国人民的是温暖、是力量、是坚定、是信心。让我们时时回望小康历程，深入学习贯彻习近平新时代中国特色社会主义思想，深刻理解中国共产党为什么能、马克思主义为什么行、中国特色社会主义为什么好，深刻把握"两个确立"的决定性意义，增强"四个意识"、坚定"四个自信"、做到"两个维护"，以坚如磐石的定力、敢打必胜的信念，集中精力办好自己的事情，向着实现第二个百年奋斗目标、创造中国人民更加幸福美好生活勇毅前行。

目　录

三、扶贫先锋篇——但愿苍生俱饱暖 ············· 177

一、时代楷模篇

——风雨不动安如山

2019 年 3 月，习近平总书记在中央党校（国家行政学院）中青年干部培训班开班式上引用杜甫的《茅屋为秋风所破歌》，强调历史和实践反复证明，一个政党有了远大理想和崇高追求，就会坚强有力，无坚不摧，无往不胜，就能经受一次次挫折而又一次次奋起；一名干部有了坚定的理想信念，站位就高了，心胸就开阔了，就能坚持正确政治方向，做到"风雨不动安如山"。

　　干事创业，信念为先。长期以来，一批敢干实干的山东时代楷模向全国释放了影响力，成为山东精神的化身，让全国人民理解到山东精神，得到了中央和国家的肯定，起到了"安如山"的压舱石作用。同时，这些时代楷模也以点带面、鼓舞后进，为奋进的齐鲁带来更为深远的影响。

理想信念高于天

——记沂源县张家泉村原党支部书记朱彦夫

朱彦夫简介

朱彦夫，1933 年 7 月出生，中共党员。2014 年，被授予"时代楷模"荣誉称号，是全国首位获此殊荣者。2019 年，先后被授予"人民楷模"和"最美奋斗者"荣誉称号。他 14 岁参军，16 岁入党。先后参加过淮海战役、渡江战役、抗美援朝等上百次战斗，10 次负伤，3 次荣立战功，在抗美援朝战场上失去了四肢和左眼。他主动放弃荣军供养待遇，回村担任村党支部书记 25 年，带领群众治理荒山、兴修水利、发展教育，把一个贫穷落后的山村变成了富裕村。他用嘴衔笔、残臂抱笔，创作完成了两部震撼人心的自传体长篇小说《极限人生》和《男儿无悔》，被誉为"中国当代保尔·柯察金"。在朱彦夫身上，充分体现了我们民族的精神、时代的精神。

在沂源的大山里，有一位中国的"保尔·柯察金"，他14岁参军，16岁入党。先后参加过淮海战役、渡江战役、抗美援朝等上百次战斗，10次负伤，3次荣立战功，在抗美援朝战场上失去了四肢和左眼；他主动放弃荣军供养待遇，回村担任村党支部书记25年，带领群众治理荒山、兴修水利、发展教育，把一个贫穷落后的山村变成了富裕村。他用嘴衔笔、残臂抱笔，创作完成了两部震撼人心的自传体长篇小说《极限人生》和《男儿无悔》。他就是国家荣誉称号获得者、全国首位"时代楷模"——朱彦夫。

缺手缺脚不缺"钙"

床上的军装整齐地叠着，假肢并排靠在床边，假肢上的黄军鞋鞋头始终朝外，这是战士时刻准备出征的姿势。耄耋之年的老英雄朱彦夫坐在床上，他是用心在走，在跑，在跳，在冲。

1947年，沂源县全境解放。那年冬天，14岁的朱彦夫穿上了军装。肥大的棉裤虽不合身，却通体暖和舒服。后来的他回忆自己的军旅生涯，让他自豪的是，在淮海战役、渡江战役、抗美援朝等上百次战斗中，他的腿、他的手、他的眼，都为他立过战功。

1950年12月初，朝鲜长津湖争夺250高地的战斗打响了。朱彦夫所在连队冒着零下30摄氏度的严寒，与装备精良的两个营敌人殊死搏斗，激战三天三夜，全连官兵除他以外，都牺牲了。朱彦夫头部中弹，胸部、腹部也受了重伤。意识模糊不清的他，口渴难耐，竟将自己被炸出挂在脸上的左眼球吞进肚里。后来他被发现送往医院急救，先后做了47次手术，两腿膝盖以下、两手手腕以上截肢，失去了左眼，右眼的视力仅剩0.3。昏迷93天后，几乎被宣布死亡的朱彦夫竟奇迹般地活了过来。可是，他清醒后却哭着埋怨医生："为什么要救我？没脚，没手，一只眼，我活着还有什么劲儿？"

朱彦夫万念俱灰，他被转到了荣军医院，却时刻都在想：怎么死。他滚下床，挣扎着将身子滚到窗口的桌子前，用臂磕扳着桌角，伤口挣裂，鲜血淋漓，染红了桌腿和地面。他终于爬上了桌子，正要往窗外滚，却被一个叫"飞毛腿"的病友，一把拽了下来。

荣军医院马政委大发雷霆，劈头盖脸剋了他一顿："朱彦夫，你没良心！你死了，对得起牺牲的战友吗？对得起给你治疗的医生、护士吗？你知道为抢救你输了多少血吗？你这软骨头！你还算个党员吗？你是举起拳头宣过誓的人，举过拳头……"

话音未落，只见朱彦夫举起残臂，哆嗦着嘴唇："我没有拳头了啊！"

两个军人相拥而泣。马政委说："咱没有拳头，还有心！"

朱彦夫重回战斗过的小山村

时间过去了半个多世纪，银发满头的朱彦夫谈起那场生死对话，已经很平淡了。他的嘴角甚至挂着一丝微笑："说句大实话，如果我不是党员，忘记了举拳头，器官早就萎缩了，精神早就崩溃了。我老朱心里要不是装着党，装着共产主义，早就死了。是党救了我，我不爱党行吗？"

共产党员死都不怕，还怕啥？先做个能自理的人吧。

在之后的日子里，他学会了用残臂自己吃饭，学会了靠假肢自己站起来。摔倒，爬起；再摔倒，再爬起。四肢的创伤面刚结痂，又被磨破，鲜血直流，浸透了衣服和腿套。

"怎么止疼？我有个法儿，唱歌！《三大纪律八项注意》《中国人民志愿军战歌》，我嗷嗷地唱，嗓子哑了，还唱，一直唱到不疼了为止。"朱彦夫笑着说。

几年过去，一个新的问题摆在了朱彦夫面前——是一辈子在疗养院里被人伺候着，还是回到老家，去干点"有腿人"该干的事情？"去"还是"留"，如当年的"生"还是"死"一样。他失眠了。最后，他作出了一个惊人决定：不能让国家养起来，我要回家。

1956年春，朱彦夫回到了阔别9年的故乡——沂源县张家泉村。在人生的第二个"战场"，他与乡亲们一起战天斗地、恂恂笃行了25年！

守好党的"生命线"

全县第一个有拖拉机，第一个平均亩产过600斤，全乡第一个用上电，村民人均收入第一……谁能想到，这么多"第一"，竟是张家泉这个新中国成立初期村民连地瓜干都吃不饱、一到灾年就靠讨

朱彦夫在张家泉村察看佛手瓜生长情况

饭糊口的穷山村创造的？又有谁能想到，这个穷山村巨变的掌舵人，竟是一个缺腿少手、"死而复生"的"烈士"？

回村后，朱彦夫看着乡亲们吃不饱、穿不暖的样子，寝食难安。怎么才能过上好日子？苦思冥想好几天，他最终确定："文化是钥匙！办图书室！"

通情达理的媳妇当然支持，可困难也明摆着：房子、书架、图书哪里来？夫妻俩一合计，娘那间屋还算宽敞，就把图书室办在那儿。

书怎么办？朱彦夫让妻子从铺盖底下拿出积攒下的97元3角2分钱，又卖掉家里仅有的一头猪和半瓢鸡蛋。10多天后，200多册通俗实用的图书摆上了书架。全乡第一个乡村图书室开张了。

一时间，图书室门庭若市。村民们大多不识字，手里捧着书干着急。朱彦夫就一篇篇念给大伙儿听，念得口干舌燥，嘴角都抽搐了。

这样下去不是个长法。朱彦夫又有了大胆的想法：办夜校。

"朱老师"大概是全国讲台上动作难度系数最高的一位：两截断臂夹不住粉笔，他就给粉笔套上弹壳，一使劲儿写字，弹壳边缘就嵌进肉里，钻心地疼；站时间长了，双腿就会失去知觉，经常一到下课，迈不开步子，直接摔倒在讲台上；夜校离家有二里地，晚上看不清山路，他不知摔倒过多少次，有一次摔掉了假肢，为了不耽误上课，他硬是爬到了教室……

700多个夜晚，无论寒暑雨雪，"朱老师"从没缺过一次课。这个连高小生都没出过的山村，有100多个学员学会了写信、看书、算账。

这样为大家伙儿操劳的好人，上哪里找？两年换了三任党支部书记、人心涣散的张家泉人，终于看到了一个肯干能干的带头人！1957年春，老支书请辞，村党支部成员纷纷推举朱彦夫接任。

老母亲听说儿子要干村支书，生了气："你有口气，俺还有个儿子。你累死了，俺找谁去？咱不干！"朱彦夫说："娘，你儿子是党员，铁打的，命硬。"

一上任，朱彦夫就拄着拐，拖着17斤重的假肢，臂上搭着块随时擦汗的毛巾，深一脚浅一脚，到田间地头查看生产，逐门逐户察访民情。

朱彦夫说："身子骨好的村支书检查生产，顺手抓起一把土，就能看出地刨得多深，种子种得够不够密。我呢，就要趴到地上，用胳膊扒，扒出种子，看看够不够标准。"

朱彦夫到处找"路"，发展的主意慢慢拿定：治山、治水、造田、架电。一个个山里人想都没想过的大工程，在张家泉热火朝天地展开，一干就是十多年。

张家泉三面是山，本就不多的土地被三条大沟分割得七零八落，由于常年洪水冲刷，沟内乱石密布。土地少，收成低，打下的麦子用瓢量。人多地少的矛盾不解决，张家泉村就永远吃不饱，一定要把三条沟治理好，让荒地变良田。

于是，在朱彦夫的带领下，200多名村民浩浩荡荡开进了1000多米长的"赶牛沟"，开石运料、下沟挖基，白天农业劳力干，晚上副业劳力接着干。一冬下来，荒了几代的"赶牛沟"变成了地下暗渠，上面开出了40多亩良田。

村民尝到了甜头，又干了两冬，"舍地沟""腊条沟"也荒地变沃土。有土地，就有粮食，张家泉人第一次吃上了白面馒头、小米面煎饼。多年没娶进一个媳妇的张家泉村，一年就娶进来了10个。

村民们打心眼里佩服朱彦夫。

用生命赓续传统

"你一定要记住，一个连的消亡，在战争史上可能不算什么，可你要想法儿把这壮举记录下来，告诉后人，我们死也瞑目了！"这是在骨山血河的250高地上，连指导员高新坡弥留之际，一字一句留给朱彦夫的。

从那一刻起，这嘱托就刻在了朱彦夫的心灵深处。怎么才能让大家铭记？"我不会写，就用口说吧。"

朱彦夫作的第一场报告，是1952年的清明节。当他讲到那场全连覆没的悲壮战斗时，人群中一片静默，随即有低泣声传来，渐渐这哭声连成一片，最后变成了"向最可爱的人学习""向最可爱的人致敬"的口号声。

朱彦夫自己也没想到，听众会有如此强烈的反应，他感到非常欣慰——我一定要讲下去，用嘴巴完成战友遗志。

从 1952 年开始，到 1996 年朱彦夫突发脑梗死倒在讲台上，44年间，他拖着残腿，每请必到，奔走大江南北，无偿作了 1000 余场报告，听众达几百万人，所到之处，都会引起强烈共鸣。在人们眼里，朱彦夫是信念的标尺，是力量的象征。

为了作报告时不上厕所，他不敢喝水，每一次都讲得口干舌燥，激动得头昏眼花。每作一次报告，朱彦夫就像又到死神门口挣扎一回，但他觉得值。

有一次，朱彦夫应邀去一所中学作报告，一个孩子问他："朱爷爷，有的同学在议论，当年你们打仗那么拼命，不是太傻了吗？现在办啥事都讲钱，你拿了学校多少钱？"

这话深深地刺痛了朱彦夫，作为历史的见证人，自己必须告诉孩子们，世界上还有比钱更重要的东西。但是，自己还能有多大的精力？作多长的报告？

书！只有写书！把共产党人为国家为人民甘愿牺牲的凛然正气写出来，把一个特残军人自强不息、挑战生命极限的精神信念写出来！浇灌那些干涸荒瘠的心田。

但是，真要动笔，谈何容易！肚子里"墨水"不够，写字又困难。写还是不写？又如当年的"生"还是"死"一样，摆在了他面前。

1987 年，朱彦夫终于拿起了笔。他把被子叠成"方块"，垫在大腿上，再把写字板放在被子上，弓背低头，用嘴含着笔尝试写字。口水顺着笔柄往下流，浸湿了稿纸，换一张重新写！再湿再换，朱彦夫一开始每天只能写十几个字。长期的弯腰弓背让他头晕目眩，各处伤口疼痛难忍，似乎又经历了一次手术台上的洗礼。

整整七年，2000 多个炼狱般的日日夜夜，朱彦夫这个一天学都没上过的人，翻烂了四本字典，用掉半吨稿纸，终于在 1996 年 7 月出版了 33 万字的自传体小说《极限人生》。

拿到新书的那天，朱彦夫把自己关在屋里，恭恭敬敬地在扉页上写满了战友的名字，然后双膝跪倒，将其点燃。蓝幽幽的火苗里，他仿佛看见，字字句句化成了一曲悲歌，为烈士们吟唱，乐声飘荡在浸透着他们生命和忠诚的山河间。他长舒一口气，卸下了背了46年的千斤重担。

他写的书，成了好多人的枕边书、励志书。淄博预备役工兵团将《极限人生》作为必读书目，朱彦夫也成了他们最贴心的"政委"。

1996年10月21日，俄罗斯《真理报》刊登了《闪光——中国的保尔·柯察金捍卫新社会的价值观》，文章评价：这两个不同国家、不同时代的英雄人物的生平，似乎是平行地发展着，甚至"中国的保尔"更有过之。

朱彦夫，一个大写的人。

百姓书记，人民至上

——记潍坊市委原副书记、原寿光县委书记王伯祥

王伯祥简介

王伯祥，1943年2月出生，山东寿光人，中共党员，山东省潍坊市委原副书记、市长，原寿光县委书记。任寿光县委书记期间，发挥蔬菜种植传统优势，大力发展蔬菜批发市场，扶持冬暖式蔬菜大棚，改写了农业历史；提出"突破北部"战略，连续三年组织20万劳动力开发寿北，把占全县总面积60%的不毛之地变成全县的"粮仓"；主持上马一批重点项目，大胆起用优秀企业经营人才，较早实行企业股份制改造，使寿光工业总产值翻了三番，为进入全国百强县打下坚实基础。先后荣获"全国优秀共产党员""改革先锋""最美奋斗者"等荣誉称号，是寿光人民的"传奇书记"和"百姓书记"。

30多年的时间，足以让许多人许多事，从人们的记忆中淡去。可有一个人，在离开岗位30多年后，当地的群众还常常想念他。

他就是王伯祥，山东省原寿光县委书记，任职五年半，他把曾经大白菜成灾的寿光变成"中国蔬菜之都"，把穷呵呵的寿光汉变成了"万元户"。他全力推广冬暖式蔬菜大棚，组织人力连续开发寿北盐碱滩。他永怀为民之心，不求私人之利，离任30多年，仍为寿光群众口口相传——"我们的伯祥书记"。

用寿光人的话说，日子会流走，但那个坐在炕头、蹲在地头，一头钻进大棚里、一脚踩进北大洼泥泞里，把父老乡亲捧上手心里、暖在心窝里的"伯祥书记"，他们会记一辈子。

而用他自己的话说，当了五年半的县委书记，主要干了三件事：一是推进蔬菜产业化，二是开发寿北盐碱滩，三是为工业翻身打基础。但就是这三件事，却让寿光人从此鼓起了口袋、挺起了腰板、走向了世界。

"当县委书记就要尽心竭力给老百姓办事，不抱任何名利思想，不带任何私心杂念。"这句话，是王伯祥留给寿光人民的承诺，至今依然响亮。

如果搞砸了，一切损失县里担着

"晚上在寿光的菜园子，早上进北京人的菜篮子，中午上北京人的菜盘子。"寿光，以"中国蔬菜之乡"闻名于世。但若不是当年冒着风险搞起来的17个大棚，寿光绝不会有今日盛名。

1986年，王伯祥接任寿光县委书记。新老交接，老书记李汉三握着王伯祥的手，只说了一句话："你要撑起寿光这个家！"王伯祥则

王伯祥与养虾人交流

三夜未眠：这个百万人的"家"，我撑得起来吗？第三天拂晓，这个寿北盐碱地长大的汉子，终于备好了实打实的"三把火"：南抓菜、粮、果，北抓盐、棉、虾，始终不懈抓企业。标准只有一个：老百姓有饭吃、有钱花。

王伯祥在大会上表态："这'三把火'绝不是炫耀之火，装样之火，讨好领导、糊弄百姓之火。我想使它成为除穷之火、富裕之火、希望之火。我们要用这'三把火'，烧出寿光美好的明天！"

回到家里，他继续琢磨："当前，最先要抓的是蔬菜。"寿光南部地肥水沃，种菜历史源远流长。清康熙年间，寿光蔬菜已有 40 个品种，其中 30 个延续至今。即使在"以粮为纲""割尾巴"的年代，就算偷偷摸摸，寿光人也从没丢掉老本行。

从那往后，王伯祥的"算盘"再没闲过：全县要吃菜不说，寿光北边还有"阔邻居"——胜利油田的几十万员工，济南、北京、上海……大城市的人哪天离得了蔬菜？

1989年5月，在王伯祥的支持下，三元朱村党支部书记王乐义把懂技术的东北汉子韩永山请到了寿光，准备发展不生炉子的冬暖大棚。没想到，村民们却说啥也不相信。当时一个大棚要投入五六千元，这可不是一个小数目。

"钱不是土坷垃块，借上贷上，打了水漂咋办？""冬天不烧煤、不生火，长黄瓜？除非太阳从西边出来。"风言风语，在三元朱村很快发酵。

王伯祥赶来给王乐义和韩永山撑腰壮胆。"村看村，户看户，群众看的是党员干部。告诉大家，如果搞砸了，一切损失县里担着。"

有了这句话，三元朱村17名党员干部全部报了名搞大棚。经过研究，村里决定在土质最好的村北做试验。但新的问题又出现了，那里是一片未收割的玉米。要想赶在元旦前让大棚黄瓜上市，就只能选择杀青。在那个年头，这可是犯错误的大事。

关键时刻，又是王伯祥一锤定音。"不是无故杀青，而是为了搞大棚试验，县委支持你们！只要对群众有利的事就大胆干！"

三个月后，三元朱村顶花带刺的鲜黄瓜上市，一个大棚收入两万多元。到第二年，不用动员，5000多个冬暖式日光蔬菜大棚覆盖了全县22个乡镇640多个村庄。时至今日，寿光的蔬菜大棚已发展到数十万个，不论是坐火车，还是开汽车，路过寿光的人都会被一眼望不到边的大棚所震撼。而这些大棚带来的收益，占农民收入的50%。

"当时也怕干不成，不过咱不蛮干，拿不准的事情就先试点，成熟再推广。"谈起以前的事，王伯祥说得很淡然。

自己不遵守制度，怎么要求别人

跟王伯祥做事，造不得一点假。

稻田镇原党委书记杨洪友还记得，1990年当地遭遇干旱，大片玉米受灾。王伯祥到镇里调研，问杨洪友总共开了多少台机器抗旱。"我说统计是138台，他说根本没有这么多，都一一给你数了，顶多也就100台，然后就跟我分析原因。他就是这样的人，遇事都是自己先实地看。"

寿北开发，是王伯祥在任上做的一件大事。千百年来，寿北160万亩土地除了盐碱滩，就是浅海滩涂。当地的群众生活十分艰苦。

寿南有了蔬菜大棚，群众手里有了钱花，寿北怎么办？王伯祥下了决心，准备组织十几万人搞一场大会战。当时，农村刚刚实行家庭联产承包责任制，要组织这么多人简直是"天方夜谭"。

会战开始前三天，王伯祥就把铺盖搬到了盐碱滩上一个放牛老汉的牛棚里。45天时间，王伯祥硬是没挪"窝"，跟民工一个锅里吃饭，一起挖沟运土。有一次去潍坊市开会，正赶上秋雨连绵。散会后已是下午六点，王伯祥立即驱车往工地赶。车子因路面湿滑走不动，王伯祥就和秘书拿着手电筒步行了五公里，回到工地，他顾不上换下已经湿透的衣服就去查看民工住的窝棚漏没漏雨。

"制度是给大家定的，自己不遵守，还怎么要求别人！"当别人劝他回家看看，王伯祥这样回答。"我不走，乡镇党委书记就不走，村支部书记就不走，民工也不会走。"

参加过那场大会战的羊口镇官台村村民齐万华回忆："一开始思想也不接受，全是义务工，谁愿意干啊，可现在心里全是感激，看起来算不上什么奇迹，实际上却改变了成千上万人的命运。王伯祥干事

王伯祥在盐场同技术人员共商发展

儿就是实，要是光蹲在机关里能干成这事儿？”

当县委书记五年半的时间里，王伯祥每天上班第一件事，是看蔬菜市场送来的报表，数量、品种、价格、交易量一应俱全。在王伯祥眼里，这是菜农喜忧的“晴雨表”，群众诙谐地说，这是王伯祥的“天天读”。

加号多，表明蔬菜上市量多，交易额大，价格好，群众满意，他高兴；减号多，表明上市量少，交易额小，价格差，群众噘嘴，他寝食不安。

有一天，加减号的变化有点反常，成交量和价格出人意料地下滑。王伯祥眉头紧锁，叫来市场管委会办公室主任孙玉祥询问情况。

原来，随着寿光蔬菜批发市场变大变强，暗流开始出现：不轨人员暗中联手、欺行霸市，小偷小盗制造混乱、浑水摸鱼，一些中介缺斤短两、掺杂使假，有的甚至大打出手、殴伤菜农客商……

王伯祥怒不可遏："非下猛药杀杀这些'菜虫子'不可！"

专题工作会议迅速召开，王伯祥字字恳切："寿光人脱贫致富的希望就在这个市场上，保护市场，就是保护寿光人的命根子。"

经过半个月的治理整顿，市场秩序迅速好转，蔬菜交易一如既往。举一反三，王伯祥经常告诫干部："我们自己的种种疾患，同'菜虫子'一样，都是市场的大敌。服务态度的好坏，也是同人民群众有无感情、感情深浅的试金石。我们一定要心和菜农一起跳，血和菜农一起流。"

又想为群众办事，又想为自己办事，就办不好事

一辆"130货车"，拉走了王伯祥全部的家当。潍坊市政府派来的一辆货车因无货可拉，只好把院子里还没烧完的蜂窝煤和木柴全部装上。

这个场景，发生在1991年。当时，王伯祥已经升任潍坊市副市长。前来送行的寿光干部群众，从未想到眼前这个当了五年半县委书记的人，家里竟然如此"穷酸"。

20世纪末，一些地方和单位争相购买高级轿车。寿光县物资公司也购进了一辆豪华"皇冠"轿车，有些人就提议给县委领导用，王伯祥却投了否决票。"没听见群众骂吗？我们的经济现在还比较落后，还是艰苦一点好！"

吃人家的嘴软，拿人家的手短。这一信条，王伯祥已经坚持了数十年。也正因为如此，30多年来，从来没有人反映王伯祥有过这样那样的问题。

在王伯祥看来，做事要出于公心，不然就经不起时间的检验。

"一心一意为群众办事，做个事就不难；最怕又想为群众办事，又想为自己办事，结果就是办不好事。"

年近八十的王伯祥，早已赋闲在家，平时最爱干的事儿，就是回寿光老家走走看看。只要见到王伯祥，老家人都会主动打声招呼，致以敬意。

因为，在群众心里，无论到什么时候，王伯祥都是"百姓的书记"。

让中国企业管理模式走近世界舞台中央

——记海尔集团创始人、董事局名誉主席张瑞敏

张瑞敏简介

张瑞敏，1949年1月出生，山东莱州人，中共党员，海尔集团创始人，全球50大管理思想家之一，现任海尔集团董事局名誉主席。张瑞敏带领海尔从一个濒临倒闭的集体所有制小厂成长为全球知名的跨国企业集团，并率先在全球创立生态品牌。张瑞敏是海尔品牌的缔造者，也是海尔体系的设计者，他创立的人单合一模式和生态品牌范式使中国企业管理模式走近世界舞台中央，引领了物联网时代全球企业的大转型。张瑞敏连续当选党的十四大至十九大代表，连续当选中国共产党第十六届、十七届、十八届中央委员会候补委员，先后被授予"改革先锋""最美奋斗者"荣誉称号。

在全面建成小康社会的进程中，总有一些人引领着世界潮流。2021 年 9 月 17 日，在第五届人单合一模式引领论坛上，张瑞敏和欧洲管理发展基金会主席埃里克·科尼埃尔联合签署了首张人单合一国际认证证书。这标志着中国企业创造的管理模式成为国际标准。以往，中国企业都是接受 ISO 9001 等国际标准认证，以中国企业的管理模式为基准给全球企业做认证，这在中国的管理史上是破天荒的头一次。有媒体称，这堪称中国管理模式走近世界舞台的里程碑事件。如今，人单合一已成为全球管理学界统一使用的汉源词汇，截至 2022 年 2 月底，全球已有 74 个国家 32 万多家企业注册成为人单合一联盟成员。这意味着，中国企业的管理模式正成为新时代全球企业的一个转型选择。

"我们这代人有一个朴素的信念，就是为国家做点事。"2003 年央视《对话》栏目中，主持人问张瑞敏："把一个企业的发展目标与一个民族理想合二为一，您是怎样想的？不累吗？"张瑞敏说："如果大家都不做，中国就永远没有机会，再苦再难，海尔愿做一个先行者。"正是抱着这样的信念，创业 37 年间，张瑞敏带领海尔创造了一个又一个奇迹，实现了一个又一个引领。

要么不干，要干就要争第一

1984 年 3 月，张瑞敏成为青岛电冰箱总厂（海尔集团前身）引进国外生产技术的项目负责人。他在带队考察了德国、意大利等先进的电冰箱生产厂家后，决定引进德国利勃海尔的电冰箱生产技术，因为利勃海尔有当时世界上最先进的四星级电冰箱生产技术。

而谈判中的两件小事，激发了张瑞敏一定要创立让中国人为之自

创业初期，张瑞敏在车间与工人交流

豪的世界名牌的决心。20 世纪 80 年代，国家外汇紧张，且青岛电冰箱总厂已亏空 147 万元，引进技术的资金全靠借贷。谈判中，张瑞敏希望对方在价格上做一下让步，但对方的态度很坚决：日耳曼民族要么不做，要做就要做最好的，我们的产品就值这个钱。在当天德方举办的晚宴上，看着天上的烟花，德国人对张瑞敏说，在德国的中国货不多，但这天上的烟花是中国的，很好。这看似夸赞的话却刺痛了张瑞敏——我们在国外最好的东西依然是老祖宗的发明，而不是现代化的产品和品牌。

"要么不干，要干就要争第一"后来成为海尔的一句口号。海尔也要创出世界名牌！

20 世纪 90 年代初，曾经有个美国供应商找到张瑞敏，希望说服他放弃海尔在美国的品牌，这样销量和利润都会增加很多。张瑞敏断然拒绝了："如果那样，世界上就再也不会出现海尔的品牌。"

然而，创一个世界名牌绝非易事。国际创牌有一个规律，就是在母国之外创牌至少要亏 8 年。深知这一点的张瑞敏依然坚持出口创牌。从 1989 年开始海外创牌，直至 2015 年海尔在海外才实现盈亏平衡，海尔咬牙坚持了 26 年。直至 2020 年，海尔海外利润率在短短五年内从零升到了 4%，而到了 2021 年，海尔海外利润率已远超 4%，突破了代工企业维持二三十年的利润率天花板。

2019 年，张瑞敏在一个节目中再度谈及当年去德国引进冰箱的故事，难掩激动："为什么不能创一个让中国人为之自豪的世界品牌？那时，这只能是一个梦。"但梦想终究照进了现实，如今海尔已连续十余年蝉联全球白色家电第一品牌。并且，海尔在与德国、美国等国企业的竞争中胜出，被国际标准组织确定主导制定大规模定制模式的国际标准。当听到海尔当选的消息后，张瑞敏说："那一刻很激动，因为海尔代表的是中国！"

没有成功的企业，只有时代的企业

创业 37 年间，张瑞敏带领海尔跟随时代变迁进行了六次战略转型。"没有成功的企业，只有时代的企业，所谓成功只不过踏准了时代的节拍。"张瑞敏时刻把时代变迁放在其决策与思考的首要位置。

作为海尔发展史上一个里程碑式的文化事件，"砸冰箱"描摹了海尔自我颠覆、始终"自以为非"的文化底色。

20 世纪八九十年代，中国家电产品在市场上供不应求，所有的冰箱，不管是合格品，还是次等品都能卖出去。很多企业争上产量，有的企业年产甚至达到了百万台。但张瑞敏知道，市场不可能一直供不应求，用户希望买到的是高质量的产品。所以，当张瑞敏发现仓库有 76 台有质量瑕疵的冰箱时，他毅然决然地举锤砸掉，为的就是砸掉原有的观念，树立起"零缺陷"的质量观。

而"砸"所代表的自我颠覆精神，在海尔日后的发展中不断传承。2004 年，海尔营业额突破 1000 亿。作为一个千亿级规模的企业，大多数企业会选择"稳"，继续靠规模优势打败对手。但张瑞敏却选择将自己亲手缔造的、科层制的"海尔大厦"砸掉。

2005 年 9 月 20 日，张瑞敏提出"人单合一"，拉开了海尔新管理模式探索的序幕。从"SBU"（战略业务单元）到"倒三角"的自主经营体，再到小微、链群，这场浩大的"砸组织"行动，一步步将传统的科层制彻底颠覆，又重建出新的组织秩序——链群合约。由此，全新的模式颠覆了西方百年以来的管理经典，成为物联网时代企业管理的新范式。

转型而非转行

在庆祝改革开放 40 周年大会上，习近平总书记亲自为四位改革开放杰出贡献人员颁奖的画面举世瞩目。张瑞敏是四位代表中唯一一位来自制造业的代表。从习近平总书记手中接过沉甸甸的证书和奖章，张瑞敏激动地说："感谢总书记，这不仅仅是对我的鼓励，更是对所有中国制造业企业的鼓励。"

在推动制造业高质量发展方面，张瑞敏敢于下先手棋，挑战世界级难题。面对互联网和物联网的浪潮，面对百年未有之大变局，张瑞敏没有选择那些看起来是"风口"的行业。在张瑞敏看来，转向那些行业只是"转行"，而非"转型"。制造业要想持续发展，必须转型，向物联网转型。张瑞敏率先探索大规模定制模式，打通全产业链，以场景体验倒逼制造业向高质量发展和转型，推动制造业向物联网模式转型，实现供需两侧高质量动态平衡。

"大企业搭平台，中小企业用平台"，在推动高质量转型中，海尔积极发挥大企业作用，将自身经验落地为工业互联网平台，带动中小企业数字化、物联网模式转型。目前，以卡奥斯工业互联网平台为载体，海尔正为 15 个行业、7 万多家企业赋能，其中"工赋系列"正在提升区域数字化转型中发挥重要作用。以青岛为例，仅 2021 年，平台赋能青岛企业达 3561 家，为青岛新增工业产值预计超过 210 亿元。德国工业 4.0 权威专家也邀请海尔到当地帮助中小企业转型。

让人人都成为"张瑞敏"

张瑞敏经常提醒自己和同事们，没有党的好政策就没有今天的海尔。张瑞敏认为，在海尔 8 万人中，他并不是最聪明的，他只是遇到了好的机遇。张瑞敏对党的好政策带来的机遇心怀感恩，自己也坚定要为每个员工创造共同奋斗、共同发展、共同富裕的机会。

"他们（员工）有很多人很厉害，如果他们手中有我手中的权力，一定比我做得更好。"从企业基层做起的张瑞敏从创业之初，就不断尝试去释放员工的创造力。海尔是中国第一个以员工名字命名创新成果的企业，这给了员工极大的精神鼓励；从 20 世纪 90 年代起，海尔就开始探索自主管理班组，员工自检自治；而随着人单合一提出后的"砸组织"，张瑞敏更推动海尔彻底转型成了一个创业平台，搭建了

2016 年，海尔完成对 GEA 的并购

一个人人都有机会成为 CEO 的平台。每个人只要发现市场机会，都可以自己组建团队进行创业，员工拥有充分的自主权。

海尔生物医疗的刘占杰，从一名大学教师进入海尔低温冷柜研发团队，成为一名研发人员。而因为海尔的创业机制，他有机会成立海尔生物医疗小微公司，开始独立创业。2019 年，海尔生物医疗登陆科创板，成为青岛市第一家上市科创板的企业。上市之初，海尔生物医疗市值为 90 亿左右，最高时达到 475 亿元。现如今，像海尔生物医疗一样的创业小微在海尔生态中有 4000 多家。

创新不止，创业不止，这一理念背后体现了张瑞敏坚持的"人的价值最大化"宗旨。2016 年，美国百年企业通用电气（GE）旗下的家电业务（GEA）被海尔并购。业内都清楚，GE 通常会抛弃他们认为已经不盈利或者没有前景的产业。但加入海尔 5 年多来，GEA 成为美国家电行业增长最快的企业，收入实现了近 2 倍增长，利润则实现了近 3 倍增长。

2021 年 11 月 5 日，张瑞敏主动辞任董事局主席和首席执行官，受邀担任海尔集团董事局名誉主席，由此开创了生态型企业的传承新机制。对于执掌海尔 37 年的张瑞敏，职工们给予高度评价：打造了一个全球化企业，创立了一个享誉世界的品牌，首创了一个引领时代的商业模式，缔造了一种创客文化。而他的同行们则评价说："张瑞敏交给未来的是一个人人创客、生生不息的生态。"

扛起乡村振兴的旗帜

——记兰陵县卞庄街道代村党委书记、村委会主任王传喜

王传喜简介

 王传喜，1968年9月出生，山东兰陵人，中共党员。现任兰陵县卞庄街道代村党委书记、村委会主任。任职20多年来，他践行沂蒙精神，干事创业、担当作为，率领党支部带领群众选择和坚持走新型集体化道路，发展壮大村集体经济，把一个负债380余万元的贫穷落后村，发展成为2021年村集体各业总产值38亿元，村集体纯收入1.6亿元，村民人均纯收入7.2万元的先进村。2018年3月8日，习近平总书记在参加十三届全国人大一次会议山东代表团审议时发表重要讲话，对王传喜作出的突出成绩给予充分肯定。王传喜先后获得"全国劳动模范""全国优秀共产党员""时代楷模""最美奋斗者""全国脱贫攻坚先进个人"等荣誉称号。

坐落在兰陵县城西南的代村，曾是个几乎"散了架"的老大难村。可如今，代村人已数不清有过多少考察团来这里参观学习。来到代村，人们总会问：为什么一个欠债380余万元的穷村、乱村，崛起为各业总产值38亿元、村集体收入1.6亿元、村民人均纯收入7.2万元的先进村？代村人的回答很简单："我们有王传喜这个好书记。"

由乱到兴——既凭志气，也靠智慧

20世纪90年代，代村人心散、治安乱、环境差，土地乱圈乱占，村委会瘫痪，村集体负债数百万元。老百姓忘不了，有一年的三伏天里，全村曾连续一个多月停电、六个多月停水。乡亲们生活艰难，都盼着能过上好日子。

1999年3月，代村党支部换届选举，在乡亲们的推选下，王传喜毫不犹豫地放弃了在县第二建筑公司担任项目经理的工作，年仅31岁的他挑起代村的重担。然而，王传喜刚一上任，没有"传喜"却有"传票"，126张法院传票像雪片一样飞过来，以致他在大半年的时间里因村子债务问题出庭100多次。怎么办？王传喜要用自己的行动证明，父老乡亲没有看错人。"欠债还钱天经地义，只要代村村集体欠的钱，我们'新班子'都认。"王传喜的坚定回答，让债权人看到了担当。债务压头、官司缠身，王传喜就跟债主说好话、做工作，欠款一次还不清，就东挪一些、西凑一点分期还。王传喜最终通过盘活村集体资产，甚至拿出自己的家庭收入去还集体的账，代村终于把债务窟窿给堵上了。

还清了集体债务，王传喜又迎来了一个更大的难题——人地不均、零散经营。老百姓"面朝黄土背朝天"地靠天吃饭，风里来雨里走干上一年，也没有多少收入，如果遇上干旱洪涝等自然灾害就更难

代村旧貌

了。一个家庭几千块的年收入，让孩子学费都成了难题。王传喜看到这些，便横下一条心，不管多难也要摘掉穷帽，让村子强起来、村民富起来。

为了寻找发展出路，他经常带同事们到一些发展比较好的村庄学习取经。为了节约时间和费用，他们一般都选择晚上出发，背着家乡的煎饼，装着咸菜在路上吃。2002 年在南街村参观时，王传喜在留言簿上写道："南街村的今天就是我们的明天。"

学习是打开发展之门的金钥匙。2005 年适逢中央一号文件出台，文件指出允许有条件的地方搞适度规模化经营，土地承包可以在依法、自愿、有偿的前提下搞土地流转。王传喜从中看到发展机遇，在充分征求群众意见的前提下，率先有序实施土地流转、集体经营。至此代村走上了"依靠不断发展壮大村集体经济，鼓励支持村民自主创业，实现强村富民、共同富裕"的新型集体化道路。2013 年，中央政策研究室和农业部的专家三进代村，调研总结这里的土地集体经营模式。

很快，土地集约化经营为代村发展带来了红利。从 2006 年开始，王传喜带领创业团队抢抓政策机遇，利用土地优势先后建设了国家农业公园、代村商城、诚信医院、诚信中学、沂蒙老街、印象代村、农产品精深加工、新农人培训等阳光产业，突破了传统农业"低产低效"的局限，实现了现代农业、乡村旅游、商贸物流、建筑装饰、教育医疗、节会展览等多业并举，一二三产业融合发展的总体布局。2021 年，代村村集体各业产值 38 亿元，村集体纯收入 1.6 亿元。村民人均纯收入 7.2 万元，较 20 多年前增长了 30 多倍。

王传喜用 20 多年的艰苦奋斗历程，为人民群众创造了一个生态美、生活美、生产美的新代村。"我们的生活比蜜甜"，这句话从群众口中脱口而出，是那样的真实。

成己达人——搭台唱戏，辐射经验

代村有一个村史馆，在这里，来自全国各地的参观者都会不约而同地在"先富带后富，同走富裕路"的板块前驻足良久，党建、产业、人才、资金、就业等多种形式的扶贫举措和成果映入他们眼帘。人们不禁要问：一个村帮扶 200 多个贫困村，10000 多个贫困户，远到贵州团结村，近到身边的村，是怎么做到的呢？

王传喜说："老百姓称我为'脱贫致富带头人，乡村振兴的排头兵'，这就要求我不仅要当好代村的排头兵，还要把代村的经验传递到更远的地方。""等一等、拉一把，让贫困村跟上队伍"，成为王传喜的口头禅。

实现产业化发展后的代村新貌

　　"给钱给物，不如给平台。"这是王传喜总结出的关键脱贫经验。2010年，代村建设了占地800余亩，可容纳3000多户创业的代村商贸物流城。伴生而出的，是一整套针对贫困创业者"当年免租、次年半价、三年优惠"的支持政策，由此，贫困户得以"零"风险起步，稳步走上了脱贫致富之路。

　　随着贫困村、贫困户的需求不断调整，王传喜的扶贫之路也越走越宽。2018年，他看到产业扶贫的强大功能，投资2亿多元建设"印象代村"，现已安置400余名贫困户和农民工创业，带动千余人就业，产生扶贫收益1440万元，全部发放给贫困户。"印象代村"采取了"旅游+"模式，融入了夜经济元素，打造了夜游经济新高地，也有效化解了疫情影响，促进了农民增收。

　　"印象代村"商户刘建江说："疫情期间，传喜书记为我们减免了房租，虽然几个月没有经营没赚钱，但也没有损失，现在每天生意都很火爆，多的时候每天收入5000多元，从心里感谢王书记给我们搭建的好平台。"

　　2018年，兰陵县实施了"四雁人才"工程。王传喜结合自身发展经验认为，实施人才扶贫，将对贫困村发展注入新鲜血液，有利于思想更新和工作创新。于是，他一边谋划自身发展，一边抽出三名年轻有为的精干力量到相对落后的卞庄街道南小庄村、前连厂村、小坊村担任"第一书记"。这也成为"村对村"选派"第一书记"的创新做法。南小庄村党支部书记宋洋如是说:"自从代村派来党委委员刘建永到我们村担任'第一书记'后,修大路,净村容,'一对多'帮扶贫困户,搞基本农田设施,村庄发生了很大变化,建档立卡的贫困户稳定脱贫。"

"因地制宜、因人施策"是王传喜的扶贫理念。在帮扶贫困村时,他总说:"缺人才就送人才,缺规划就帮着做规划,缺思想解放就领着出去学习。"

刚刚建立帮建联系点的向城镇东安庄村党支部书记顾娟说:"王书记聘请设计院为我们做村庄规划,带领群众外出学习,帮助整治人居环境,在汛期来临前帮助我们修水渠,一分钱不用我们掏,是实实在在的真帮真扶。"

王传喜总结,在扶贫工作中,要既扶智又扶志,既输血又造血,多管齐下,多措并施。

心向未来——头雁领飞,群雁齐飞

王传喜始终认为,人民群众对美好生活的向往是随着时代发展不断变化的,需求也在不断提高。要让群众的幸福感、获得感、安全感更足,就要不断发展。

2018年,王传喜提出建设"田园新城"的规划。这是围绕发挥乡村振兴领头雁作用,凝心聚力绘就的一幅助力脱贫攻坚战略图。田园新城总体以代村为中心,覆盖周围12个村庄、1个国营农场,总面积20平方公里,辐射带动2.6万农民致富奔小康。为推进规划实施，王传喜牵头成立了现代农业产业园联合党委，把12个农村基层党组织凝聚在一起，实施党建引领，产业带动，实现了"头雁领飞，群雁齐飞"。

为加快完成田园新城规划设计方案，王传喜跑了3次复旦大学，组织了十几次论证会，走遍了11个村的边边角角，征求群众意见30多场次。他在村"两委"会上说，不能再等了，田园新城规划必须抓紧实施，早一天实施，老百姓早一天受益。

王传喜下定决心，要用3年至5年时间打造"生产、生活、生态"于一体的农业之城、产业之城、农民之城，打造全国的乡村振兴先行区、样板区。集中力量用10年时间把周围村庄发展成为像代村一样的富裕村，让老百姓生活在田园里，工作在田园里，过着生活美、生产美、生态美的新生活。

指导规划设计的复旦大学敬东教授说："田园新城规划，思路超前，很有前瞻性，起到了很强的示范引领作用，将为脱贫攻坚持续注入动力。"

现在，田园新城规划内的农企园农产品精深加工、农业装备制造、农村电商中心和新农人培训中心等新项目都已经陆续完成建设运营，产业带动、抱团发展的形势已经形成。王传喜不断刷新"代村速度"的劲头就是在表明一个决心——发展产业，助力脱贫，要尽早尽快，要小步快跑，永不止步。

在全面建成小康社会的今天，王传喜依旧奋勇扛着乡村振兴的旗帜，他要带领村子走得更好，还要让代村经验辐射到远方，正如他经常念叨的："一枝独秀不是春，百花齐放春满园。"

四十年田间路，百余代良育种

——记山东登海种业股份有限公司名誉董事长、国家玉米工程技术研究中心（山东）主任李登海

李登海简介

　　李登海，1949 年 9 月出生，山东莱州人，中共党员。现任山东登海种业股份有限公司名誉董事长，国家玉米工程技术研究中心（山东）主任。40 多年来，他以国家粮食安全为己任，长期致力于玉米育种、高产栽培技术研究工作，提升了我国玉米高产能力，连续七次创造我国夏玉米单产最高纪录，两次创造世界夏玉米单产最高纪录，培育的紧凑型玉米杂交种累计推广面积 14 亿亩，增加社会经济效益 1400 多亿元，为保障国家粮食安全作出杰出贡献，被业界誉为"中国紧凑型杂交玉米之父"。他先后获得亚洲农业研究发展基金奖、国家星火一等奖、国家科学技术进步一等奖，被授予"全国道德模范""全国优秀共产党员""时代楷模""最美奋斗者"等荣誉称号。

李登海是个忙人。

头戴草帽，脚穿胶鞋，身着工作服，高产玉米试验田里的李登海，怎么看都像一个地道的庄稼人。但就是这样一位农民出身的科学家，连续40多年在玉米高产攻关研究的道路上，一次又一次刷新我国和世界夏玉米高产纪录，为我国粮食的高产稳产作出巨大贡献。

外国人做到的，我们也能做到

位于山东半岛的莱州是著名的"胶东粮仓"。1966年，李登海初中毕业回到家乡莱州后邓村务农，当时他心中只有一个愿望：多打粮，吃饱饭。

然而，1972年一则美国农民创造了春玉米亩产1250公斤的消息深深震撼了他。那时，我国玉米平均亩产量只有一二百公斤。"美国农民能做到的，我们中国农民也一定能做到！"徘徊在青纱帐边，李登海暗下决心：开创中国玉米高产道路，赶超世界先进水平。

李登海有一股子"牛脾气"。为了完成夙愿，他开始不分昼夜地啃书本，骑着自行车各地拜师，弥补基础理论的"先天不足"。1974年，李登海获得了去莱阳农学院深造的机会。他如饥似渴，一年学完了四年的课程。老师刘恩训被他的痴狂感动，赠给他20粒珍贵的杂交玉米种子。玉米育种专家于伊又给他拨亮了明灯："要培育一种适于密植的紧凑型玉米。"

找到了方向，李登海先后选用国内100多个优良玉米品种进行高产攻关和对比试验，终于找到了高产的奥秘。

1979年，后邓村诞生了一个轰动全国的纪录：李登海自主选育的紧凑型杂交玉米新品种"掖单2号"，创下我国夏玉米单产776.9

公斤的最高纪录。年仅 30 岁的李登海，一跃站在了中国玉米研究的最高峰，率先证实和确立了紧凑型杂交玉米是我国玉米高产的发展方向！

776.9 公斤只是起点。此后，824.9 公斤、953 公斤、962 公斤……李登海屡屡刷新着自己创造的纪录。

1989 年，李登海以紧凑、大穗型杂交玉米新品种"掖单 13 号"，创造了新的夏玉米世界纪录——亩产 1096.29 公斤。

2005 年，"登海超试 1 号"再次创造了世界夏玉米高产的纪录，亩产达到了 1402.86 公斤，是全国当年平均产量的 4 倍。随后又实现了小麦、玉米百亩方一年两季亩产 1750 公斤以上的高产突破，为中国粮食赶超世界先进水平提供了品种支撑，也为一亩地能够养活 4.5 个中国人提供了有力证明。

李登海记录玉米长势

有人说：李登海，就是一颗金种子，他就是中国玉米王国的珠穆朗玛。

创业不畏艰难，只为"一粒种子"

"我就是一粒种子，扎根广袤的田野。"李登海喜欢把自己比作种子。为农民增收、为国家高产，已成为李登海血液中的信念和责任。

20 世纪 70 年代，李登海的农科队只有一头牛和一亩二分地，他领着 8 个人搞高产攻关，为了弄肥料，李登海带人打炕洞、拆破屋、淘粪池，吃遍了农村三大苦。为了抢农时，他收小麦、整地块、播玉米，经常白天黑夜连轴转。给玉米杂交和人工授粉，必须在天气最热时进行，李登海的实验室主要在田间，"拱"了 40 多年玉米地，每年为玉米套袋 20 多万个，还要逐个观察、记录、选择、分析，全凭手工操作。春争日，夏争时。玉米授粉最紧张的时候，李登海的作息时间只有"玉米时间"，没有"北京时间"。为了赶夏天中午最佳授粉时机，他要冒着 40 摄氏度的高温钻玉米地，一个中午下来，全身一层白花花的盐碱。

为了加快育种速度，1978 年 10 月，李登海离开家乡，到被育种家称为"天然大温室"的海南岛搞加代繁育。

在海南育种初期，李登海的团队自己砍柴做饭，吃的是从家乡带的干萝卜丝，住的是茅草房，睡的是铺着稻草的木板床，点的是煤油灯。为了培育出更好的种子，李登海每天都要站立、行走 8 小时以上。一投入工作中，他就"忘记了节假日，只有工作日"。

腰椎间盘突出是李登海的老毛病，但却没阻止他"拱"玉米地。"这病是在海南育种时落下的，我挑 120 多斤化肥过田埂，扭伤了

李登海在十二万分之一的机遇中寻觅杂交组合

腰。"常年超负荷的劳动，使得李登海身患高血压、心脏病等多种疾病，他却毫不在意。

1980年9月，正值玉米灌浆期，一场突如其来的狂风挟着冰雹，把一年的育种希望打得粉碎。李登海说，这种痛他经历过8次，一生难忘。每每心痛之后，他总是咬着嘴唇，默默下定决心继续前行。

寒来暑往，愈挫弥坚。李登海每年带领育种团队套袋150万—200万个，并亲自在田间选择20万—30万个果穗。在玉米新品种成功率只有十二万分之一的机会面前，李登海团队以每年3至4代的速度，完成了相当于在中国北方需要150多年才能完成的科研工作。现在，李登海团队选育出的玉米杂交品种已有150多个通过了国家和省级审定。

摩挲着试验田里的玉米粒，李登海说："我家小孙子是第三代人了，我的玉米也都有150多代了，这都是我生命的延续。"

深怀报国志，再创新辉煌

"谁能掌握种子，谁就能掌握世界。"李登海深知种子的力量。

李登海带领他的创新团队，快步前进，迅速构建起与全球最大种业公司比肩齐名的种业集团，对振兴和发展民族种业企业、保证我国种子安全作出了重要贡献。

1996年，世界种业巨头——美国先锋公司把进军中国市场的合作目标，锁定为登海种业。20多年前的目标、现在的对手，不远万里来找自己合作，李登海高兴地坐到谈判桌前。可一听对方要求控股60%的合作条件，他又立马拒绝："种子关系到国家粮食安全，我方必须控股！"经过六年多"马拉松式"谈判，先锋种业作出退让。2002年中国第一家中外合资种业公司——山东登海先锋种业公司成立，中方控股。

为了保证国家粮食安全，实现我国由"粮食大国"向"粮食强国"的跨越，2005年中国作物学会玉米专业委员会提出了在全国范围内实施超级玉米育种计划的建议。进行超级玉米攻关，李登海责无旁贷地担负起领跑者重任。2007年，李登海成为"十一五"国家科技支撑计划重点项目"超级玉米新品种选育与产业化开发"主持人。时至2010年课题项目结题，李登海和他的创新团队已成功选育出10多个超级玉米新品种，其中"登海662""登海605"通过国家农作物品种审定委员会审定。

身价数十亿的李登海，该花的钱从不吝啬、一掷千金，每年的科研经费都足额拨付；不该花的钱，他"半个铜板也心疼"，是有名的"抠"。与李登海同事30多年的公司董事毛丽华说，受李登海的影响，大家出差时也只买火车硬座票。公司有啥基建，职工个个成了泥瓦匠，打地基、砸石头、垒墙盖瓦，全是自己干。从衣着打扮上看，也没人相信李登海是所谓的"亿万富翁"，为了方便下地，他总是穿一双胶鞋，一件最贵的衣服还是在人民大会堂领奖前买的，花了1700块钱，穿了七八年。对他来说，那一捧小小的玉米粒，才是自己真正的心头好。田里的事，才是真正的大事。李登海曾说："玉米的拔节声，就是最美妙的音乐。"

"老骥伏枥，志在千里！"古稀之年的李登海，依然保持着高昂的激情和斗志。"当前，登海种业有两个主攻方向，一是继续探索玉米高产道路，向每亩土地要产量。二是研究适宜机械化作业的新品种，便于新型经营主体转轨需求。"李登海说，他将跟团队同心协力，助力乡村振兴战略，带领更多的农民脱贫致富。

呕心沥血，只为不让别人"卡脖子"

——记山东省港口集团高级别专家张连钢

张连钢简介

张连钢，1960年10月出生，中共党员。1983年大学毕业后即进入青岛港工作，现任山东省港口集团高级别专家，青岛港首席高级工程师，山东港口青岛港集团有限公司技术中心首席科学家，"连钢创新团队"带头人。长期扎根一线，专注于港口作业电气化、自动化和智能化研究，主持完成20多项港口重点科技攻关项目。带领"连钢创新团队"打破国外技术垄断，填补国内空白，主持建成了全球领先、亚洲首个全自动化集装箱码头，为世界自动化集装箱码头建设提供了成功范例。荣获"全国交通运输系统劳动模范""山东省道德模范""齐鲁最美科技工作者"等称号以及"全国五一劳动奖章"。"连钢创新团队"被授予"时代楷模"荣誉称号。

张连钢是个特点鲜明的人，与人交流时，谈奉献、谈感受、谈重大意义，他要么三言两语草草带过，要么陷入一时词穷的沉默；谈码头、谈技术、谈科技前沿，他一下子就打开了话匣子，观点鲜明、条分缕析，总能把复杂的原理讲得深入浅出。

"我就是个典型的理工男，不太会说话，一心一意想把工作干好。"山东省港口集团高级别专家、山东港口青岛港集团有限公司技术中心首席科学家张连钢这样给自己下定义。

这个不善于讲场面话的理工男，干成了一件极具理想主义色彩的"大场面"事件：在癌症术后恢复期内临危受命，带领一个平均年龄34岁的团队，在没有经验、没有资料、没有外援的"三无"状况下，破解了十几项世界级难题，建成了当今世界上自动化程度最高、作业效率最快的全自动化集装箱码头，先后8次刷新世界纪录。

没有能力自主创新，我们就只能受制于人

1979年，19岁的张连钢考入武汉水运工程学院，成为新中国恢复高考后的第三批大学生。1983年，张连钢大学毕业，被分配到青岛港务局安全技术处。工作没多久，中国港口生产的落后面貌便刺痛了张连钢。

那时，港口作业在很大程度上还是依靠人力，是汗水经济。张连钢举了个例子："一条5万吨级的化肥船靠到码头，共有5个货舱，每个舱都比篮球场大。我们160多个装卸工，分三班昼夜轮流装卸，需要8到10天。每一班工人都干得那么卖力，可下班的时候抬头看看，舱里的化肥比刚接班的时候没少了多少。"

"港口是个联通世界的窗口，整天和外国人、外国船只打交道，

差距和落后就摆在眼前，"张连钢说，"我那时就总想，咱们的现代化港口到底什么时候能建起来？"

终于，在他参加工作的第 10 个月，机会来了。青岛港务局决定成立集装箱公司，启动建设第一个集装箱码头。24 岁的张连钢果断报名参加建设。在集装箱公司筹备组里，他干得津津有味，整天抱着厚厚的外文操作手册，"泡"在码头建设现场，潜心研究技术图纸，没过多久就成为项目组的青年技术骨干。

然而，并不是所有的故障都能迎刃而解。"外国对我们搞技术封锁，桥吊电控系统所提供的图纸，都不标关键参数，最核心的东西我们掌握不了。"张连钢说。

他还记得，当时桥吊电控系统安装后需要进行综合调试，国内没有人能做，只能从国外请工程师。在调试过程中，张连钢跟这位专家提出想要几个数据，以免哪天出了故障还得请外国人千里迢迢来维修，既耽误生产又增加开支。可对方却耸耸肩，不仅一个数据都不透露，还以"调试过程需要动脑，得有个安静的环境"为由，把张连钢一干人等"请"出了电控室。

当时，张连钢和同事们一个月工资不足百元，而聘请这位外国专家一天的费用却是 3600 元。干了 12 天，人家拿走 4 万多元，相当于青岛港 40 多个码头工人整整一年的工资。

"没有能力自主创新，我们就只能受制于人。"这是张连钢从这些窝囊的经历里得到的深刻教训。

此后，他扎根港口一线，专注技术创新：20 世纪 90 年代，他参与开发青岛港前湾三期智能生产控制系统，使青岛港集装箱码头信息化管理实现跨越式发展；2006 年，他主持完成大型轮胎式起重机移动供电技术突破，实现轮胎吊"油改电"技术创新；2008 年，青岛港"油改电"项目被交通部作为首批节能减排示范项目在全国推广……

如果搞成了，比吃什么药都更有效

就在这个最为意气风发的年纪，张连钢却突然病了，肺癌。

2011 年夏天，张连钢在妻子王晓燕的陪同下远赴上海，接受了第一次肺癌手术。这是一场开胸大手术，摘掉了他的右肺上叶。张连钢说，这次手术后，自己才知道"元气大伤"到底是什么滋味：站起来没一会儿就眼前发黑、浑身虚汗，医院走廊短短 20 米的距离愣是没力气走到头……

在妻子的悉心照料下，张连钢终于跨过了"鬼门关"，身体状况逐渐好转。医生郑重警告：这种病 5 年以上的存活率只有 30%，不能从事过于繁重的体力和脑力劳动。

但在 2013 年 2 月，感觉身体已恢复得差不多的张连钢又返回工作岗位。几个月后，青岛港集团党委宣布，启动全自动化集装箱码头建设项目。这让张连钢一阵激动，他清楚地知道，作为世界港口大国，中国尽管在全球前十名集装箱大港中占据七席，却没有一座真正意义上的全自动化码头。建设自己的自动化码头，是中国几代海港人的梦想。

2013 年 10 月，张连钢接下重任。但他一开始不敢告诉妻子，接电话、谈工作都刻意躲着她。他知道，自他得病，妻子整日提心吊胆。他进手术室时，妻子和女儿在外面大哭。眼看着他被病痛折磨，妻子愁得大把大把掉头发。

但张连钢一天比一天忙碌的工作，还是引起了妻子的注意。又一次看到张连钢躲到一边接电话后，她忍不住发问："你最近回来得越来越晚，话少了，心事多了，接个电话鬼鬼祟祟的。"张连钢看实在瞒不住了，才把自己担任自动化码头筹备组组长的事儿告诉了妻子。

妻子一听，很久没说出话来，半天才开口："现在你身体刚刚稳定，就要出去拼命？"张连钢心意已决，说："人这一辈子做不了很多事，自动化码头是我的梦想，如果搞成了，比吃什么药都更有效，就是少活几年也值了。"

核心技术是花钱买不来、市场换不到的

世界上第一个自动化码头于 1993 年在荷兰鹿特丹港诞生。到2013 年，自动化码头已历经三代，可是亚洲尚无一家。对包括张连钢在内的中国港口人来说，自动化码头的一切都是空白。

既然如此，那就先向前辈学习吧。张连钢介绍，最初的建设思路是整体引进国外码头方案，但垄断自动化码头技术的国外企业，为青岛港拿出的规划方案不仅成本高、工期长、存在捆绑销售等不平等条款，还有一个最为致命的问题——系统不开放。"作为甲方的我们，除了掏钱什么也做不了，相当于拿到了一个'黑匣子'。"张连钢没想到，时隔 30 多年，这种受制于人的场面会再次上演，而且有过之而无不及。

与其仰人鼻息，不如一切都自己来。"核心技术是花钱买不来、市场换不到的，我们只能走自主创新这一条路。"张连钢下定了决心，他对团队成员说："建这个自动化码头，是关系我们民族尊严、国家脸面的事情，拼了命，我们也得把它建好！"

就这样，顶住重重压力，张连钢带领团队开始了冲击世界港口科技制高点的艰难跋涉：成立了 IT 组、土建组、桥吊组等 9 个攻关小组，分兵出击，协同作战；大胆进行流程再造，规划设计、建设集成和商业运营"三位一体"，把国外常规设计工时压缩了三分之二；自主完成了机器人自动拆装集装箱扭锁技术及系统、港口大型机械"一

张连钢检查电气机房的控制柜

键锚定"自动防风技术及系统等"十大全球首创",彻底解锁了自动化码头的核心技术……

最终，在没有经验、没有资料、没有外援的"三无"状况下，张连钢率队用15个月的时间，完成了国外至少需要3年的设计周期；又用3年半，完成了国外需8年到10年的建设周期。2017年5月11日，青岛港自动化码头开港运营，首船作业桥吊单机效率达到26.1自然箱/小时，创下世界之最，震惊全球港航界。建成后，这个码头先后8次刷新同类码头桥吊单机作业效率世界纪录。

最初的梦想，才刚刚开始

在一片质疑声中破土而出的青岛港自动化码头，很快就赢得了国内外同行的高度认可。2018年，从来不邀请亚洲港口参加的全球自动化码头峰会，专程致函青岛港自动化码头，邀请其担任大会主报告人，并颁发"自动化码头最佳效率奖"，明确将其认定为"世界上建设周期最快、运行效率最高、作业增量最快的自动化码头"，没有之一。

获奖当天，有同事开玩笑地问张连钢："最初的梦想实现了没有？"张连钢非常认真地想了想："没有，这才刚刚开始。"

也就是在这一年，青岛港自动化码头二期建设项目启动。张连钢没有简单复制一期方案，而是定下了"全面超越一期，引领世界自动化码头发展潮流"的目标，带队推出了自主研发、集成创新的"氢+5G""全球首创机器视觉+自动化技术"等多项科技成果。

张连钢到码头现场进行设备巡查

2019 年 11 月 28 日，历时仅一年半，青岛港自动化码头二期建成投用，成为世界上首个"氢 +5G"自动化码头。

在山东港口青岛港自动化码头一期、二期建设期间，张连钢把"多休息、不能劳累"的医嘱抛在脑后，忙得没白没黑。在巨大压力下，他的身体又发出了警报，先是前胸到腿上全是紫癜，后来生了带状疱疹。医生诊断是过度疲劳导致的免疫力低下，叮嘱他要好好休息，可张连钢停不下来。他说，亲身经历的那些受制于人的艰难岁月让他明白：落后就要挨打，就要被人"卡脖子"，只有不断自我超越，才能永远独立自主。

在他的带领下，山东港口的自动化码头建设不断推出革命性创新，但他依然说："自动化码头只占了青岛港码头的五分之一，还有更多的人工码头需要升级改造，这是非常艰巨的任务。"如今，62 岁的张连钢仍然奋战在码头建设第一线。他的眼里，全是未竟的事业。

挑战"死神"的拆弹专家

——记山东省济南市公安局特警支队副支队长张保国

张保国简介

张保国，1965年10月出生，山东德州人，中共党员，现任济南市公安局特警支队副支队长。参加公安工作23年来，一直坚持战斗在排爆安检工作最前线，多次冒生命危险成功完成任务，被誉为生死线上的"排爆尖兵"。先后完成防爆安检任务2000余次，排除爆炸装置和爆炸可疑物140余个，鉴定销毁各类炮弹、炸弹等18000余发，销毁废旧雷管30余万枚、导火索51余万米。在一次销毁爆炸物作业中，他为保护战友安全意外受伤致残，但他战胜伤痛，至今依然顽强坚守在排爆一线。先后荣立个人一等功1次，二等功5次，三等功3次，获得"全国优秀人民警察""全国公安系统一级英雄模范""最美奋斗者""最美退役军人""齐鲁时代楷模"等荣誉称号，两次受到习近平总书记亲切接见。

人们对"死神"避之唯恐不及，有人却偏要与之正面交锋。在随时可能爆炸的危急时刻，有人却毅然接受"死神"的无情挑战，从不退缩……他的勇气突破了生死界限，他的事迹在齐鲁大地广为流传，他被誉为"挑战'死神'的拆弹专家"，他就是全国公安系统一级英雄模范、山东省济南市公安局特警支队副支队长张保国。

人如其名，在全面建成小康社会的进程中，张保国保卫了我国人民群众最宝贵的生命安全，他是一名当之无愧的保家卫国英雄。

不变初心，"橄榄绿"换"警察蓝"

"咱村也出本科大学生了！"

1984 年，在德州的一个小村落，19 岁的张保国实现了自己的军旅梦——考入中国人民解放军军械工程学院"弹药"专业。

一颗许党报国的种子早已生根发芽。虽然录取的志愿不是自己心仪的空军飞行员和军医，张保国依然对未来充满憧憬。不过，张保国没有想到，学习的"弹药"专业，竟让他与爆炸物打了半辈子交道。

"必须优秀，永不懈怠"是张保国在军校时的座右铭。心怀远大理想，张保国积极向党组织靠拢。1987 年 1 月 8 日，张保国光荣地加入了中国共产党。

1988 年，张保国从军校毕业，被分配到济南军区军械雷达修理所下属的弹药修理装配站。看着济南市长清县（现为长清区）万德镇北马套村的一片山沟沟，张保国心里五味杂陈。

北马套，一个偏僻、容易萌生孤独感的地方。不通公交车，黑白电视满屏雪花，报纸都是前几天的……"共产党员，能怕苦？"地域环境的落差没有击倒张保国，反而激发了他钻研废旧弹药销毁方法的

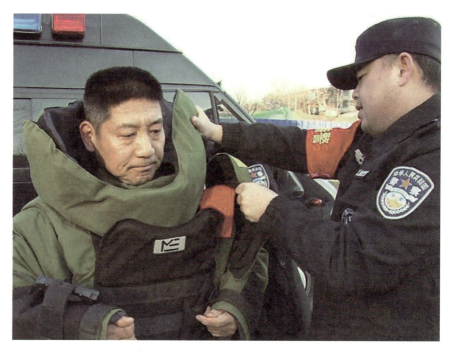

拆弹前，张保国穿上重达 40 公斤的排爆服

劲头。四项全军科学技术进步成果奖，两项三等奖、两项四等奖，当时该单位最年轻的工程师……年轻的张保国在这个山沟沟里，磨炼了意志锤炼了党性，也收获了爱情与婚姻。

20 世纪 90 年代，济南城市建设步伐加快。战争年代遗留的、埋藏在地下几十年的废旧弹药，严重威胁着百姓的生命财产安全。

"你愿意转业到这里吗？这是一个更加危险的工作。"急需排爆人才的济南市公安局向张保国发出了邀请。

留在部队，很可能再上一步；转业地方，意味着一切从零开始。"有过思想斗争！"张保国坦言，但是排爆能保护更多人的生命。

"只要祖国需要，党叫我干什么就干什么。"1999 年 9 月，怀揣着不变的初心，张保国的"橄榄绿"换成"警察蓝"，成为当时济南市公安局唯一的专业排爆民警。

刀尖舞者，伤疤是最美的勋章

"快跑！快跑！"

2005 年 3 月 2 日，在济南西郊一个废弃的石料厂，集中销毁废旧炮弹、火炸药现场，张保国突然发出了这声喊叫。

当时，废弃弹药中的老旧发烟罐突然泄漏起火，情况万分危急。张保国没有后退，向同行者示警的同时飞快冲到火炸药堆旁，踢飞了发烟罐。

然而，由于身体向前奔跑的惯性，张保国冲到了火炸药堆里。"轰！"瞬间燃起的火球，让张保国变成了一个"火人"。

战友们不顾一切将张保国救出，送到了医院。经过医院检查，张保国全身有 8% 的面积烧伤，脸部二度烧伤，双手深二度烧伤。

这次任务带给张保国的是两个月的住院治疗、两次痛不欲生的植皮手术和两个月的康复训练，还有两道 5 厘米宽、50 厘米长的疤痕，最终落下七级伤残。

排爆工作，因其危险性，因其不可预知性，让排爆民警成为和平时期离"死神"最近的人。排爆民警，也常

在一次行动中，张保国全身有 8% 的面积烧伤，落下七级伤残

被形容为"行走在刀尖上的舞者"。

"每一次排爆，都是一次生死抉择。为了人民群众的安全，我敢于接受'死神'的挑战。"这是张保国经常提起的一句话。

作为共产党员，作为人民警察，张保国懂得无论何时何地，人民利益永远在前，个人安危永远在后。

2018年5月29日，张保国被授予"全国公安系统一级英雄模范"荣誉称号。在授奖仪式上，他举起因伤而无法伸直的右手，郑重地敬了一个礼。这个敬礼刷爆网络，被网友称为"最美敬礼"。

"当排爆警察，后悔吗？"有很多人问过张保国这个问题。

"后怕但不后悔！"张保国呵呵一笑，坦诚地说，怕的是万一牺牲，对不住家人；不后悔的是，这就是一名人民警察的职责使命。

"作为一名共产党员，我不上谁上？"面对外人，张保国并不回避脖颈和手上的伤疤。张保国认为，伤疤是人民警察最美的勋章。

舍家为国，自古忠孝难两全

"我的父亲是一名退伍军人！"

崇尚英雄，保家卫国。谈及自己从小立下的许党报国之志，张保国表示，这一切都来自父亲的教育和熏陶。

1958年，张保国的父亲入伍，在祖国的大西北参加了国家重要国防工程建设。1963年，他响应国家号召，集体转业到核工业部某建设公司工作，参与了中国核试验基地发电厂的建设，为我国第一颗原子弹成功发射贡献了一份力量。

张保国没有辜负党的培养和父亲的期望，在排爆工作中一干数十年，成为家喻户晓的排爆英雄。然而，这个豪情壮志，经常在电视、报纸、网络上露脸的英雄，心里也有自己的软肋——家人。

"不敢让家里人知道。"每次接到任务，张保国总是让爱人李静对父母说，他去外地出差开重要会议了。

2005年，得知张保国受伤的消息后，李静一下子蒙了，两腿发软。因为她深知，排爆工作不出事则已，一出事都是大事。"他还活着吗？"李静得到张保国战友点头肯定后，勉强站住了脚。

"这个事情无论如何不能告诉爸妈。"在医院，听着张保国的叮嘱，李静含着泪答应下来。当时，报纸上宣传张保国用的是"党员民警"，电视上宣传他时特意给面部打了马赛克。

可是20多天后，张保国的母亲还是知道了。"我的儿啊！"一冲进医院，老人撕心裂肺的喊声让在场所有人心酸落泪。

因为伤心过度，张保国的母亲患了脑中风。老人在医院抢救治疗了17天，才脱离了生命危险，但还是落下了半身不遂。每每提及此事，张保国都难过不已。

自古忠孝难两全。张保国说，他是一个农家孩子，是党和人民把自己培养成为一名党员干部，既立下许党报国之志，唯有舍家为国，奋勇前行。

铮铮誓言，愿为初心付此生

"我是共产党员，是排爆队长，我的党龄最长我先上。如果我不在了，你们谁的党龄长谁再上！"

每一个排爆现场，每一次危急任务，张保国总是冲在第一线。无论是鉴定泉城路丰利大厦爆炸物，还是处置遥墙国际机场疑似汽车炸弹涉爆现场，无论是排除泉城路三联商社家电商城爆炸可疑物，还是拆解青岛即墨"10·2"爆炸案爆炸装置，张保国都是第一个穿上重达40公斤的排爆服担当主排手。

就在受伤出院后的第三天，"第一排爆手"张保国还出现在了排爆现场。

"献身公安排爆事业永远无悔，保国为民历尽危难无上光荣。"这是张保国的铮铮誓言，更是他的人生写照。

入党35年，进入公安队伍23年，张保国始终秉持入党从警初心，对党忠诚，英勇无畏，圆满完成奥运火炬传递、第11届全运会、第16届亚运会、上合组织青岛峰会等重大活动安检排爆任务。

不过，最令张保国自豪的是，2019年，自己几乎没有时间陪伴的女儿，以优异的成绩考入中国人民公安大学，成为一名预备警官，正朝着自己的梦想继续奋进。

女承父志！从女儿身上看到不忘初心的自己，为公安事业奋战数十年的张保国欣慰地笑了。

此去应知山水重，愿为初心付此生。

从当初的排爆民警到如今的特警支队副支队长，张保国依然奋战在排爆工作第一线。在张保国看来，一天是排爆手，一辈子就是排爆手。

"犯罪分子懂的，我要比他更懂。"如今，除了去排爆现场，作为一名排爆专家，苦心钻研、传道授业，也成为张保国的工作重点。

"目前从事这个行业的人很少，毕竟有很大危险性。"57岁的张保国表示，职业可以退休，但党性不会减，要将自己的经验知识传授给队员们。

"希望他们都能超过我。"张保国发出了爽朗的笑声。

航行在竞争浪潮潮头

——记青岛前湾集装箱码头有限责任公司固机高级经理许振超

许振超简介

许振超，1950年1月出生，山东荣成人，青岛港青岛前湾集装箱码头有限责任公司固机高级经理。他立足本职，干一行、爱一行，自学成才，苦练技术，练就了"一钩准""一钩净""无声响操作"等绝活，先后九次刷新集装箱装卸世界纪录，"振超效率"享誉全球。他勇于创新开拓，带领团队积极开展科技攻关，持续破解安全生产难题，填补国际技术空白，为国家节约了巨额成本。他领衔完成的集装箱轮胎吊"油改电"技术创新项目，引领了世界集装箱码头行业轮胎吊"油改电"技术潮流，"振超精神"在社会上引起广泛反响。被授予"全国劳动模范""全国优秀共产党员""改革先锋""最美奋斗者"等荣誉称号。

九层之台，起于累土；千里之行，始于足下。每一个成功的背后，都有许多不为人知的细节故事。从一个只有初中文化程度的普通工人，成长为一手绝活、九破集装箱装卸世界纪录的金牌工人，许振超的成长之路没有捷径可走。

翻开许振超的简历，人们就会找到一个基本的答案。这个有着近50年港务局工龄的老"码头"，从开桥吊，装桥吊，到管桥吊，跟桥吊打了近30年的交道，也因此跨越了人生的一个又一个巅峰。

1974年，许振超进入青岛港工作。1985年，他被选拔为青岛港第一代桥吊司机。2001年，许振超果断推翻既定方案，成功主持国内最大桥吊安装，为青岛港实施外贸集装箱航线战略西移立下汗马功劳。2003年4月，他带领不到"一岁"的桥吊队，一举刷新世界集装箱桥吊作业最高纪录。同年，青岛港正式以他的名字命名集装箱服务名牌"振超效率"，并授予他"桥吊专家"称号。2006年，许振超和团队进行了两年的技术攻关，首次实施集装箱轮胎吊"油改电"技术改造，填补了该领域的空白，年节约生产成本2000万元，实现了大气污染零排放，国内其他港口以及新加坡、澳大利亚、英国等国家码头纷纷效仿。2011年，在世界集装箱码头率先实现集装箱作业"无人桥板头"，该项目为集装箱码头行业首创，解决了集装箱桥板头作业人机交叉的风险问题。他带领团队打造的"48小时泊位预报、24小时确报"服务品牌，每年为船公司节约燃油1.26万吨……

这就是许振超，一个屡屡创造崭新业绩的许振超，一个无愧新时代产业工人优秀代表的许振超。

我相信，知识就是力量

许振超能够成为"桥吊专家"，关键得益于他的好学。

当时桥吊上最难懂的就是瑞典的 BBC 电力拖动系统。掌握这个系统必须要有完整的电路图。有了电路图，就等于解剖了桥吊的全身电路神经，处理起故障来，就轻松多了。可是外国人为了保护自己的尖端技术，造机器时只给用户一张简图。所以，就连上海港机厂的专家也吃不透这套系统。

为了突破国外的技术封锁，许振超揣着借来的备用模板，一头扎进自己的小屋子。用一种近乎痴迷的状态遨游在"模板世界"里。这不仅是对一个人体力、脑力的挑战，更是对意志的考验。

一张模板只有书本大，上面至少有上千个焊点，正反两面起码有2000 个，就算是"大家伙"的电阻、电容，最多也就半厘米长，像一个个蚂蚁趴在绿色的线路板上。上面金色的线路像头发丝一样拐弯曲折、若隐若现，只有在强光下才能分辨。为了看清线路，许振超架起块玻璃板，在下面放上个 100 瓦的大灯泡，然后把线路板放到玻璃板上面，一点点把线路绘下来。

而这才仅仅是一小步。这 2000 个点怎样连接，学问就更大了。每个点、每条线，他都要用万用表试了再试，一条线路常常要测试上百个电子元件，才能试通一条路径。为了一根信号线他查了一个多星期！为了倒推一块看似不起眼的板子，竟整整耗费了他两年的时间！

从瑞典的 BBC 电力拖动系统到美国的 GE 电力拖动系统，他前前后后用了整整四年时间，一共倒推了 12 块模板，摸遍了青岛港十几台桥吊的电路神经，整理出来厚厚的两大摞完整详尽的电路图。

当上海港机厂的专家得知许振超解剖了桥吊电力拖动系统时，连

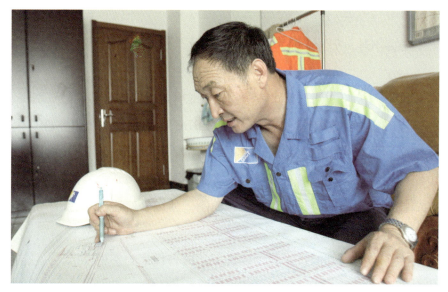

工作中善于学习和钻研的许振超

连惊叹：了不起！要知道，这不仅在青岛港，在全国也是独一份儿。

从此，许振超成了名副其实的"桥吊大拿"。有一年，桥吊上的电路出现故障，按照常规，必须要花三万元换一块新模板。可是许振超不同意，他跑到青岛市泰山路上的一家电子元件店，花八块钱买了一个运算放大器，换到模板上，"药"到病除。许振超能够完成这样的"壮举"，除了他自身的毅力，更源于他持续不断的学习。

许振超还有"三件宝"：一台笔记本电脑、一个笔记本和一个电子词典。这三件东西总是不离他左右，是他学习的"法宝"。

就是要赶超世界第一

许振超有一个梦，一个在心里憋了十年的梦——创世界一流的集装箱装卸效率。

熟悉航运业的人都知道，无论是对于码头，还是船公司，效率就是效益，就是生命线！特别是近年来随着集装箱运输向大型化、深水化发展，船公司对码头的作业效率提出了越来越高的要求。一条载三四千个标准箱的中型集装箱船，滞期一天，就得多付五六万美金，作为一个码头，只有创造了世界一流的效率，才能吸引世界级的船公司来停靠更多的船，挂更多的航线。

当时的桥吊队有50多名队员，但只有十几名技术成熟的司机，剩下的全是刚从学校招来的新职工。按照惯例，一个学生走上桥吊司机的岗位，至少要花一年时间才能独立动车。这也就是说，许振超至少要用一年的时间，才能拥有一支合格的桥吊司机队伍。而要创世界效率，把这支合格的队伍培养成一支世界一流的队伍，还需要更长的时间。

许振超决定把自己练就的"一钩准""一钩净""无声响操作"等基本功以及多年的经验奉献出来，编一本桥吊手册。为此，他翻遍了近20年来自己所有的桥吊学习笔记，优中选优，细细推敲，总结出桥吊作业中的两百多项操作规程，囊括了从正常情况到大风、雨、雪、雾天气，各种作业注意事项及故障应急方案。

许振超给自己定下了一个标准：把每一个队员的装卸效率全部提高到每小时50个自然箱。这是当今世界港口集装箱作业的最高标准。

从此，许振超带领他的队员们开始了痛苦的"培训攻关"：将全队司机作业效率从每小时30个自然箱提高到40个自然箱，他用了两个月的时间；从每小时40个自然箱提高到50个自然箱，他又用了整整半年！特别是提高到每小时45个自然箱以后，每提高一个自然箱的作业效率，都让他挖空心思，绞尽脑汁。他几乎琢磨遍了每一个作业细节，半秒半秒地抠时间。

许振超带领团队进行技术攻关

正是凭着这种无私奉献的精神和坚韧不拔的毅力，许振超创造出了新桥吊司机"累计动车 60 小时即可出徒"的桥吊司机培训新纪录。仅用 8 个月的时间，就使全部队员达到了每个小时 50 个自然箱的作业极限。

2003 年 4 月 28 日，在接卸"地中海法米娅"轮的作业中，以每小时 339 自然箱的单船效率刷新了世界集装箱装卸的最高纪录。青岛港随即以许振超的名字将其命名为"振超效率"。

2003 年 9 月 30 日，在接卸"地中海阿莱西亚"轮的作业中，以每小时 381 自然箱的单船效率再次刷新了世界集装箱装卸的最高纪录。

2003 年 10 月，世界航运业权威杂志《港口与港湾》专门刊发了这一纪录，新华社、路透社等国内外权威媒体也相继报道了这一消息。"振超效率"由此名声大噪。

"振超效率"产生了巨大的"振超效应"。许多世界著名航运公司纷纷倚重青岛港，上航线、换大船、加箱量。目前，世界前20位船公司已全部在青岛港开辟了航线。青岛港航线实现了全球通，集装箱吞吐量遥居中国北方沿海港口之首，同时超过韩国、日本所有港口，当之无愧地成为东北亚地区的枢纽港，成为世界港口版图上的一颗闪亮之星。

许振超从一名普通码头工人成长为"学习型、知识型、创新型"的当代产业工人的杰出代表。从2008年起，许振超连任第十一届、十二届、十三届全国人大代表，并当选为第十一届、十二届全国人大常委会委员。2013年10月，许振超当选为中华全国总工会兼职副主席。

许振超说："今天的成绩就像是沙滩上的脚印，无论多么清晰，一旦涨潮都没有了。只有把自己看得轻一点，把我们这个'大家'看得重一点，才能跑得更快，才能总是跑在竞争浪潮的前面，不断留下我们冲向新纪录的脚印。"

两个战场，一颗红心

——记山东枣庄军分区政治委员韦昌进

韦昌进简介

韦昌进，1965 年 11 月出生，江苏溧水人，中共党员。现任山东枣庄军分区政治委员，2017 年 11 月增选为全国政协委员。1985 年 3 月至 1986 年 6 月参加边境军事行动，被誉为"八十年代活着的王成"。荣立一等功，被中央军委授予"战斗英雄"荣誉称号，被人事部、民政部、原总政治部等八部委联合授予"全国自强模范"荣誉称号。从战场归来后的 30 多年里，他投身于爱国主义精神的宣传教育中，点燃了无数战士和年轻人的爱国热情。被授予"改革先锋""最美奋斗者"等荣誉称号以及"八一勋章"。

2017 年 7 月，在枣庄市薛城区征兵办公室，一位戴着眼镜、清秀儒雅的军人，正与准备应征入伍的青年们交谈国防教育话题。气

韦昌进与官兵交流从军心得

温高，大家的热情更高。他时而解读有关政策，时而引用典型事例，并结合自身经历讲述曾经的战斗故事，现场不时响起雷鸣般的掌声。

这位一身正气的军人，就是获得"八一勋章""改革先锋""战斗英雄"等诸多荣誉称号的韦昌进。然而大多数人还不知道，他的左眼在战场上被弹片击中后摘除，现在是一只义眼；他的身上还残留着4块弹片，阴天下雨会隐隐作痛，坐火车过安检时，安检设备总会"吱吱"作响。

20世纪80年代，韦昌进在边境防御作战中的一句"向我开炮"，让无数敌人闻风丧胆；30多年过去了，韦昌进不忘初心，始终视军人荣誉高于生命，用时刻冲锋的战斗姿态做好了每一项工作，令万千战友和人民群众敬佩不已。

"为了祖国，为了胜利，向我开炮！"

看过电影《英雄儿女》的人都有这样一种感慨：是什么精神，让孤军浴血奋战的志愿军战士王成在面对蜂拥而来的敌人时，向指挥部高喊"向我开炮"？

有人认为，王成只是一个英雄符号。其实不然，不管岁月的长河如何流逝，中国军人的血性始终如一。30多年前，不满20岁的青年战士韦昌进就是这样，在置身血与火的战场时，作出了与英雄王成同样的选择。

时间定格在1985年7月19日。凌晨时分，敌人以2个营加强1个连的兵力，向我军固守的无名高地猖狂进攻，战斗异常激烈。

凌晨5点多，天刚蒙蒙亮。突然，从空中传来一阵阵刺耳的呼啸声。不一会儿，敌军的炮弹密集地落在韦昌进所在的6号哨所周围。眼看敌人就要冲破防线，韦昌进和战友冒着炮火，冲出猫耳洞歼敌。

冲锋中，韦昌进的右锁骨和左大臂中弹。但看到敌人就在眼前，他顾不上包扎伤口，狠狠仍出两根爆破筒，又甩出十几枚手榴弹。不到10分钟，韦昌进和其他4名战士就打退了敌人的第一波进攻。

败下阵来的敌人立即进行火力报复。韦昌进和战友们刚撤到猫耳洞口，敌人的炮弹就接踵而至。爆炸中，韦昌进的左眼球被炸出，他咬紧牙关，用手托起眼球，往眼窝里一塞，便拉起战友迅速转移到猫耳洞中。这时，他的右胸又被弹片穿透，右臀也被削去一块肉，韦昌进疼得昏了过去。

不知过了多长时间，猛烈的爆炸声把韦昌进震醒。敌人的炮击让碎石哗啦啦塌下来，战友们壮烈牺牲，洞口也被堵塞。在巨大的悲痛和绝望中，韦昌进拖着血肉模糊的身子艰难爬到洞口，一边透过石缝注视敌人动静，一边用报话机向排长报告敌情。就这样，从上午 9 点多到下午 3 点多，我军炮兵根据韦昌进报告的方位，一连打退敌人 8 次连排规模的反扑。

战斗打得异常激烈，由于敌人的火力封锁，增援同志一时上不来。很快，洞顶和洞口边传来说话声，韦昌进猛地意识到敌人已经爬上阵地。在这危急时刻，韦昌进想到的唯一办法，就是像王成那样呼唤我军炮兵火力，向哨位进行全覆盖轰击。他毅然拿起报话机，对排长大声喊："排长，敌人上来了，就在哨位周围。为了祖国，为了胜利，向我开炮！向我开炮啊！"

"昌进，那你呢？"排长心痛欲裂。"不要管我！快啊，向我开炮！"韦昌进用尽全力对着报话机喊道。

几分钟后，狂风暴雨般的炮弹扑向哨位，猫耳洞里弥漫的全是浓浓硝烟。万幸的是，炮弹像长了眼睛，没有炸到韦昌进所在的猫耳洞口。更幸运的是，我军的炮火覆盖及时，给予立足未稳的敌人毁灭性打击，阵地保住了。

战斗结束后，韦昌进在医院里昏迷了七天七夜，医生从他身上取出了 22 块弹片，摘除了左眼球。因作战英勇，韦昌进荣立一等功，被中央军委授予"战斗英雄"荣誉称号。

"我有一个请求，请让我重返战场"

"伤残以后怎么生活？"韦昌进躺在病房里思如潮涌。韦昌进清楚，是党给了他第二次生命，是战友冒着生命危险把他从阵地上抢救下来，是医务人员日夜精心护理才使他脱离危险。他想："我这个幸存者，如果总为自己付出的那一点代价而悲伤，怎么对得起党和人民，怎么对得起长眠的烈士？"

部队领导来医院慰问，问韦昌进对组织上有什么要求。韦昌进说："别的没有什么，我只有两个要求。一个是我的伤好以后，请领导批准我重返战场。我虽然只有一只眼，但是还能打枪，还能为牺牲的战友报仇。再一个是如果政策允许的话，打完仗，我想继续留在部队，干什么都行，因为我当兵的时间太短，对部队的贡献太少了。"

韦昌进如愿以偿，1985年9月，他从战场下来后，作为解放军英模汇报团的成员，奔赴了另一个"战场"——爱国主义教育的战场。

他开始了全国巡回报告，第一次到首都，看到了天安门，走进了中南海。首都人民热情地接待了像韦昌进这样来自战场的英雄。白天，韦昌进眼含热泪作报告；晚上，他按捺不住激情写下感想："从一双双泪眼中，从一阵阵掌声中，我发现了新的人生价值。无论什么时候，都要崇尚军人荣誉，薪火传承勇敢顽强的战斗精神和爱国主义精神。"

从此，结合自身的战斗经历，传播战斗精神和开展国防教育，成了韦昌进的毕生追求。在连队担任党支部书记期间，他用战斗精神建连育人，带出的学员个个都像小老虎。

调任山东省蓬莱市人民武装部政治委员后，韦昌进宣传爱国主义的热情更高了，渔船码头、田间地头，都留下他的足迹。蓬莱旅游业发达，抗倭名将戚继光故里等历史遗迹较多。韦昌进积极建议市委，要依托旅游业深挖历史人文资源，筑起人们精神上的国防长城。很快，蓬莱市推出了一系列举措：开放戚继光故里，创办"和平颂"艺术节，成立军地青年联谊会……

2009年，组织上安排韦昌进到泰安军分区担任副政治委员。得知喜讯，很多战友劝他："提升为师职干部，不用考虑转业问题了，也该歇歇脚了。"韦昌进则有自己的考虑："我不能躺在功劳簿上吃老本。无论在什么岗位，都要保持冲锋陷阵的姿态，不愧对组织，不愧对荣誉，不愧对自己。"

"只有时刻冲锋，才无愧于心"

这么多年来，韦昌进就像一团火，走到哪里，烧到哪里，亮到哪里。

爱国主义精神激励着韦昌进前行。无论在哪个单位任职，韦昌进一直在思考：如何继承和发扬爱国主义这一光荣传统。2006年3月，刚到济南警备区任政治部副主任的韦昌进紧抓大学生爱国主义教育这个课题。在他的努力协调下，济南警备区和山东大学联合开展"国防在我心中，使命在我心中"主题活动。7000多名师生参与其中，聆听了韦昌进的报告。新生郑文豪深有感触地说："社会上这星那星，都是流星。像韦昌进这样的英雄，才是我们大学生心目中的恒星！"

党的十八大之后，韦昌进认真学习贯彻习近平总书记系列重要讲话精神，全力践行战斗精神。他视荣誉如生命，骨子里始终流淌着不屈不挠的军人热血。一次，有位地方人员问韦昌进："现在是和平时期，要部队有什么用？"韦昌进拍案而起："没有军人的流血牺牲，哪来的和平时期？"

2014年，韦昌进到济南考察"关心国防建设十佳人物"人选。每到一个单位，他都直奔现场查、看、问。韦昌进在考察某镇党委书记时，发现其汇报讲得不错，但实际工作却"有水分"。韦昌进当场就不留情面地说："关心国防建设不能只挂在嘴上，关键要落实到行动上。"事后，这名领导想通过关系找韦昌进说情，韦昌进依然对他投了"反对票"。

2013 年，在济南警备区任职的韦昌进负责干休所历史遗留问题的解决，协调解决干休所住房清理、工程欠款、老干部生活服务保障等实际问题。在他的努力下，干休所建设有了新起色，老干部的满意率 100%。调任枣庄军分区政治委员后，他半个月时间就跑遍了 8 个单位，晚上加班分析研究单位全面建设情况，受到官兵们一致赞扬。

"社会上形形色色的诱惑多，我要管好自己"

做事如山，做人如水，韦昌进一向把"名利"二字看得很淡。

2005 年，因部队调整精简，韦昌进从济南被平调到离家千里的蓬莱。他的妻子劝他说："你是战斗英雄，身体又不好，能不能找找组织，留在济南？"他只是说："军人以服从命令为天职。不能因为我是战斗英雄，就向组织提条件。"

韦昌进常讲："比比牺牲的战友，活着就是最大的幸福；比比同时入伍的战友，能到今天，我很满足。人不要总考虑当多大的官，要多考虑干多少事。"

韦昌进刚被授予"战斗英雄"荣誉称号时，家乡政府看他的家人仍住在几间破草房里，准备集资为他翻盖新瓦房。韦昌进坚辞不受，让他们省下钱救助牺牲战友的家庭。

韦昌进总是对自己苛刻，对战友却又充满热情。

家在滕州市张汪村的张延景，是和韦昌进同期参战的战友。在边境自卫防御作战中，张延景不幸牺牲。韦昌进多方打听，乘坐公共汽车找到张延景父母家。他紧紧握着老人的手说："从今往后，我就是

韦昌进看望牺牲战友的亲属

你们的儿子。"从那以后,逢年过节他都会去看望张延景的父母,并协调解决了老人的医疗和养老问题。多年来,韦昌进看望的战友或战友父母,远不止张延景一家。

走上领导岗位后,找韦昌进办事的人越来越多。一次,有位曾一起参战的老领导因亲戚当兵的事打电话给韦昌进,请他"关照关照"。结果,那位亲戚因体检不合格没当上兵。事后,韦昌进登门向老领导解释:"您是带我上前线打仗的老领导,我们都知道,身体不合格,怎么上战场?再说,如果让他当了兵,老百姓怎么说我们?"老领导也是通情达理的人,拍着他的肩膀说:"好样的!你没变,还是当年战场上那个有血性的韦昌进!"

青山耸立,绿水长流。战争的硝烟虽已远去,但那种敢打必胜的精神、忠诚报国的情怀亘古不变。韦昌进,就像他的名字一样:为了祖国的繁荣昌盛,永远奋勇前进。

让中国农民从菜篮子里富起来

——记寿光市孙家集街道三元朱村党支部书记王乐义

王乐义简介

王乐义，1941年11月出生，山东寿光人，中共党员，高级农艺师，现任山东省寿光市孙家集街道三元朱村党支部书记、村委会主任。1989年，他带领全村17名党员干部率先试验成功了冬暖式蔬菜大棚种植技术，结束了北方冬季吃不上新鲜蔬菜的历史，在广大农村掀起了一场"绿色革命"，被誉为"中国冬暖式蔬菜大棚之父"。之后，又带领党员干部和群众，创建30万亩无公害蔬菜生产基地和3万亩洋香瓜生产基地，并试验成功高标准大棚，使三元朱村的蔬菜种植技术与国际同步。为传播农业技术，他举办了600多期技术培训班，毫无保留地把技术传给千家万户。王乐义被授予"全国优秀共产党员""全国劳动模范""100位新中国成立以来感动中国人物""最美奋斗者"等荣誉称号。

在山东乃至全国，王乐义都是一个极富传奇色彩的名字，广大农民和农业专家称他为"蔬菜大王""中国冬暖式蔬菜大棚之父"。现任寿光市孙家集街道三元朱村党支部书记的王乐义，曾连续五届被推选为党的全国代表大会代表。在一系列闪耀的荣誉背后，是他几十年如一日的奋斗与坚守。

"半拉子人"带领乡亲闯出致富路

1978 年 5 月，王乐义被确诊为直肠癌，手术后他比正常人多了一件东西——粪便袋。9 月，三元朱村党支部改选，全村党员一致推选王乐义担任党支部书记。虽然不知道自己的生命还有多长，但他清楚这正是村里需要他的时候。他对乡亲们承诺："我是个随时可能倒下的'半拉子人'，但我干就要干好，能干一年是一年，能干十年是十年！我这个'半拉子人'一定带领乡亲闯出一条致富路！"

说归说，做归做。在一穷二白的基础上，想创点事业还真难。当时的三元朱村，跟许多村庄一样，被贫穷所困扰着，乡亲们忙活一年，仅仅能填饱肚子，经济上没有可观的来源。作为村党支部书记，王乐义看在眼中，急在心里，一直思量着如何让乡亲们过上好日子。

直到 1988 年底，常年在外贩运蔬菜的堂弟从东北给他捎来了 2 斤顶花带刺的新鲜黄瓜。"大冷天的，哪里有这么鲜嫩的黄瓜？"头脑机灵的王乐义问道。堂弟告诉他，这是在大连市场上买的。"天寒地冻的，能产出黄瓜来，肯定有道道！"王乐义来了兴趣。大年初六，王乐义就带人去东北"取经"。一上东北，菜农毫不客气地让他们吃了闭门羹。二上东北，同样一无所获。脾气一向和善的王乐义急了，三上东北！

同去的村干部向东北菜农介绍说："这是我们身患癌症的村支书，他不是为个人发家致富，而是想带领全村百姓拔掉穷根啊！"终于，东北菜农被王乐义这个执着的山东汉子感动了。

寿光种菜的历史比较早，当时已经有了老式的温室大棚，冬季需要生火加温，但只能生产叶菜，且效益不高。王乐义发现，东北菜农的大棚虽然不需要生火加温，却要靠山而建，地理条件比较特殊，而寿光多平原少山丘，照搬东北大棚的经验显然行不通。回来后，王乐义便一头扎在大棚技术革新上，从墙体、采光面、薄膜、嫁接技术、大棚方位 5 个方面进行改造，试验出适合平原地区推广的不需要加温的冬暖式大棚。

然而，尽管大棚改进成功了，村民们却不买王乐义的账："烧几吨煤都产不出黄瓜，光靠晒太阳能晒出黄瓜来？"一时间闲言碎语四起。加之建一个冬暖式大棚要花费五六千元，在当时可不是一笔小钱，一旦赔了就是倾家荡产。王乐义深知风险却认准了这是一条致富的路子。"在致富路上，党员干部站得高，群众才能看得远；党员干部走得快，群众才能跟得紧！致富有风险，咱们不担谁来担？"王乐义在党员干部大会上拍了桌子，最后定下由全村 17 名党员干部带头先建大棚。

1989 年 12 月 24 日，三元朱村的黄瓜上市了！开秤每公斤 20 元，供不应求！

17 个大棚户平均收入 2.7 万元，最高的收入 3 万多元。村里一下子冒出 17 个"双万元户"。

第二年，全村建起了 181 亩大棚。17 名党员干部分片包干指导，当年，靠卖菜村民存款达到了 128 万元。

一村富了不算富，大家都富才叫富

三元朱村种大棚黄瓜发了大财。第一茬黄瓜刚下来，人心的"较量"就开始了。有人来"点拨"王乐义："乐义啊，现在老少爷们儿都指着这技术发家致富呢，把技术传出去，不等于把自己碗里的馍让别人分着吃吗？"

"一个人富了不算富，一个地区富了也不算富，只有全国农民兄弟都能从蔬菜种植中得到实惠，我这个普普通通的老共产党员才算奋斗得值。"王乐义作出了一个共产党员的选择，他对乡亲们讲明："我不仅是三元朱的村支书，还是个共产党员。共产党员还分哪村哪镇？不能自己富了就不管别人，全国还有多少城乡居民冬天吃萝卜白菜？全国的农民兄弟还有多少没有致富门路？三元朱村不能把这个'利''专'起来。"

他是这么说的，也是这么做的。

1990年，王乐义就任寿光县冬暖式大棚推广小组技术总指导。一年下来，王乐义足足跑了4万多公里，有时一天要跑11个乡镇40多个村。县里配的吉普车成了王乐义的"家"：困了，车上打个盹儿就算睡觉了；饿了，吃点馒头咸菜就算一顿饭。等到真回到家里，他常常已经累得双腿拖不动，倒在床上起不来。老伴心疼他，担心他身体吃不消，总劝他不要那么拼命，可王乐义却说："乡亲们建个大棚不容易，搞砸了，一家人可就垮了。"

这一年，寿光县发展的5130个大棚全部成功，仅种大棚这一项，全县就增收6000多万元，这在那时可是个了不起的数字。

三元朱村出了名，寿光紧接着也出了名。从最初的17个蔬菜大棚，历经几十年发展，寿光蔬菜种植面积已有几十万亩，成为中国名

王乐义在大棚内察看蔬菜长势

副其实的"菜篮子"。新冠肺炎疫情暴发以来，不论哪里出现物资紧张的情况，总有"寿光菜"千里驰援的新闻登上热搜。

而王乐义在寿光的"传经"，还只是起点。大棚蔬菜搞成功后，到三元朱村参观学习的人络绎不绝，王乐义从不藏私，他立下一条规矩——要求全村人"毫无保留地把技术教给前来学习的农民兄弟"。最多的一天，王乐义接待了来自6个省的14批总计3000多名参观者。送走最后一批客人后，他两腮都麻了。

没有人强迫王乐义一分不取地去四处授艺，没有人强迫他必须亲自讲授每一节课，接待每一批来客。因为担心他过度劳累，村里乡亲甚至要把他"藏"起来，好让他多歇一会儿。

1991 年正月，一个外地考察团点名让王乐义出面介绍情况。此时，王乐义已经病了半个多月，汇报讲解完，他大汗淋漓、几近虚脱，是被人从大棚里抬回家的。

为了传播农业技术，从天山南北到雪域高原，从冰封东北到圣地延安，王乐义走遍了中国，行程上百万公里。他举办了 600 多期技术培训班，无偿发放科普图书 8 万多册、录像带 5000 多盘，毫无保留地把技术传给千家万户。同时，他还派出千名蔬菜技术员到全国各地进行实地指导，他们如今都成了农民科技致富的引路人。

"现在科技发展这么快，稍一停步，别人就会超过去；只有不断创新，才能保持领先优势。"王乐义总是对创新充满热情，多年来，他不断改进种植模式，引进新技术、新品种，先后与中国农科院、山东农业大学等 7 个科研单位、大专院校挂钩，相继研发了立体种植、无土栽培等 20 多项新技术，引进试种了乌克兰大樱桃、美国黑宝石李子、荷兰彩椒等 320 多个新品种。

王乐义与国外农业技术人员交流经验

对待各项新技术，王乐义从不照搬照抄，而是结合实践，逐步转化为最适合农民需要的实用技术，使农民能学得来、用得上，让技术推得开、见效快。

乡村振兴就是要让老百姓过上好日子

王乐义坚持认为，乡村振兴归根到底还是要让老百姓过上好日子！

近年来，三元朱村聘请了专业规划机构，对村庄面貌进行了设计改造。实施红色文化提升工程，对党史村史展览馆、青少年德育宫改造提升，打造了红色名片，带动了乡村旅游。

经济富裕了，农村文化生活也要跟上。依托三元朱文化艺术团，王乐义组织开展了"文明之夏"等专场演出，并率先开办儒学讲堂，建设社会主义核心价值观主题公园，打造"文明墙"，让文明新风入脑入心。

为了进一步给民生托底，他又搞起了老年人生活补助金、人才奖励基金、医疗养老补助金三项民生补助，每年发放各类补助资金47万元。建设了200套和谐养老房，全部配有电梯。还对村内卫生室进行改造提升，配备专职医生，建成了集康复、医疗服务于一体的医养结合服务中心。

当村党支部书记40多年来，王乐义时刻提醒自己：当干部就要站得正、立得直。1990年，考虑到他在农业结构调整中的贡献，县里决定让他农转非，提拔为正科级，他婉言谢绝。县里按政策奖励他两万元奖金，县委同志送了三次，他都原封不动退了回去。以王乐义同志的名字注册的"乐义"商标，经专家们估算，品牌价值已经过亿元。有的企业跟王乐义合作，给股份、按比例分红，但他明确表态"分红的钱我一分不拿，全是乡亲们的！"

"三元朱的今天，是乡亲们携手努力的成果，理应让他们有更多的幸福感和获得感。"王乐义这个中国最基层的农村党支部书记，以独特的魅力体现了一名真正共产党员的追求。他像一粒火种，将农业科技的星星之火播撒到中国广阔的土地上，照亮了万千农民的致富路。

用生命捍卫梦想的科技"疯子"

——记山东重工集团有限公司党委书记、董事长谭旭光

谭旭光简介

谭旭光，1961年2月出生，山东潍坊人，中共党员。现任山东重工集团有限公司党委书记、董事长，潍柴控股集团有限公司董事长，中国重型汽车集团有限公司党委书记、董事长。自1998年领导潍柴以来，始终坚持改革，不断创新，并将潍柴改革经验导入中国重汽，全面推进三项制度改革，激发了发展活力。他本人长期从事动力系统工程技术创新工作，主持研发了我国首款重型高速柴油机，攻克了重型高速柴油机及动力总成关键技术国际性难题，补齐了我国全系列全领域动力系统核心技术短板，为我国装备制造业迈向高端作出了重要贡献。谭旭光被授予"全国劳动模范""全国优秀共产党员""最美奋斗者""齐鲁时代楷模"等荣誉称号。

先进制造业位于价值链中高端，是全球争夺的战略资源，也是撬动经济高质量发展的重要支点。

从潍坊到山东，从中国到世界，被誉为科技"疯子"的谭旭光，始终践行新发展理念，心无旁骛攻主业，在中国制造迈向高质量发展中蹚出一条新路子，引领中国柴油机行业实现从追跑到并跑再到领跑的完美逆袭，打造了中国制造向中国创造转变、中国速度向中国质量转变的新样本。

国企改革要敢于"亮剑"

从 1986 年 1 月入党那一刻起，谭旭光便将对党忠诚、激情追梦作为自己毕生的信仰。几十年来，他牢记实业报国、制造强国的使命，团结无数工业人不断造梦、追梦、圆梦，挺起了"民族动力"的脊梁。

1977 年，谭旭光进入潍坊柴油机厂，第一份工作就是做产品试验员，参与我国坦克柴油机的研发试制工作。那时他的梦想是做一名八级工，潜心钻研柴油机的"心脏"——燃油系统。10 年的研发试验学习，让他对柴油机有了深刻的理解，也为他以后几十年把握科技战略方向起到重要作用。

改革开放的春风吹遍祖国大地，也吹进了潍坊柴油机厂。1990年，作为第一批走出去"吃螃蟹"的人，谭旭光带领潍柴第一个驻外技术服务团队常驻印尼，蹚出一条我国机械产品出口、技术适应性开发、质量服务一体化的新路子。10 年时间，他将潍柴的出口创汇从 30 万美元提升到 6000 万美元，成为全国机械工业出口创汇的一面旗帜。

1998 年，潍柴濒临破产，14000 多人面临失去饭碗的困境，年仅 37 岁的谭旭光在上级党委、政府的支持下，被推上潍坊柴油机厂这一大型国有企业一把手的位置，在当时全国机械行业引起轰动。当年 6 月 27 日，他站在潍柴文化宫舞台中央，向全体干部员工宣誓就职："不做老好人，不当太平官；为企业干实事，为职工办好事；要求职工做到的，我首先做到，不允许职工做的，我坚决不做。"他用"约法三章"唤醒了潍柴干将，他那铿锵有力的就职演讲，赢得 13 次掌声。

谭旭光是这样说的，也是这样做的。

刚到潍柴上任，谭旭光就取消了所有的免费水电气福利。从那一刻起，在国企改革的道路上，他始终义无反顾，置之死地而后生。

面对企业濒临破产的严峻形势，谭旭光大刀阔斧地实施国企市场化改革，大力推进人事、劳动用工和分配三项制度改革；破除铁交椅、铁饭碗、铁工资，建立"干部能上能下、员工能进能出、薪酬能高能低"的市场化机制，干部由 750 人减到 219 人，在岗员工总数由 14000 人减到 8000 人；创造性提出并完成"三三制改革"，在当时率先实现主辅分离、轻装上阵、健康发展。这些在潍柴危难之际的改革，为之后的高质量发展奠定了重要的基础。

2002 年，谭旭光在行业内率先提出并实施国企混改，成立潍柴动力，坚持在香港上市，并于 2004 年正式在港交所挂牌，从战略上打通国际资本市场，一步成为全球关注的中国内燃机企业。

20 多年来，他带领潍柴创造了销售收入增长 450 倍、复合增长率 35% 的"潍柴速度"，潍柴集团在山东纳税超过 350 亿元。

2019 年，面对新一轮国企改革，谭旭光又将潍柴改革经验导入中国重汽，全面推进三项制度改革，激发了发展活力——剥离房地产、医院等辅业，提升主业核心竞争力。然而，改革也触动了一些人的"奶酪"，面对各种挑战，谭旭光始终不为所动。他说："我已经做好了把骨灰盒放在济南英雄山上的准备。"

大刀阔斧的改革让中国重汽走上高质量发展快车道，员工充分享受到改革的红利。从消极对待改革到被动接受改革，再到主动适应和支持改革，中国重汽全体员工实现了观念的转变、文化的认同、生态的优化。

谭旭光常说："潍坊人民养育了我，山东人民成就了我。"他怀着浓厚的家国情怀，培育带动了几百家国内外企业落户齐鲁大地，形成产业链，为山东经济高质量发展注入了源源动力。

血液里流的是柴油

当一个人为梦想而疯狂，必将爆发出巨大的能量。谭旭光被称为产品"疯子"、科技"疯子"，他对技术创新的执着和疯狂，让全世界同行刮目相看。

面对十几年房地产、金融行业的"高回报"诱惑，谭旭光始终不被"忽悠"，坚守主业，他说："我要把发动机卖得比房地产还赚钱。"

他带领全体科技人员发扬"钉钉子"精神，"把自己逼疯，让客户爽"，持续加大自主创新力度，10年来仅发动机研发投入就超过300亿元，建立了内燃机可靠性国家重点实验室、国家燃料电池技术创新中心、国家智能制造示范基地等众多顶级创新平台。

他瞄准全球产业最前沿技术，哪里有资源优势，就在哪里设立研发中心，打造了全球协同研发体系。他主导成立内燃机可靠性国际技术创新联盟，每年组织国内外数百名专家，研究内燃机行业共性关键技术的未来发展，以开放心态带领行业共同发展。

潍柴雷沃无人驾驶大马力拖拉机在新疆进行棉花种植作业

他像爱护自己的眼睛一样珍惜人才、爱护人才，从 2005 年引进第一个海外博士以来，每次他都与人才一个个交心，用独有的人格魅力和事业梦想，吸引了一批又一批高端人才。同时，谭旭光为科技人员营造了行业最优的创新生态，每年单独拿出上亿元重奖科技功臣，个人最高奖励达 1000 万元。每年的"潍柴博士开放日"，都会吸引上百名博士生前来，而无论多忙，谭旭光都会为新入职的高校毕业生讲上一课，感染激励着一批批青年人才。

2002 年，谭旭光主持正向开发了我国首台具有完全自主知识产权的"蓝擎"高速重型商用车柴油机，2009 年获山东省科技进步一等奖，2012 年获国家科技进步二等奖。

2005 年，谭旭光整合柴油机、变速器、驱动桥等优质资源，主导建立全球首个独立的重型商用车动力总成研发制造基地，开创全球重型商用车动力总成一体化先河。

2020 年 9 月 16 日，谭旭光带领团队历时 5 年开发的新一代重型柴油机本体首次突破 50% 热效率，并实现商业化应用。这一创新成果获得国内外权威检测机构认证，有业内人士称，热效率提升至 50%，"犹如人类历史上首次百米跑进 10 秒"。时隔 480 天，潍柴人将热效率提升至 51.09%，再次刷新世界纪录。柴油机热效率两次走向世界巅峰，在全球引起了极大震动，赢得了国际同行对中国内燃机行业的尊重。

每年飞行近 40 万公里

20 世纪 90 年代，谭旭光带领第一代外贸人开启潍柴海外业务的"第一个黄金时代"，多年海外历练和亲身经历多次金融危机的洗礼，培养了他的全球视野。为了开启国际化道路，他每年在全球狂飞 120 多天、近 40 万公里。

自 2009 年起，谭旭光抓住机遇，先后投资并购了法国博杜安、意大利法拉帝、德国凯傲和林德液压、美国德马泰克、美国 PSI、英国锡里斯、加拿大巴拉德、德国欧德思、奥地利威迪斯及瑞士飞速等国际高科技企业，开创了国内外技术合作共赢新模式。2019 年 3 月 20 日，为表彰谭旭光在战略重组意大利法拉帝集团及推动中意两国经济交流中作出的突出贡献，意大利政府授予他 2018 年度"莱昂纳多国际奖"，意大利总统和总理均出席颁奖典礼。

谭旭光常说，他从不为世界 500 强目标而并购，而是聚焦"企业急需、行业高端、技术瓶颈"。通过一系列战略合作，企业突破了一大批关键核心技术，为我国高端制造业发展打通了瓶颈、补齐了短板。而重组后的协同效应也已凸显，海外企业全部实现盈利。

谭旭光鼓励年轻员工要勇于作为

通过在"一带一路"沿线国家实施当地制造、技术输出和国际产能合作，谭旭光推动中国制造走向了全球，潍柴品牌国际影响力显著提升，海外收入占集团营收比例接近 40%，有力践行了国内国际双循环的新发展理念。

不争第一就是在混

潍柴人说"20 多年来没见谭旭光休过一天班"。"不争第一就是在混"是谭旭光倡导的激情文化，也是潍柴一次次走向世界巅峰的代名词。

在谭旭光的带领下，潍柴放眼世界找对手，挑战全球争第一，要么不做，要做就做到最好。每实现一个目标后，谭旭光就会提出更具挑战性的新目标。

将生命置之度外的人一定能干出惊天动地的事！谭旭光在奋斗中追逐梦想，曾二次与死神擦肩而过。"我永远无法改变事业比生命更重要的初衷"，谭旭光就是这样在持续的造梦、追梦、圆梦中不断跨越。

实现伟大梦想必须进行伟大斗争。在改革攻坚的主战场、转型突破的最前沿、科技研发的第一线，谭旭光这个"斗牛士"，跟自己斗，跟落后观念斗，跟违背初心斗，跟核心技术缺失斗，跟国内国际市场斗……"拆庙搬神"搞改革，智斗国际资本大鳄，首创动力总成商业模式，建设全球创新体系……每一个故事都是一场惊心动魄的斗争。

"2025 年收入达到一千亿美元，2030 年收入达到一万亿人民币；打造受人尊敬的国际化强企。"这是谭旭光提出的新梦想。如今，这个科技型战略企业家，正带领着 15 万名员工奋斗在新时代科技强国的追梦路上！

把"莱西经验"推向全国

——记莱西市国土资源局原党组书记、原莱西县委组织部副部长周明金

周明金简介

周明金，1953 年 1 月出生，山东莱西人，中共党员，山东省莱西市国土资源局原党组书记，原莱西县委组织部副部长，现任青岛市党建研究会副会长、莱西市党建研究会会长。在莱西县委组织部工作期间，积极探索村党支部领导下的"村级组织、民主政治、社会服务"三个方面的配套建设，总结形成了莱西村级组织建设"三配套"经验雏形。1990 年 8 月，中央组织部等五部委联合在莱西召开了全国村级组织建设工作座谈会，总结和推广了"莱西经验"，从理论、政策和制度上确定了以党支部为领导核心的村级组织建设工作格局。周明金被评为改革开放杰出贡献人员，被授予"改革先锋"荣誉称号。

从 28 岁到 39 岁，周明金凭借对党的忠诚和组织工作的热爱，用 11 年的黄金年华，为全国农村基层组织建设史上具有里程碑意义的"莱西会议"提供了实践探索；他专注痴迷组织工作，锤炼过硬素质和专业能力，让村党支部"强"起来、村干部"动"起来、村集体"厚"起来；他甘守寂寞，淡泊名利，用行动诠释了组工干部的忠诚本色。在全面建成小康社会的进程中，周明金是一个在山东乃至全国都响当当的名字。

应势而谋、因势而动，栉风沐雨打基础

20 世纪 80 年代，"大包干"在莱西推行，农民生产方式产生新的改变，农村生活条件有了很大改善，但有些村民对党支部的认识却产生了偏差，出现"包产到了户，要不要党支部"的疑虑。

作为县委组织部分管农村基层组织建设工作的周明金坐不住了。"党的领导在任何时候都要加强，不能削弱，必须依靠党的群众路线，到群众中找答案"，他骑上"大金鹿"自行车，把铺盖捆到车后座上，一头扎进莱西广袤的农村：遇到迷茫的群众，就苦口婆心地解释党的政策；当天回不来，就住在村办公室；没有办公桌，就趴在床沿上写笔记。他一路走访、一路宣讲，走遍 800 多个村、走访近万人次，找准了根源——一个村庄如果没有党组织这个领导核心，就是一盘散沙，必须旗帜鲜明地加强党的领导。

问题如何解决？没有经验参考。但他始终坚持，村党支部必须发挥领导核心作用。为此，他总结提出了"以党支部建设为核心，做好村级组织配套建设；以村民自治为基础，做好民主政治配套建设；以集体经济为依托，做好社会化服务配套建设"村级组织建设工作

法，并积极推动在全县 800 多个村付诸实践，形成了"三配套"经验雏形。

1990 年初，"三配套"经验先后得到山东省委组织部、中央组织部肯定。1990 年 8 月 5 日至 10 日，中央组织部等五部委在莱西召开全国村级组织建设工作座谈会，推广"三配套"经验，确立了以党支部为领导核心的村级组织建设工作格局，这次会议被称为"莱西会议"。村党支部领导核心地位确立了，老周心里更踏实了，工作干劲儿更足了。

精益求精、带动致富，一颗匠心强基层

"'莱西经验'的实质，就是在党的领导下，把广大农民群众组织起来，走社会主义道路，加快建设富裕、民主、文明新农村的步伐。"周明金这样阐释。

从事组织工作以来，周明金坚持记工作笔记十多年，一字一句都是他汇总党的方针政策、遍访民情民意后形成的见解，是他从事组织工作积累的宝贵财富。遇到困惑，翻阅笔记总能从记录的基层实践中找到解决问题的思路，这些做法成为"莱西经验"的重要支撑。

后进村治理是农村工作老大难。姜山镇大河头村地处莱西、莱阳、即墨三县交界，是远近闻名的乱村、后进村。1991 年，周明金沉到镇村指导，找准症结后推选时任村委会主任的耿式资担任村党支部书记。耿式资上任后，迅速扭转治安混乱局面，并且引进了 13 个内外资企业项目，带动该村成为山东省村镇建设明星村、安全文明村。周明金总结了从企业选拔干部回村任职等 4 种后进村治理方法，先后整顿后进村 39 个。

周明金与村干部商讨高效农业发展

为解决农村干部待遇，他牵头修订了县委印发的关于农村干部报酬的文件，对农村干部报酬实行结构性考核发放，理顺农村干部责、权、利关系，解除农村干部后顾之忧。这套办法不断完善并沿用至今，有效调动了农村干部工作积极性。

村集体经济"厚"起来，才能增强村党支部凝聚力。周明金提出管好用活原有集体资产、大力发展村办企业等思路。1989年，组织推动莱西16个乡镇成立了合作基金会，发展壮大了村级集体经济。

山东省委、省政府把"莱西经验"向全省做了推广。莱西农村遇到的问题和困惑，在全国很有普遍性。为了把"莱西经验"推向全国，中组部先后两次派人到莱西调研，民政部还成立"国家莱西村级组织建设经验考察组"，对莱西进行全面深入考察。中央组织部等五

周明金与村民一起察看麦苗长势

部委在莱西召开全国村级组织建设工作座谈会后，"莱西经验"由此走出这个小县，在全国农村扎根生长。

不忘初心、永葆本色，"莱西经验"再出发

"都是大伙儿的功劳，集体智慧的结晶。"每当获得表彰奖励，周明金总是这样说。"老周淡泊名利，几次提拔重用的机会都让给了年轻人。"多位老同事异口同声。

"出格的事，咱谁也不许想，更不能做。"妻子领教过周明金的严厉，多次将送礼人拒之门外。1992年，他离开了躬耕11年的组工岗位。在莱西国土局主持工作期间，多次面对欲"意思意思"的开发商、矿山业主，他都给予严厉批评教育。"咱把事办在明处，有本事到招标会上比高低。"一次，他带队到云南考察学习途中，有人提出

顺道到中缅边境瞧一瞧，被他严词拒绝。"老周好样的，还保留着组工人的本色！"人家纷纷竖起大拇指。

退休后的周明金始终以组工人的高标准要求自己，把余热奉献给他一直牵挂的组工事业。他积极参加莱西市党建研究会筹备工作，并被推选为会长；带头传播党的先进理论，每年30多次深入镇村、社区，宣讲党的政策；带动33名退休党员积极参加社区党组织开展的活动。周明金践行了新时代组工干部不忘初心、牢记使命的优良作风，党员群众打心底里为他点赞。

"'莱西会议'确立了党支部在农村基层组织建设中的领导核心地位，在之后的发展进程中也进一步证明，只有坚持党的领导，才能走好建设富裕、文明、民主的新农村道路。"在周明金看来，"三配套"打的是一套组合拳，它们互相联系，整个符合农村目前发展的需求，所以能够发挥经典的作用。30多年后的今天，"莱西经验"在莱西市的农村改革和发展实践中已经被大大地丰富和拓展，从而形成了一茬又一茬的升级版，但是，它所体现的基本要求、基本原则、基本方法没有变，它深深地印证在莱西市和各个地方农村发展所取得的辉煌成就中，这也是还要继续深化拓展"莱西经验"的原因。

在庆祝改革开放40周年大会上，周明金作为农村基层党建"莱西经验"的实践创新者获颁"改革先锋"奖章，每每回忆起来，他仍无比激动。"这充分体现了党中央、国务院对'莱西会议'的高度重视，同时体现了党中央、国务院对'莱西经验'的充分肯定。这份荣誉，属于组织，属于集体，属于人民。"

如今，许多地市正在深化拓展"莱西经验"，而周明金也应邀四处介绍"莱西经验"。周明金说："作为一名共产党员，在学党史、悟思想的过程中，再一次让我坚定了服务老百姓、造福老百姓的使命。我希望能发挥余热，让新时代的'莱西会议'经验永远奔跑在路上！"

1029 名孤弃儿童的"妈妈"

——记潍坊市儿童福利院副院长杨守伟

杨守伟简介

杨守伟，中共党员，2000 年开始从事孤弃儿童护理工作，现任潍坊市儿童福利院副院长。20 多年来，她始终把孤弃儿童当作亲生子女，用全身心的爱呵护他们健康成长，创造了一个个生命奇迹。面对患有艾滋病、梅毒等传染病的孩子，她义无反顾。她以最高标准对待工作，直面问题，提出了脱离床铺、科学抚育、心理护理等理念，设计了"脑瘫衣"、"吸管式"奶瓶、脑瘫儿童生活康复器具等，得到了社会广泛认可。有 1000 多名孩子在她的怀抱里健康长大，400 多个孩子走进了家庭。杨守伟先后获得"全国劳动模范""全国三八红旗手""全国优秀共产党员""齐鲁时代楷模"等荣誉称号以及"全国五一劳动奖章"。

2021 年 10 月 9 日，晨光熹微，与往常一样，杨守伟来到位于潍坊市城东的儿童福利院。她是孩子们的"妈妈"，是这家福利院的副院长。"这是我当护理员妈妈的第 21 年。"杨守伟在心里默默想着。在她身后的墙上，是一组蜡烛题材的背景。

"21 年来，1029 名孤弃儿童曾扑进我的怀里，趴在我的肩上，用稚嫩的声音，一声声喊我'妈妈'；21 年来，我牵着 467 个孩子的手，教会他们说话、吃饭、走路，做了手术，治好了病，找到养父母，拥有了自己的家；21 年间，还是有一些孩子，由于严重的疾病，就那么依偎在我的怀里，离开了这个世界……"在杨守伟的日记本里，她这样写道。

从把一个个"没人要"的孩子抱在怀里，当好他们的"妈妈"，到有教无类，努力让每个孩子都成为对社会有用的人……20 多年来，杨守伟既是"慈母"，又是"严师"。她是一束光，照亮了孤弃儿童脚下的路；她又是一座桥，让孤残的孩子也能走向远方。

爱能唤醒生命，也能托举成长

"就是看孩子，能难到哪里去呢？兴许和我女儿一样可爱。"2000 年冬天，刚当妈妈不久的杨守伟来到潍坊市儿童福利院工作，成为一名护理员。

来之前，杨守伟听说这里收养的都是孤弃儿童，对孩子们的情况、工作环境，也有心理准备。可第一次走进儿童福利院，第一眼看到这些孩子们，震撼与压抑还是让她久久回不过神——重残率超过 90%，唇腭裂、脑瘫、脑积水等都是常见病，甚至一些儿童还有传染病。

恍惚之间，一个孩子被同事递到自己怀里，她接过了要照顾的第一个孩子，也揭开了一段传奇的人生。

2006年一个盛夏傍晚，杨守伟刚下班回到家就接到同事电话，同事哭着说："杨姐，你快来吧，刚送来一个弃婴，我看了很害怕。"

杨守伟鞋子也没换就出了门，路上还在想："咱什么样儿的孩子没见过，害怕什么呀？"可当她第一眼看到晓玉时，她差点叫出声来。孩子的眼皮外翻，眼珠通红，全身几乎每寸皮肤，都翻裂开来，一片挨一片，像鱼鳞一样，到处是血口子，密密麻麻，很多还化了脓……

被吓得后退一步是人的第一反应；一把上前抱起孩子，则是妈妈的本能。杨守伟轻轻抱起这个"扎手"的孩子，小女孩静静地把头靠在了她的胸前。杨守伟仿佛抱着一件易碎的稀世珍宝——她给孩子取名叫晓玉，是宝贝的意思。晓玉得的是罕见的鱼鳞病，这是由于基因突变导致的皮肤病，无法根治，只能通过细心护理，缓解病情。

杨守伟想了很多特殊方法：勤给晓玉洗澡，把她放进洗澡盆，捧着温水，小心翼翼地洒在身上，每次浸泡1小时左右；为避免浮起的"鳞片"扯到正常的皮肤，都要尽早地剪掉；头上的皮屑经常裹住头发，竖立起来，就用剪刀的尖仔仔细细地把皮屑剪去……

细心和耐心会创造奇迹。经过一年多的精心护理，晓玉身上的伤口开始一个个愈合，鱼鳞状的皮肤逐渐一片片脱落，身上许多地方开始有了正常肤色。

有一天，杨守伟正在给晓玉洗澡，像往常一样，她边用手捧着温水轻轻洒在孩子身上，边和晓玉聊着当天有趣的事情——尽管孩子从没开口说话。突然间，坐在澡盆中玩水的孩子，抬头看着杨守伟足足有一分钟，然后轻轻把头依偎在她胸前，清晰坚定地叫了一声："妈妈。"

这一声"妈妈"，是横扫阴霾的雷霆；这一声"妈妈"，是破开冰雪的春风。这一刻，杨守伟知道，这个孩子"活过来了"。

"杨妈妈"检查保温箱里体弱儿童的身体状况

爱能唤醒生命!"每一个妈妈,都想给孩子的成长道路上添些光亮,也许是一颗巨星,也许是一把火炬,也许只是一支含泪的蜡烛。他们就是我的孩子,我不允许我的孩子们被看作另类,我就是要让他们拥有正常生活的权利,活得健康、活出尊严。"杨守伟说。

母亲是柔弱的,但更是坚强的

"他们就是我的孩子。"但这其中,总会有许多此生不复相见的孩子。

心心离开这个世界已经快 10 年了,杨守伟还是常常梦到他。2010年 6 月,警察带着心心来到潍坊市儿童福利院门口。杨守伟看到一个 2 岁左右的男孩,他右眼患有视网膜母细胞瘤,就是俗称的"眼癌",是婴幼儿眼病中性质最严重、危害最大的一种恶性肿瘤。心心被送到福利院的时候，他的右眼球已经被摘除了。

然而，一年之后，心心的左眼也被癌细胞侵蚀，已经失去一颗眼球的心心再一次承受着巨大的痛苦。杨守伟每天都要给心心清理眼睛里的血水，每次清理，他都会用颤抖的声音说："妈妈我疼，妈妈轻一点……"

耐心为心心擦拭的杨守伟，一边眼含热泪，一边用心心最喜欢吃的鸡蛋哄他。

心心走的那天，2012年6月20日，他依偎在杨守伟的怀里，小手抓着杨守伟的手指，带着微笑离开了这个世界。

面对孩子，母亲总是脆弱的，但更是坚强的。每当送走一个孩子，杨守伟都会本能地封存关于这一段孩子的记忆，不断告诉自己要坚强，要更坚强，因为还有更多的孩子需要她。她珍藏着一张发黄的照片，一个漂亮的男孩正坐在餐桌前吃肉火烧，杨守伟的婆婆紧紧挨着他，用勺子喂吃火烧的孩子喝豆腐脑。

杨守伟呵护照料孩子

这个男孩叫健健，由于患有严重的唇腭裂，他刚出生就被送到潍坊市儿童福利院。6 年时间里，杨守伟照顾他最多。因为吞咽器官不全，健健进院前进食困难，长期营养不良。杨守伟专门为他设计制作了唇腭裂患儿"吸管式"奶瓶后，顺利解决了进食困难的问题，健健的体质也很快有了明显增强，在 4 次唇腭裂修复手术后，健健的唇部、腭部修复得非常好。

为了让健健感受到家的温暖，杨守伟经常带健健回家过周末，带他去超市买东西，到书店买书……2015 年 8 月，当知道有一个家庭要收养健健时，杨守伟带健健回家过了最后一夜。第二天，杨守伟没敢去送他。6 年了，孩子虽然不是亲生的，但这个她养了 6 年的儿子，已经融入了她的生命，这就是亲儿子。

当天下午，健健在济南和收养家庭见面之后，送他的同事给杨守伟打来电话，说健健非要跟杨守伟说话，孩子在电话里哭着说："妈妈，我想你了，我还带着你的照片呢。"听到健健眷恋不舍的哭腔，想着自己养育了 6 年的儿子，这辈子再也不能见一面了，杨守伟的眼泪再一次止不住地往外涌。

这些孩子，终归是要走进家庭走向社会的，这是护理员妈妈们最大的愿望，也是孩子们最好的归宿。因此，考虑到养父母的感受，考虑到孩子的成长，杨守伟定下一个不成文的规矩，凡是被领养的孩子，都不再去联系。

会有更多的"妈妈"，更多的"杨守伟"

第一个爱的孩子，不是自己的孩子。这是潍坊市儿童福利院很多年轻妈妈们的共同经历。

2010年10月，儿童福利院刚搬到现在的新址。那时候，福利院周边并没有像现在这样道路宽阔、街市繁华。附近的村民每天都会在福利院通往附近幼儿园的土路上，看到一辆改装了简易遮阳棚的电动三轮车，车上载着一个瘦弱清秀的女孩子，她张开双臂，揽着七八个孩子，寒来暑往。

那是福利院的护理员苏娟娟，她坐着这个"小篷车"，连续送了孩子们7年，直到怀孕第9个月，才换成别的同事接送。车子每天停在幼儿园门口，她一个一个抱下叽叽喳喳的孩子，再牵着他们，从一楼到三楼送进教室，亲吻孩子的额头，和他们说"下午见"。

只靠自己是不够的。杨守伟在福利院耐心地发挥"传帮带"作用，培养了一大批优秀护理员。"我们院里年轻的护理员都很优秀，哪怕她们还没有结婚生子，对院里的孩子，不管是从感情还是照顾抚育上，完全就是妈妈的样子。"杨守伟说。

今天的潍坊市儿童福利院，占地40亩，建筑面积1.8万平方米，中央空调全覆盖，室内四季如春，走廊上装饰着孩子们的画作，楼内时不时传来孩子们的琅琅读书声和欢声笑语。

仅仅依靠儿童福利院是不够的。作为一名长期在孤弃儿童一线服务的基层党员，党的十八大、十九大代表，杨守伟走进潍坊的各县市区、市直单位、医院、企业、社区，讲党课、作报告，用一例例真实鲜活的故事，让越来越多的人了解和关心孤弃儿童。

杨守伟见证了党的十八大以来民生领域一系列惠民政策的落实，特别是对这些孤弃儿童，儿童福利院把孩子养到18岁，之后转到社会福利院继续供养，整个过程的花销由国家全额拨款支付。每当说到这里，她都难掩激动："这个伟大的国家、伟大的时代，没有因为我的孩子们弱小就抛下他们。伟大的中国梦，我和我的孩子们是重要的一部分。"

"杨守伟和市儿童福利院的工作人员，生动诠释了全心全意为人民服务的精神，树立了'老吾老，以及人之老；幼吾幼，以及人之幼'的道德标杆。"在杨守伟事迹报告会上，潍坊市委书记田庆盈掷地有声地说。

从潍坊的大会堂，到中央机关的报告厅，一场场由杨守伟主讲的《为了那一声声妈妈的呼唤》的报告会催人泪下，一波"致敬体"在网络上"刷屏"，流着泪看完杨守伟事迹的网友们，读懂了奉献和大爱。

总有一种精神，穿越时空，化育人心。杨守伟深信，跟她的孤弃孩子们坚守在一起的人，会越来越多。

二、"第一书记"篇
——一枝一叶总关情

2012 年，习近平总书记在河北省阜平县考察扶贫开发工作时引用了郑板桥的诗句："衙斋卧听萧萧竹，疑是民间疾苦声。些小吾曹州县吏，一枝一叶总关情。"习近平总书记多次强调基层干部的作用。群众利益无小事。群众的一桩桩"小事"，是构成国家"大事"的"细胞"。小的"细胞"健康，大的"肌体"才会充满活力。

到农村去，那里有生我养我的爹娘；到农村去，那里有育我成长的南瓜米汤；到农村去，那里是魂牵梦绕的故乡。在山东全面建成小康社会的进程中，有数万名不是亲人胜似亲人的"第一书记"和驻村干部奋战在一线，他们深入基层，服务群众，真真切切地践行着习近平总书记要求的"一枝一叶总关情"。他们向一个个横亘在全面小康路上的"拦路虎"发起总攻，攻城拔寨，用党性诠释了共产党人融会贯通"小我"与"大我"的初心和使命。

济南有个"摩托车上的'第一书记'"

——记济南市南部山区西营街道叶家坡村 "第一书记"李洪文

李洪文简介

　　李洪文，1962 年出生，中共党员，济南市历城区供销社派驻南部山区西营街道叶家坡村"第一书记"。在叶家坡任职的 6 年多来，李洪文真抓实干、无私奉献，他甘当群众老黄牛的优秀表现，得到了干部群众的一致认可。驻村以来，面对叶家坡村基础设施差的状况，他不畏艰难，坚决带领村民脱贫致富。为了扶贫，他跑坏了 3 辆摩托车，行程 22 万多公里，被村民们亲切地称为"摩托车上的'第一书记'"。在李洪文的努力下，叶家坡村贫困户全部脱贫，村集体增收超过 47 万元。李洪文获得"济南市优秀第一书记""山东省优秀共产党员""山东省脱贫攻坚先进个人""全国脱贫攻坚先进个人"等 30 多个荣誉称号。

每天早上，济南市叶家坡村村民只要听到突突的摩托车声，就知道是"第一书记"李洪文来了。

叶家坡村位于济南市南部山区西营街道的最南端，与跑马岭接壤，所属的 5 个自然村，分散坐落在海拔 700 多米的几道山梁上。那条连接村与村之间弯急坡陡的窄路，叶家坡村"第一书记"李洪文 6 年来走了无数遍，跑坏了 3 辆摩托车。

叶家坡村乡亲们的幸福生活，就是李洪文用摩托车跑出来的。"种植高山越夏蔬菜，每亩收益 8000 元以上；送给贫困户饲养的小尾寒羊已从 248 只，累计繁殖销售 1200 余只；新栽种的 100 亩优质高光效苹果树林，是村民长久脱贫、增收、致富的摇钱树、致富树、养老树……"如今，李洪文欣慰地掰着指头算"家底"。

"组织需要我，去就是"

在叶家坡村，百转千回的盘山路扭得像麻花一样，连续上坡，又连续弯道，2016 年 3 月，初次徘徊在叶家坡村山路上的李洪文，还不知道将要面临多少困难坎坷。

6 年前，李洪文作为历城区派驻南部山区西营街道叶家坡村的"第一书记"，来到这个远近闻名的贫困村。在全村 212 户、603 位村民中，贫困户就占了一多半。

"组织需要我，去就是。"短短 8 个字，李洪文说得淡定从容。

来之前，李洪文不是没做心理准备。从周围人的口述中，他大致对这个村有了"山高路远、交通不便、条件艰苦"的模糊印象。而真正来到这里后，李洪文才有了更深刻的认识——在山顶，他定睛望去，山路十八弯，山高无水井，村民们住的土坯房粗糙破旧，有矮矮的围墙和松动的木门，甚至有的连屋顶也没有。"贫困户多，光棍多，破房多，小孩少"，这"三多一少"，就是李洪文对叶家坡村的第一印象。

"做一名共产党员，不是为了索取，而是要随时奉献，奉献自己的一切。"1962年出生的李洪文，是唱着红色革命歌曲、听着革命英雄故事成长起来的。"当时上学背的书包，也是印着'为人民服务'五个红字。"那个时候的李洪文，对中国共产党的崇敬与热爱就像一粒种子，在心中扎下根、发了芽。

没有人知道李洪文初见叶家坡村时，心里掀起了怎样的波澜。他抛掉"怀疑自己做不好"的顾虑，全然不顾村民们的种种质疑，暗下决心：哪怕上刀山、下火海，也要完成组织交代的任务，带着叶家坡村"逆袭"。

"危险，挡不住我扶贫的心"

凌晨4点，夜与昼交替之际，是李洪文起床的时刻。戴上头盔，骑上摩托，他的上班路，是从仲宫李家庄村，到西营镇叶家坡村来回120多公里的骑行。

这条路并不安全。叶家坡村下辖的藏主庵、叶家坡、东水峪、西水峪、杜家坡5个自然村分散在两座山头上，村与村之间最远相隔10多公里，最高海拔780米，只有骑摩托车最为方便快捷。

2017年下了一场瓢泼大雨，狂风向李洪文扑来，豆大的雨滴砸得他眼睛都睁不开。"当时在山路上，天都黑了。我害怕山体滑坡，以80迈的车速往山下跑，结果还是发生了塌方，就在我身后4米的地方，挖掘机半个月才清理完毕。"

为了扶贫，李洪文跑坏 3 辆摩托车，行程 22 万多公里

与死神擦肩而过的时刻，李洪文害怕极了，可依旧挡不住他对扶贫热切的心。

一家一家走访谈心下来，李洪文意识到，叶家坡村的这种穷，不仅是没有钱的穷。"大家长期处于深山里，身体被困住了，思想也被困住了，甚至有健康的年轻村民，不想脱离贫困队伍，只希望享受低保政策。"

百般思考下，他找出最为关键的一点——抓党建。

原来，在之前很长的时间里，叶家坡村的"代名词"一直都是基层党组织战斗力弱、空壳村、底子薄。面对一盘散沙、各自为政的五个自然村,李洪文决定"扶贫先扶心",他认为党建引领下的凝心,可以"聚沙成塔",改变每个村民的生活状态。

2018年2月4日,叶家坡村"两委"换届选举工作圆满结束,前期为了规范、公开、公正地开展好这项工作,李洪文每天清晨乘着晨曦来,深夜踩着星光归。

叶家坡村的"四九天",户外温度低到零下十几摄氏度,可李洪文的心是炙热的。"只有班子配强了,农村基层组织建设强了,村民们脱贫才有希望。"在党员大会上,李洪文郑重地对大伙儿说:"群众看党员,党员看支部,党支部在群众中的战斗力、凝聚力、向心力、影响力是干好叶家坡各项工作的根本保证,没有落后的群众,只有不称职的干部。我希望全体村民向党员看齐,党员向村'两委'成员看齐,村'两委'成员向'第一书记'看齐。"

几年下来,李洪文带领村"两委"干部建立健全了党员会议、学习、议事、村规民约等各项规章制度,严格落实"三会一课",严肃党内组织生活,提升了基层治理水平。他骑着摩托车,用自己的一言一行,促使叶家坡人的精气神发生了翻天覆地的变化。

"我就是叶家坡人"

李洪文从入村那天起,就把叶家坡村当成了自己的家,把贫困群众当成了自家人。他进村不摆官架、入户不讲官话。在乡亲们看来,"李书记不仅是叶家坡人,还是大伙儿最亲近的人"。

走村入户过程中,李洪文看到87岁的老大娘因患病无钱医治时,便自掏890元为老大娘买药;72岁的单身大哥为了摘核桃摔伤了双腿无法行走,他又掏出准备为妻子买药的200元钱送去救急;村里两位

李洪文向村民介绍自己多年种植的经验

摔伤骨折的乡亲要到市里医院做手术，又是他出钱雇车，联系大夫救治，每天早晚给他们送饭……这样的事情，在李洪文身上发生了太多太多。在个人收入并不宽裕的情况下，李洪文累计帮扶困难群众4万余元。

李洪文到任前，叶家坡村民要到三里以外的山沟里挑水吃。即使是年轻人，往返六里多的山坡路挑水也不是一件轻松事，何况年老体弱病残的村民？吃水成了整个叶家坡村的大问题。"连水都吃不上，如何脱贫？怎么致富？谈何发展？"在李洪文和村民的努力下，接下来的几年，村里建设提水站2处，铺设自来水管道13582米，打机井6眼，新盖水厂泵站厂房2处。在蓄水池建设过程中，山路陡峭，施工难度大，大型机械根本上不去。李洪文就带领大家通过人工方式，一点一点地干，硬是在山顶上建设了200立方米的蓄水池6座。吃水问题解决了，李洪文又带领大家科学论证，精心谋划，成功实施了蓄水2000立方米、翻越14座山头、输水管道长达8000米的引水灌溉工程，使过去几百亩贫瘠的山岭薄地,变成了如今旱能浇、涝能排的旱涝保收田,实现了农用灌溉和森林防火共用,让叶家坡村旧貌换新颜。

不仅如此,李洪文还带领村民们建设了光伏发电站3座,整修5米宽的生产路39000米,硬化村内道路12000米,修建桥梁1座,建设文化健身广场2处,安装太阳能路灯145盏……考虑到叶家坡村特殊的地理条件,李洪文又协调开通了西营至叶家坡的公交线路,彻底解决了村民出行难的问题。

李洪文知道,"第一书记"承载着组织的信任和群众的期待。他的任务不只是为叶家坡搭建好完备的基础设施,还要带领乡亲们脱贫致富。为此,李洪文积极找门路,他两赴梁山县购进小尾寒羊,然后分发给贫困户饲养,如今养殖产业的益处早已显现,村民们已累计繁殖销售1200多只小尾寒羊,收到了可观的经济效益。李洪文又结合村子的自身特点,筹划成立了叶家坡果品专业合作社,帮助村民推销各种干鲜果品19.8万公斤、小米1.8万公斤;指导村民种植高山越夏蔬菜50亩,每亩收益都在8000元以上;购买优质果树苗6000棵,引领带动干部群众栽植高光效苹果树100亩;他还为村民引进加工美国核桃的项目,使村民每月的收入又多了1000多元。在各种产业赋能中,全村实现了脱贫,村集体收入也由零增长到近50万元。

驻村以来,除了每年大年初一休假1天外,李洪文一直在工作;这些年,他背坏了5个书包,换了3辆摩托车,磨损了16根外胎、14个挂链条和链盘。他用22万多公里的行程,见证了叶家坡村的由贫变富。

"名者,实之宾也。"先有实干,后有名声,为民服务是好干部的底色,也是共产党人最响亮的宣言。人民利益大如天,一枝一叶总关情。李洪文用实际行动诠释了一个共产党员的责任担当与民本情怀。

甘当啃掉穷根的"蚯蚓书记"

——记淄博市乡村振兴局三级调研员刘昌法

刘昌法简介

刘昌法，现任淄博市乡村振兴局三级调研员、淄川区太河镇东东峪村驻村"第一书记"。2012年4月，刘昌法主动请缨担任驻村"第一书记"，10年时间里，他先后在博山区池上镇上小峰村、博山区石马镇西沙井村、沂源县大张庄镇石柱村、淄川区太河镇东东峪村担任"第一书记"。多年来，他扎根脱贫攻坚一线，以群众疾苦为疾苦，以群众冷暖为冷暖，以群众安康为快乐，设身处地为农民群众办实事、解难题，真心实意为农村发展谋思路、拓新路，把百姓情怀践行到驻村工作的点点滴滴之中。刘昌法被授予"全国脱贫攻坚先进个人""齐鲁时代楷模"等荣誉称号。

驻村 3000 多个日日夜夜，留下 4 支队伍、80 多万字的驻村日志、43 个挽留的红手印，他说这是一种使命。

扶贫清单上，1 家乡村旅游公司、2 个山泉水厂、1 个莲藕基地、3 个日光大棚……1200 多万元资金、30 多个扶贫项目，他说他要为村民铺出脱贫致富路。

2012 年 4 月以来，刘昌法先后担任博山区池上镇上小峰村、石马镇西沙井村和沂源县大张庄镇石柱村、淄川区太河镇东东峪村"第一书记"。十年间，他坚守初心、默默耕耘，最终帮四个山村摘掉了"穷帽子"。

"飞蝗"变"蚯蚓"

2012 年，将到知天命之年的刘昌法，出人意料地报名参加"第一书记"遴选。快 50 岁的人了，下去操心受累，图个啥？他笑笑，并不回答，等接到上任通知，心里才踏实起来。

"那会儿初到上小峰村时，村民们只知道上面下来个'镀金'的干部，待几天就走了，便都私底下叫我'飞蝗'。"面对老百姓的质疑，刘昌法并不辩解，他暗下决心：一定要放下架子，扑下身子，想出法子，干出样子。

接下来不到一个月，刘昌法就把全村 189 户走了个遍，工作局面迅速打开。紧接着，他又捋思路、求亲戚、托朋友、访部门、跑项目、拉资金，建设实施了拦河塘坝、道路硬化、照明设施、乡村旅游、环卫设施、环境综合整治等 10 余个惠民项目，改善了村民生活，实现了村民增收。

刘昌法的实干，换来了乡亲们的信任。2014 年春天，刘昌法患

刘昌法在上小峰村和村民们一起修路

上严重过敏性湿疹，全身上下瘙痒难忍，抓挠得衣服上血迹斑斑。镇上一位中医为他开了药方，其中的 4 味中药附近山上就有。年近七旬的村民赵心山得知后，不顾山陡路险，跑了五六个山头终于将草药采集齐全。

　　2014 年 5 月，驻上小峰村满两年的"飞蝗"刘昌法即将离开，村民们希望他能继续帮扶，于是集体写了一封挽留信，这封信上印满了43 位村民代表鲜红的手印！写信的人中有位 63 岁的老党员宋元仓，他说，刘昌法是个"腿很勤""重感情"的人，村周围有些地方，许多村里人都说不上来，刘昌法却都知道，得知他要走，大家都想留住他。

　　事实上，刘昌法在十年时间里当过四个山村的"第一书记"，不论在哪里，吃住不离村、早出伴晚归、挨家挨户上门走访都是刘昌法的工作常态。他早就把四个村的"家底"摸得一清二楚，写在本上，记在心里。

刘昌法到贫困群众家中走访

2019 年 7 月 30 日，刘昌法来到淄川区太河镇东东峪村担任"第一书记"。这天下午，他就装上一支签字笔、一叠联系卡、一张叠得手机壳能够盛下的小纸片，还有几百元钱，开始了在这个村的走访工作。自此，这一系列"装备"就成了刘昌法工作的"秘密武器"，每次出门都随身揣好，无一例外。

从庄南到庄北，从村东到村西，凡是在家的农户，刘昌法一一拜访，仔细地把情况记在纸片上，夜深人静时再结合自己的认识整理到工作日志上。在路上碰到坐在路边乘凉拉呱的大爷大娘时，他主动上前坐在石块上跟他们自我介绍，向他们嘘寒问暖。遇到群众反映问题时，他单独记下来，待第二天就直接到现场解决。

无论在哪个村子帮扶，刘昌法经常满身尘土、一脚泥，他说这才是一个基层干部的工作状态。渐渐地，村民们把他比作"蚯蚓"：他就是这块贫困土地上的"蚯蚓"，松了贫困的土，啃掉了贫困的根。

"这样的干部，俺真服"

"平常吃住在村，一待就是 40 多天，忙得掉了十几斤肉，但他从不叫屈喊累，这样的干部，俺真服！"上小峰村党支部书记牛占月对刘昌法的敬佩之情发自肺腑。

"给钱给物，不如建个好支部；给金给银，不如选个带头人。"在为村里上项目、办实事、解难题过程中，刘昌法注重在思路上"引"，在工作上"促"，在分歧上"拉"，在作风上"带"，想方设法把村干部推向前台，帮助树立威信。2014 年村"两委"换届选举，上小峰村实现了村党支部书记、村委会主任"一人兼"，结束了村"两委"班子 18 年无连任的历史。

"替老百姓办事不能回避矛盾，更不能敷衍。"刘昌法是这么说的，也是这么做的。沂源县大张庄镇石柱村的 3 个自然村相距都在 2 公里左右，祖祖辈辈行路难，特别是通往王撇沟组的路更难走，夏天涉水过，冬天冰上行，个别"钉子户"的工作一直做不通，路迟迟修不成。经过实地查看，刘昌法当场表态，一定要把路修起来。之后，他一边积极协调修路资金，一边做"钉子户"的思想工作。2017 年 11 月初，当第一条 4 米宽、1.2 公里长的水泥路竣工时，83 岁的朱明兰老人笑得合不拢嘴："没想到，俺老婆子 80 多岁了还能走上水泥路。"

"刘书记为我们操了不少心、办了不少事，一点儿虚的也没有，这样的干部我们打心眼里喜欢。"2018 年当选石柱村党支部书记的李敦山这样评价刘昌法。

而在刘昌法的心中，困难群众的生活一直是他最惦记的。

淄川区太河镇东东峪村 65 岁的村民杜元富患有脑血栓和心脏病，每年仅用药花费就一万多元，刘昌法时常去探望他。村里把他家靠路边的房子做了改造，让腿脚不便的他卖些烟酒糖茶补贴家用。2020年8月，杜元富生病住院，刘昌法又去看望他并拿出自己的几百元钱留给他补身子。

"基层扶贫工作就得像走亲戚那样多往老乡家里跑，才能吃透村情，解群众所难。"来到老乡家中，特别是到那些困难户屋里之后，摸一摸他们睡觉的炕铺，掀一掀灶台上的锅盖已成为刘昌法的习惯性动作。

刚到博山区石马镇西沙井村不久，有群众在反映低保问题时提到一位88岁高龄的老人张大娘，此人患有脑血栓、阿尔兹海默症等，生活十分困难，刘昌法便前去走访。但不凑巧，走访当天，张大娘刚好被女儿接去临近的莱芜市老姑峪村家里，对此，刘昌法想都没想就步行去了一趟老姑峪村，并给老人留下了急需的钱物。

刘昌法相信，要解决服务群众"最后一公里"的问题，首先必须解决好与群众感情"十万八千里"的问题，要真正把群众呼声当作第一信号，把群众需求当作第一选择，把群众满意当作第一标准。

变"输血"为"造血"

"不仅要整村脱贫，老弱病残贫困群众脱贫也要有保底机制。"如何保底？刘昌法提出了"资源变资产、资产变股本、村民变股东"的发展思路，积极探索资产收益扶贫"三三制"管理模式，建立由贫困户参与的股东会、董事会、监事会"三会制度"，实行扶贫股、基本股、脱贫股"三股互补"，做到项目运作规范、扶贫资金安全、贫困户获得稳定收益"三个确保"。

"100万元扶贫资金平摊到每个贫困户身上也就4000多元，这个钱如果直接分了，估计不到一年就花完了。"刘昌法说。让贫困户入股成立公司，使贫困户保持长期收益，可以变"输血"为"造血"。

2015年，刘昌法发动群众投资投劳，成立山东上峰旅游开发有限公司，将100万元扶贫资金折股量化给贫困户，支持公司改造闲置房屋，大力发展农家乐、乡村游。由于上小峰村背靠鲁山国家森林公园，游客慕名而来，农家乐火了起来，全村发展农家乐50余家，当年集体收益就达到10多万元。2016年8月，村民们手持"分红证"参加公司第一次分红大会，全部拿到了分红，每个人都难掩喜悦之情。

上小峰村发展乡村旅游积累的经验，被刘昌法复制到了之后的帮包村：西沙井村发展农家乐和莲藕、林果蔬菜种植，村民们在产业扶贫中有了更多获得感。在东东峪村，刘昌法和村"两委"班子实施"双千万投入"工程，即"民营资本投入旅游开发1000万元以上、争取政府财政投入1000万元以上"。短短一年多时间，就实现了基础设施建设和乡村旅游"双突破"——村庄道路、电网、地下污水管道等基础设施焕然一新，由民营资本投资1000多万元开发建设的旅游民宿"叮咚小院"健康运营，争取扶贫资金建设的产业项目"旅游民宿和酒坊一条街改造项目"也陆续投入运营，当年就实现经营收入4万多元……东东峪村正阔步走在发展的大道上。

十年来，刘昌法情牵百姓、深耕乡村，带领4个村700多户贫困群众实现脱贫，蹚出了各具特色的致富路子。时光荏苒，在2022年的春天，全面推进乡村振兴的号角吹响，已近花甲之年的刘昌法依然激情不减，他动情地说："我愿做一条'蚯蚓'，在贫瘠的泥土里耕耘，让这片土地肥沃起来，为百姓带来丰收的年景。"

八年扶贫路，甘当"老黄牛"

——记潍坊市发改委驻村"第一书记"牛伟国

牛伟国简介

牛伟国，中共党员，潍坊市发改委产业发展促进中心政研科科长。从2013年起，连续8年奋战在脱贫攻坚一线，现仍在峡山生态经济开发区王家庄街道赵戈村"第一书记"的岗位上，继续为乡村振兴奋斗着。多年来，带领群众蹚出一条脱贫致富奔小康的康庄大道。他舍小家顾大家，把患重病手术后的妻子带着一起住在村里；他以初心换民心，被大家誉为"扶贫战线的老黄牛"，展现了一名共产党员对人民的无限热爱。扶贫8年，他被授予"全国脱贫攻坚先进个人"、"齐鲁时代楷模"、山东省"第一书记榜样"、"山东省优秀共产党员"等荣誉称号，荣获全国脱贫攻坚奖贡献奖并数次受到党和国家领导人的接见。

他连续请缨担任驻村"第一书记"，冲在脱贫攻坚一线，一干就是8年；他时刻挂念着村里的工作，舍小家顾大家，带着手术刚出院的妻子住到村里，又一头扎进工作中；他抓党建、兴产业、促发展，带领帮扶村蹚出致富路……他就是扶贫战线的"老黄牛"——潍坊市发改委驻村"第一书记"牛伟国。

情洒扶贫工作第一线

"我在农村长大，熟悉情况，我能行！"2013年，牛伟国主动请缨担任"第一书记"，把照顾家庭的担子交给妻子，毅然扛起行囊来到了距家100多里的省级贫困小山村——安丘市吾山镇石河村，开启了他的扶贫之路。

石河村村民都说，贫困户刘政志一家就是靠牛书记"拉把"起来的。残垣断壁、妻子另嫁、俩娃辍学、老刘酗酒，这是刘政志当时的家庭状况。第一次当"第一书记"的牛伟国昼思夜想，怎么才能把老刘家扶起来，这可是一个系统工程。牛伟国从危房改造入手，用两个月时间跑部门筹集资金，首先帮助刘政志家完成危房改造，并自掏腰包为这一家人购置生活必需品。房子搭建好了，还得为这个家解决生计问题，在这个依山而居的"新房"前，牛伟国又帮助刘政志家盖起两排鸡舍，鼓励其发展养殖业，并帮其寻找销售出路。其实，最难的是老刘家两个女儿的上学、就业问题。老刘的两个女儿早年因为种种原因没有户籍，现在上学、工作都寸步难行。事实上，早在牛伟国驻村当"第一书记"前，就曾有志愿者多次想解决这个"老大难"问题，但都无功而返。牛伟国决定把这个"硬骨头"啃下来，他不知多少次跑到镇、县、市三级计划生育和公安等部门协调，终于争取到相关政策。他又几经周折找到了刘政志早已改嫁外地多年的前妻，多次往返沟通，才在当地村干部的协调下见上了面。牛伟国费尽口舌做通她的思想工作，最终自己开车带着老刘全家去市里医院做DNA检测，5000元检测费他也悄悄垫付上，两个孩子终于落了户籍。最终，辍学半年的小女儿复学，大女儿也在城区找到了工作。

对于刘政志来说，这个家的未来有了希望、日子有了奔头，老刘多年不见的笑模样又回来了。

牛伟国说："工作进行到难处时，不是没有打退堂鼓的念头，但始终有一个信念支撑着我：作为一名党员干部，我就是来给群众解决难题的！"

帮扶刘政志一家，只是牛伟国扶贫路上的一个缩影。在他驻村的日子里，每个贫困户家中都有他忙碌的身影，每个困难群众都是他的"心头肉"。

激发内生动力是关键

让牛伟国花费更多精力的，是在自己离开驻村之后，如何让农村实现自驱动，做到贫困户不返贫，普通农户致富有门路，农村发展有活力。他重点抓住三点：强化基层党建、发展农村产业、夯实农村基建。

支部强了，老百姓就有了"主心骨"。牛伟国深知只有不断探索农村党建新思路新方法，才能真正把党建工作融入脱贫攻坚战中。"党员亮身份""党员户挂牌""党员责任岗"，一系列合村情、顺民意的创新举措迅速落地。党员干部的党性增强了，作风扎实了，他又带领村"两委"制定了《党员结对贫困户工作制度》《党员帮扶目标管理制度》，编制了《合格党员明白手册》，并把每月主题党课整理成册，确保发到每位党员手中。牛伟国说："驻村两年，终会离开，最重要的是留下一支带领乡亲们脱贫致富的好班子。"

产业发展了，老百姓的钱袋子就鼓了。在峡山生态经济开发区王家庄街道大圈村，为发展经济，牛伟国带领村党支部一班人制订长远规划——主要发展以大棚樱桃、碧玉猕猴桃为依托的乡村林果种植业，辅以乡村休闲旅游采摘等产业。在发展的过程中，牛伟国定下了"能人带领、干部帮包、全村共富"的路子。

说了算，定了干！当年该村"两委"就组织发动群众流转土地，种植 200 亩碧玉猕猴桃，村南果树种植集中区成为集休闲观光、农事体验、农家乐旅游为一体的现代化农场，村集体年收入超过 50 万元，贫困户人均年收入超过 1 万元。

牛伟国察看果树生长情况

牛伟国帮扶发展的 200 亩猕猴桃产业园已初具规模

大圈村能人张学业在村头办的业丰机械有限公司濒临倒闭，是牛伟国跟他昼夜研究相关政策，对标提升改造，跑省市办手续，搭平台找资金。现在，这个企业已经发展成为潍柴集团的一级供货商，年销售额达到 8000 万元，解决了本村 100 多人在家门口就业的大问题。牛伟国说："千方百计增加农民收入，就是我的使命！"

村里硬件建好了，老百姓的心就踏实了。多年来，牛伟国到各个部门争取惠农和扶贫资金，改造农村饮水、道路、住房等基础设施建设。他争取到了供电公司的惠农政策，投资 200 万元新安装两台变压器和低压线路，灌溉农用电网覆盖全部农田；他还争取到了安全饮水项目资金，对全村饮水进行安全达标改造……

数字见证了他的 8 年扶贫历程：累计募集款物 1820 万元，带动吸引社会资金投入 6000 万元，资金全部用于贫困村基础设施改造、扶贫产业发展、民生事业及党建硬件提升等方面。其中，硬化路面 12 万平方米，建设文化大院 3 处，修建温室大棚 12 座，发展农业基地 8 处，扶持发展奶牛养殖场 1 处，帮助安置 28 名弱劳力残疾人就业，自己捐款捐物 2 万余元……

每一个数字的背后，都是牛伟国艰辛的汗水。他记得有一次在村里调研时，冬天因冰雪路滑，车掉进路边深沟侧翻，自己挣扎着从车里爬出来，在凛冽的寒风中，空无一人。他说，那种无助的滋味难以忘记，更加坚定了他"只要有一点能力，就要帮助那些需要帮助的人"的决心。

舍小家顾大家，只为初心使命

在一个个贫困家庭获得新生的背后，牛伟国的小家庭却经受着考验。2019 年，正值脱贫攻坚的决战决胜关键之年，牛伟国又向潍坊市发改委党组递交请战书，来到峡山生态经济开发区王家庄街道大圈村担任"第一书记"。可是他刚驻村不到两个月，妻子便查出患有重大疾病，需要立即动手术。组织上考虑到牛伟国的所驻村庄离他家太远，不方便照顾家属，就提出替换驻村人选。牛伟国却说："脱贫攻坚战一日不胜，我就一日不撤。村里扶贫工作刚刚有头绪，这点困难我能克服。"为了不给组织添麻烦、不耽误工作，在妻子出院当天，他就带着妻子一起住到了村里。他说，这样可以边工作边照顾妻子，也正好弥补这几年对妻子的亏欠。

可现实正如牛伟国妻子所说："一回到村里，他的心里就只装着村里的老百姓了。"牛伟国的妻子后来成了他驻村扶贫的好帮手，她时常带着自己买的衣服等物品，送到贫困户家中。大年初一，牛伟国带着妻子给困难户拜年，90 岁高龄的高玉莲说："牛书记待我，比我自己的儿女对我都亲，共产党的干部就是好！"也许牛伟国不是一个好儿子，不是一个好丈夫，不是一个好爸爸，但他是一名合格的共产党员！

从城到村，无畏寒暑。牛伟国说："生活的确有很多不方便，生活条件的确差一些，妻子偶尔会发几句牢骚，但也仅此而已。但相比贫困户，这点困难不算什么，帮助老百姓多做点实事，心里才踏实。"

2020年，牛伟国荣获全国脱贫攻坚奖贡献奖。《人民日报》也以《用心扶贫，以行践诺》为题发文，为牛伟国点赞。8年扶贫，牛伟国甘做一头勤恳务实的"老黄牛"，他努力将初心使命变成一件件让群众幸福的实事好事，展现了一名共产党员对党无限忠诚、对人民无限热爱的情怀。

思路决定出路，新理念让小山村大变样

——记山东省委宣传部原派驻临沂市费县马庄镇核桃峪村"第一书记"金栋

金栋简介

金栋，1984年1月生于济南，中共党员，现任山东省委宣传部国有文化企业综合管理处副处长。2014年4月至2017年3月，先后担任临沂市费县小贤河村和核桃峪村"第一书记"。其间，累积协调2000余万元物资，在有序推进"五通""十有""三达到"等常规扶贫工作的基础上，稳妥推动殡葬改革、土地流转、核桃改良、林下养殖等试点工作，有效带领群众摆脱贫困。2015年11月15日，中央电视台《新闻联播》用时5分17秒专题报道金栋扶贫工作。2021年2月，金栋被授予"全国脱贫攻坚先进个人"荣誉称号。2021年7月，出版20万字扶贫工作纪实《一个村里的俩书记——第一书记工作纪实》，该书入选"全省干部教育培训好教材"和"山东省农家书屋重点出版物推荐目录"。

核桃峪村因核桃主导产业而得名，核桃种植面积 3000 余亩，森林覆盖率高达 80%，这个有着 451 户、1352 人的小山村位于山东省最大的优质有机核桃生产基地和"世界长寿之乡"的中心位置。然而，由于思想保守、位置偏僻等原因，村民守着好资源却没有好出路，生活较为困难。2015 年，金栋到村担任"第一书记"后，不断注入新理念，开拓新思路，带领村民走上了一条稳步脱贫、共同致富的道路。

移风易俗，殡葬改革使丧葬支出减八成

驻村期间，一位村民因为癌症去世，家里欠下 10 万多元的外债，但是出殡场面依然壮观：村里老少轮流吃席，吹吹打打热闹非凡，送葬队伍浩浩荡荡，四天的时间花了 3 万多块钱。逝者风光地与父老乡亲们"告别"，却又给这个本就贫困的家庭增添了债务"遗产"。

这是当地一场普通的出殡仪式，村里人早就习以为常了。可这个场景却给金栋内心带来了深深的震撼，而户主的一番话更让他沉思良久。

"大兄弟，农村丧葬这事上，面子比命都重要，如果不这么办，村里人的唾沫星子能淹死你。"听到这句话，金栋内心像针扎一样痛：难道村民从地里刨出来的汗珠子钱就这么浪费掉了吗？

很显然，金栋心里接受不了这个现实，他也不允许这种现象持续下去。但他更明白，改变群众根深蒂固的思想绝非朝夕之事。到村半年时间里，金栋先后为村里修路架桥，修建蓄水池和健身广场，一件件实事让他逐步赢得了群众的信任。另外，他在走访调研时了解到，95% 的村民都希望殡葬改革，但谁也不想当第一个"吃螃蟹的人"。综合分析后，他决定在村里正式启动殡葬改革。

金栋到执客家中请教殡葬风俗常识

　　事情并没有像金栋想象得那么简单，当他把这个想法告诉村干部后，遭到了大家的一致反对。召开了几次村"两委"会议，也是争议不断，不欢而散。

　　吃了闭门羹的金栋没有轻言放弃，而是一边做通村干部思想工作，一边修订完善殡葬改革方案。在他的坚持和努力下，村"两委"同意了殡葬改革，并制定了十项措施：一、成立治丧委员会和红白理事会；二、理事会具体负责执行简化标准；三、取消吹鼓手，改为播放哀乐；四、取消十菜一汤，改为大锅菜；五、烟、酒从简，反对攀比浪费；六、取消纸牛、纸马等迷信殡葬用品；七、直系子女穿孝服，其他亲友服装从便；八、取消磕头行礼，改为鞠躬致敬；九、取消木棺，骨灰盒直接埋葬；十、合并"五七"，四天并为两日丧。

　　殡葬改革后，丧葬时间由四天减为两天，丧葬费用由约3万元降为约 5000 元，降幅达 80%，极大地减轻了群众负担。2015 年至 2017 年，核桃峪村共有 25 人去世，累计减少群众支出超过 60 万元。2016 年，临沂市及费县移风易俗工作现场推进会先后在核桃峪村召开。

金栋表示，在殡葬改革过程中虽然承受了巨大的压力，甚至遭受到人身威胁，但是看到群众从沉重的负担中解脱出来，所有的委屈和心酸都值了。

产业升级，土地流转助核桃树上生金子

核桃峪村核桃种植面积非常广，但由于早期种植密度过高影响通风、品种老化杂乱影响销售价格、粗放式管理影响产业有序发展等原因，村民收入寥寥无几。

眼前的局面，金栋看在眼里，急在心里。通过思考分析，他提出了破解办法：土地流转。

想法刚提出，就遭到了村"两委"的反对：村情、民意、林地等因素十分复杂，土地流转太理想化，根本无法落实。核桃峪村辖大湾、杏树湾、土山后三个自然村，每个自然村的林地分配办法不一样，林地的肥沃程度也不一样，甚至核桃树的品种都不一样，如何保证土地流转的公平性？此前，村里也尝试过土地流转，但最终向现实妥协。

面对困难，金栋没有气馁。经过深思熟虑，并征得村"两委"同意，他在土山后自然村试点流转 50 亩核桃林。为了确保公平，他协调费县和马庄镇的林业、果业、物价等部门及村"两委"、群众代表组成工作专班，对试点区域的每一棵核桃树进行估价，待与村民达成一致后签字流转。

在土地流转过程中，金栋专门留了"一招"，即村民不与承包方直接签协议，而是与村委签协议，再由村委与承包方签订集体流转合同。这样做有两个好处：一是村民信任村委，便于提高土地流转效率；二是村委每亩提取100元流转佣金，增加村集体收入。

村委还要求土地承包方农忙时优先雇佣核桃峪村的贫困户，这样，就实现了"一地生三金"：群众流转土地挣租金、园区打工赚薪金、村集体中间收佣金。

有了试点经验，大湾自然村、杏树湾自然村也逐步开展了土地流转。在此基础上，金栋又通过邀请专家指导、发动党员带头、补贴困难家庭等办法对核桃树进行品种改良。为了提升产品形象，金栋将核桃峪村名拆分，打造"核桃山谷"品牌，深受市场欢迎。

据统计，改良前的核桃大约8元一斤，改良后则在15元左右，价格近乎翻一番，群众增收十分可观。截至2019年底，核桃峪村累计改良核桃树1000亩，土地流转面积达2000亩，销售额突破3000万元。

空间赋能，林下养殖帮贫困户实现轿车梦

核桃峪村村民主要靠种植核桃树和外出打工为生，家庭收入普遍不高。金栋到村后，一心扑在工作上，认真开展走访调研，想方设法帮村民脱贫致富。

通过调研，金栋发现村里几乎家家户户养鸡，少的三四只，多的十几只，但村民没有考虑过经济效益，因此都不成规模。金栋联想到核桃峪村广阔的林下空间和良好的生态环境，又通过查阅资料和认真分析，他认为发展林下养鸡是一条可行的致富路。

然而，村民认老理儿：家财万贯，带毛的不算。对于"第一书记"的建议，村民纷纷表示担忧。

为了验证林下养鸡的可行性，金栋与核桃峪村党员陈庆后在核桃林下进行了试点。经过 10 个月的试验，400 只公鸡和 100 只母鸡的纯利超过 2 万元。实践证明，林下养鸡具有投资小、风险低、见效快、收益高、可复制、易推广等特点，是非常适合贫困户脱贫致富的路子。

可是，无论实践引导，还是耐心解释，村民仍然不敢跟进发展林下养鸡。金栋非常不解，他多次深入走访调查，最终明白了其中的原因。原来，村民觉得项目确实非常好，但是前期投入、养殖技术、销售渠道等问题让大家犯愁。

为了缓解群众的压力，金栋协调经费补贴养殖户，减轻他们的经济负担；协调县畜牧、防疫等部门专家定期到村里指导，降低养殖风险；联系当地酒店和电商平台，消除销售顾虑。

村民的后顾之忧解决了，养鸡的信心也上来了。经过报名和筛选，金栋引导建设了三家规模超过 1000 只鸡的示范基地，还有部分村民小规模跟进养殖。

金栋在生活中发现，散养鸡晚上栖息于树枝上，远远望去就像挂在树上；挂职书记谐音"挂枝树鸡"，诙谐幽默，便于记忆，金栋便注册了"挂枝树鸡"商标，并申请了百度百科词条，通过新闻媒体的不断宣传，"挂枝树鸡"的影响力显著提升。

陈庆卫是核桃峪村的贫困户，也是三家示范养殖基地的负责人之一。过去他们全家在外打工，考虑到年龄和家庭等原因，陈庆卫便回到村里，在周边地区打零工。通过发展林下养鸡，仅用一年的时间，陈庆卫便还清了债务，还买了一辆商务轿车，圆了自己的轿车梦。

养殖一年后，陈庆卫购买了商务轿车

　　济南一位"第一书记"到核桃峪村考察时，看中了"挂枝树鸡"项目，并于 2016 年将项目引到了济南，在南部山区设立五家养殖基地，投放 5000 只鸡苗。据济南基地负责人王涛介绍，他通过"挂枝树鸡"项目已经实现了年收入 10 万元目标，切实改善了生活质量。

　　驻村以来，金栋积极协调物资投入，村内基础设施和乡村文明得到显著提升。特别是通过新理念引领，核桃峪村村容村貌、群众精神状态、支柱产业布局等多方面发生明显变化，并呈现出蓬勃发展的良好趋势。

全省贫困户住房安全的"守护人"

——记山东省住房和城乡建设厅村镇建设处四级调研员李道伟

李道伟简介

李道伟是一名"80后"硕士研究生，现任山东省住房和城乡建设厅村镇建设处四级调研员。2015年2月受组织选派，到德州市平原县王凤楼镇潘庄村开展驻村帮扶工作。在担任"第一书记"期间，他创新工作方式，通过"村集体＋合作社＋贫困户"的模式发展养殖产业。2017年3月圆满完成帮扶村脱贫任务后，又回到山东省住房和城乡建设厅从事脱贫攻坚住房安全保障工作。他积极完善工作机制，组织对全省建档立卡贫困户住房情况逐户鉴定，确定安全等级，累计完成建档立卡贫困户农村危房改造22.2万户，为全省脱贫攻坚工作作出积极贡献。2021年2月，李道伟被授予"全国脱贫攻坚先进个人"荣誉称号。

主动请缨，从省城来到贫困村。他积极响应国家号召，接过脱贫攻坚战关键一棒。

挂职期满，家人早已翘首以盼。他毫不犹豫再次转身，全心投入农村危房改造主战场。

经历过两场硬仗的磨砺，山东省住房和城乡建设厅村镇建设处李道伟迎来"高光时刻"。2021 年 2 月 25 日，他走进人民大会堂，现场聆听习近平总书记重要讲话，获得"全国脱贫攻坚先进个人"表彰。

省里来人了

德州市平原县王凤楼镇潘庄村，一个仅有百余户人家的省定贫困村，"空心化"曾是它的标签——年轻人选择逃离，仅有老幼留守。人们多种植小麦、玉米等传统作物，每亩地年收入不过千元。

2015 年 2 月，李道伟作为省派"第一书记"来到潘庄村。"省里来人了"是那时村里的热议话题。31 岁的李道伟身材魁梧，但在村民们眼里却是个"毛孩子"，期待夹杂着质疑的情绪弥漫在村头巷尾。

严重盐碱化的土地、村民们被动保守的心态，给初来乍到的李道伟来了一个"下马威"。来不及焦虑和忐忑，李道伟清楚两年时间并不长，带领村民们斩断穷根、蹚出致富路迫在眉睫，"干就是了！"

牺牲大量休息时间，李道伟马不停蹄地走家串户，深入田间地头，和村民唠，和村干部谈。那段时间，人们总能看见一个小伙子风雨无阻地骑着车在村里转。

"没多久就来我家了。小伙子成（方言，意为非常）好，说话实在，没一点儿架子！"短暂的一次接触，便让村民王殿魁对李道伟刮目相看。76 岁的张友同样对李道伟赞赏有加，理由是每月党员活动，李道伟始终头一个到，"就凭这点，小伙子信得过！"

在广泛听取群众意见的基础上，李道伟逐步摸清了村民普遍难以承受投资风险、缺少稳妥致富项目、村内基础设施建设落后等主要问题。他和村"两委"干部商议并多方考察，决定发展母牛养殖，从产业入手带动村民脱贫。为规避养殖风险，同时为贫困户提供最大限度的经济保障，李道伟推动成立了养殖合作社，按照"村集体＋合作社＋贫困户"的模式，让资金变股金、农民变股民，不仅促进了贫困户持续增收，也壮大了村集体经济。潘庄村党支部书记张文杰介绍说，自此两年后，全村拥有了一座规模达 50 余头母牛的标准化养殖场，村集体收入超过 3 万元。

脱贫致富有了盼头，提升老百姓生活环境水平势在必行。李道伟从基础设施和村居环境入手，积极联系相关部门，修建村内公路，打

潘庄村新修的穿村道路

通交通堵点，为村里建排水沟、架设路灯、种植树木，还建设了文化广场。村委会也结束了"借房办公"的历史，在李道伟的争取下，4间办公场所顺利落成。

"晴天一身土，雨天一脚泥"的潘庄村一去不返。"村子路修好了，灯也亮了，跟城里一样。"在外务工多年的张开付回村后，眼前忽地一亮，"这小伙子真有本事！"

冲在第一线

2017 年，带着村民们的不舍与祝福，李道伟回到山东省住房和城乡建设厅村镇建设处。儿子刚满 4 岁，妻子才做完手术，全家都希望他这个顶梁柱能多陪伴几天，却不想李道伟很快投身到一场更艰苦的战役中。

"不可能没有抱怨，但感激家人对我的支持。"李道伟坦陈。他接手了农村危房改造工作，随着距离 2020 年实现全面脱贫目标越来越近，工作要求也越来越高。全省当时尚存几十万户危房改造任务，如期实现"农村贫困人口住房安全有保障"形势严峻。

脚下沾有多少泥土，心中就沉淀多少真情。基层历练让李道伟更深刻地认识到，农村困难群众对于改善生活状态特别是实现安居有多么迫切。

"要学会苦中作乐，把这当作舞台锻炼自己，当作平台提升自己。"山东省住房和城乡建设厅村镇建设处处长麻鹏飞常常这样鼓励李道伟。

理工科出身的李道伟逻辑清晰缜密、做事扎实稳健，这是工作中的一大优势。他意识到完善工作机制的重要性，始终与扶贫、财政等部门保持密切配合，牵头制定脱贫攻坚实施方案、精准脱贫三年行动方案、农村贫困人口住房安全有保障攻坚行动方案，不断完善档案管理、核查检查等配套文件；参与推动"省、市、县、乡"4级住房和城乡建设、扶贫部门联合调度工作机制，摸排建档立卡贫困户住房安全情况并建立台账；多次暗访调研，在业务上不断创新思路、在技术上不断强化保障，不折不扣地贯彻中央有关精准扶贫、精准脱贫的要求。

2020年6月初，住房和城乡建设部要求本月底前按照"鉴定安全""改造安全""保障安全"3类，完成建档立卡贫困户住房安全核验，这意味着全省要在20多天时间里核验47.4万户，压力不言而喻。作为主要参与者之一，李道伟与同事们周密组织、积极协

推进沂源县农村危房改造工作

调，背负着工作家庭双重压力，"白加黑""5+2"连轴转，硬是靠着意念撑了下来。

这一年，李道伟的父亲动了手术。他抽身回去陪了一天，便急匆匆赶回来。"道伟哥几乎是在办公室里摸爬滚打过来的。"同事孔令华常常见他带孩子来单位加班，心生感慨。

截至 2020 年 6 月底，山东省住房和城乡建设系统在相关部门配合下，累计完成农村危房改造 51.7 万户，包括建档立卡贫困户 15.9 万户，农户满意度超过 96%，顺利达成"农村贫困人口住房安全有保障"目标，并连续两年获国务院办公厅督查激励。

榜样的力量

惟其艰难，才更显勇毅。两场硬仗，让人看到了勇于担当的李道伟。但这个山东硬汉的内心深处却满是柔情，春风化雨般地感染着周围的人。

重回厅里的四年，李道伟是村镇建设处所有同志中唯一坚持在阴面房间里办公的。他打趣说自己身体还不错："我出去了，就得有人进来，还是由我来吧。"

寒冷留给自己，温暖送给他人。2016 年冬季来临前，李道伟积极协调，为潘庄村部分困难群众安装了地暖炉。"装了（地暖炉）之后，屋里一下子暖和了。以前也就五六（摄氏）度，现在能提高十多（摄氏）度哩！"曾因病致贫的村民张秀珍不仅工钱料钱一分没掏，连师傅们的午饭也是李道伟买的单，"身上暖和，心里更热乎！"她和爱人的精神面貌自此有了可喜变化。在李道伟的帮助下，张秀珍饲养了三只小羊，小日子过得愈发红火。

王凤楼镇党委副书记、镇长安守虎说,从李道伟担任"第一书记"那天起,他就将困难群众的冷暖记挂在心,不但授之以渔,更用真心真情激发出人们过上好日子的内生动力。

干得多,说得少,从不见他发牢骚,工作尤其善于换位思考……跟李道伟打过交道的人,都对这个任劳任怨的"老黄牛"不吝赞美。麻鹏飞认为,无论是做事还是待人,李道伟都堪称大家学习的榜样。

2020年,山东省顺利帮助住房最危险、经济最贫困的农户解决最基本的住房安全问题,还大力推动了农村无害化卫生厕所改造、美丽村居等建设,在改善农村人居环境方面成效明显。

这,有着榜样的力量。

成大事者不惟有超世之才,亦必有坚忍不拔之志。面对采访,李道伟始终强调荣誉加身是幸运。他说,今日成绩的取得离不开厅党组这个坚强后盾、处室领导和同事们的鼎力配合、全系统上下的大力支持,"成绩和荣誉属于全省住建系统,为了农村贫困户住房安全付出的每个人都了不起"。

村民心中的"自己人"

——记山东省审计厅原派驻菏泽市牡丹区黄堽镇邓庙村党支部书记高杨

高杨简介

高杨，1984年出生，现任山东省审计厅派出审计二处副处长，曾荣获三次三等功。2018年，时任省审计厅法规处（审理处）一级主任科员的他抛家舍业，主动请缨赴山东脱贫攻坚的主战场之一——菏泽农村啃脱贫"硬骨头"，担任牡丹区黄堽镇邓庙村党支部书记。他用三年时间，将邓庙村从组织软弱涣散、集体经济匮乏、村容陈旧杂乱的落后村，转变为"五星级党组织"、"干事创业先进"、区级"头雁工程"示范村，用奋斗和担当带领村集体蹚出一条脱贫攻坚的蜕变之路。2021年，因工作优异，被中共中央、国务院授予"全国脱贫攻坚先进个人"荣誉称号。

居里夫人曾说："人民的愉快就是我的报酬。"这句话放在高杨身上，可换为"乡亲们的幸福就是我的报酬"。总有一种力量，激励着青年才俊在小康路上一往无前。离家三年，从省城济南请缨到鲁西南农村担任党支部书记，带领乡亲们致富奔小康；苦干千日，用心血和坚韧让曾经的"软弱涣散"村蜕变成当地的"头雁"村……时任山东省审计厅法规处（审理处）一级主任科员、派驻菏泽市牡丹区黄堽镇邓庙村的党支部书记高杨，奋勇带领村集体蹚出一条脱贫攻坚的蜕变之路。

"我愿意去！"

地处鲁西南的菏泽是山东脱贫攻坚的主战场之一。2018年春天，省里号召党员干部到菏泽农村担任党支部书记、啃脱贫"硬骨头"。"我愿意去！"打小在城市长大、儿子刚满3岁的高杨毫不犹豫、主动请缨，怀着信念和理想报了名。在做通家属思想工作，把儿子安顿给父母后，他就去了菏泽市牡丹区黄堽镇邓庙村。

虽有心理准备，但是与邓庙村的"初见"，还是让高杨蒙了圈——进村的路窄得错不开两辆车，村里主道是坑坑洼洼的土路，街巷胡同更是泥泞狼藉，柴草杂物堆砌着，不时出现断头路……火烧眉毛的是，村委连办公场所都没有，村民有事都得"围追堵截"村干部。

面对这样一个"烂摊子"，高杨叹了不少气。作为党支部书记，他唯有挑起担子，村子才有希望。他花费精力听牢骚、理症结，一串长长的问题清单被整理出来——沟渠不通、机井没电、水管常漏、路边没灯、危桥危房、没有集体产业、路难走，等等，都深深困扰着高杨。"支部涣散，问题重重，难怪群众闹意见。"而如何破题，他从打

高杨向村民征求意见

基础、补欠账、建阵地开始。

要办事，先立足。之前"缺位"的村委大院，就是率先需要建设的。通过走访调查，高杨了解到，原来的村委大院早已被人侵占，产权不明。而村中心有一块属于村集体的地方，正好适合建村委大院。可高杨的这个想法一提出来，大家都连连摇头："里面是邓家祠堂，谁敢堵路？"在宗族观念面前，选址一度陷入僵局。高杨明白，大院选址的问题，一头连着乡土民俗，另一头连着脱贫事业，都得尊重，都得解决，都需要平衡和智慧。

面对棘手的工作，高杨虽急未乱，责任带来动力，他终于想出了解决方案：把村委大院建成开放式的，作为便民服务中心和村民活动广场，一楼中间做成通道，把祠堂和活动广场贯通起来。这个方案一下子解开了村民们的心结。在专项资金支持下，宽敞气派的便民服务中心建了起来，所有村干部在服务中心轮流坐班，让村民办事少跑了路、省了心。高杨趁热打铁，实行党员干部街长制，让村民有事找街长。村"两委"渐渐重回正轨、收回人心。

办事儿就得办到乡亲心坎上

随着便民服务中心投入使用，修路的事儿日渐紧迫起来。邓庙村是由两个自然村组成的行政村，东西狭长，主道路况差，村之间的贯通路也一直未硬化。修路岂是易事！高杨一盘算，资金缺口、清理障碍等都是不好过的关。

一边是困难重重，一边是村民期盼，高杨下决心把路修出来。资金方面，他闷头做方案，申请到区里的道路建设专项资金和"一事一议"资金，但还是有很大缺口。为了补缺口，高杨挑灯熬夜研究政策，想方设法找门道、申请配套政策，光写的论证报告就是厚厚一箱子。

修路资金总算有了眉目，村里清障又遇到难题。一些村民不是观望等待，就是紧锁大门，导致清障一度迟缓，影响了工期。工程迟迟未开工，村里又传出风言风语。这时的高杨，深刻体会到为啥说脱贫攻坚是一场"战斗"，因为在这条不平凡的路上，有各种"拦路虎"，它们有的叫"刻板观念"，有的叫"物质贫瘠"，而你必须战胜它们。面对新问题，高杨拿着大喇叭喊，可依旧收效甚微。到村里半年多，他头上就冒出不少白头发。"再折磨人，也得干啊！"后来，他干脆直接请来收树清障的工人，一家一户协商，苦口婆心劝说，才得以让工程启动。为了抢回工期、节省建设资金，高杨带着村干部干在现场、出工出力，一直到道路竣工，共修路10公里，建排水沟5公里，安装路灯150盏。

路通了，灯亮了，乡亲们看到变化了。当看到村民晚上笑呵呵地在路边乘凉，高杨生出满满的自豪感，"办事儿就得办到乡亲心坎上！"

继告别泥土路之后，高杨带领着大家展开了一个又一个基础设施建设会战，打机井30眼，维修危桥2座，清理空闲场地建成孝亲广场、乡村记忆馆、环湖公园，更新自来水管道，改造危房15处……一个崭新的邓庙村从蓝图成为现实。

扶贫先扶志，输血更造血

村子变美了，可高杨不敢懈怠，他深知邓庙村底子薄，没有集体产业，46户贫困村民的未来尚不明朗。要想让村子富裕起来，得自力更生，"输血更得造血！"

一开始高杨联系了林下养鸡、种植西瓜等几个项目，推广给村民。可大多数村民连连摇头，不想冒风险。不得已，高杨又换了个思路，动员在外青年返乡创业，尝试打开突破口。

"90后"青年邓兴于有养殖金鱼的想法，但苦于没有技术、缺少资金。高杨逮准了机会，把他列入重点创业培养对象。见时机成熟，村里启用专项扶贫资金建设了金鱼养殖基地，租赁给邓兴于，圆了他的创业梦。租金用于贫困户分红，一些村民在养殖基地打工挣钱，一举两得。在高杨的帮助下，邓兴于依靠网络电商把金鱼卖向全国，年收益超过20万元。

见产业有了起色，高杨抢占政策红利高地，组织种植大户成立合作社，流转50多亩土地建成芍药切花种植基地，把一块块"贫土地"打造成"金土地"。他主导把部分社会扶贫资金注入合作社，让村集

高杨与创业青年研究养殖合作社事宜

体每年有了租金收入和分红收益。

村集体产业有了基础，高杨尝试布局产业链，壮大集体经济。2019年，邓庙村建立扶贫车间，高杨组织力量招商引资。为了引进一家有发展潜力、用工量大且适合农村的企业，他多方奔走洽谈，最终引来一家公司投资千万建成电子加工厂，既带动了贫困户持续享受分红收益，又解决了150多人的就业问题，让庄户人在家门口摇身变成产业工人，用双手编织着幸福生活。

做困难群众的点灯人

无论再难再苦，高杨都没打过退堂鼓，他誓要让村民"一个也不落下"过上好日子。

贫困户邓文禄家境不好，父母前几年相继过世，他的妻子留下两个年幼的孩子远走他乡，双重打击一度让邓文禄意志消沉。高杨第一次走进邓文禄脏乱不堪的家，看着可怜的孩子，就决心结下这门"穷亲戚"。他不厌其烦地开导邓文禄，隔三岔五去家里坐坐，帮他收拾家务、照看孩子。考虑到邓文禄的实际情况，高杨跟电子加工厂协商，为他量身定制了就业岗位，既方便接送孩子上学，还能带孩子到厂里食堂就餐。真诚最能动人心，邓文禄深受感染，不再无动于衷，整个人的精气神都变了样，日子渐渐有了盼头。

"做困难群众的点灯人！"这是高杨记在心里的一句话，也是他跟村民打交道的方法。一件件暖心事点亮了贫困村民心里的灯，燃起了他们对幸福生活的向往。两年多时间，在高杨的推动下，邓庙村所有贫困村民脱贫摘帽，有的当上工人，有的领到收益分红……而高杨自己，也从一个细皮嫩肉的小伙子，"熬"成一个半头白发的庄户人。

2021 年，高杨第一次走进人民大会堂，捧着红彤彤的"全国脱贫攻坚先进个人"荣誉证书，他心潮澎湃，激动不已。他忘记了辛酸苦辣，唯有奋斗的信念和奋斗带来的满满成就感。

扎下去，留下来！

——记华鲁集团原省派"第一书记"、 扶贫督导员王恒冰

王恒冰简介

　　王恒冰，华鲁集团原省派菏泽市鄄城县彭楼镇糖牛楼村"第一书记"、扶贫督导员。驻地扶贫工作期间，他务实的工作作风让乡亲们深受感动。他坚持工程主导，完成了"百项惠民工程"，通过创客扶贫、产业扶贫，增强了帮扶村群众参与脱贫的内生动力，在实践中探索了一条"一带五、两服务"的村级发展路子。在抢险救灾、麦收防火抢收、秋种抗旱保苗和防控疫情阻击战中，他始终奋战在第一线，成功打造引领村级发展的"三驾马车"。几年来，他的惠民工程惠及 21 个自然村、18000 名群众，帮扶村群众全部实现脱贫。王恒冰先后获得"山东省脱贫攻坚先进个人""全国脱贫攻坚先进个人"等荣誉称号。

"现场听到总书记宣布，我国脱贫攻坚取得了全面胜利！作为一名'第一书记'和驻地扶贫督导员非常激动。"在2021年2月25日上午召开的全国脱贫攻坚表彰大会上，获得"全国脱贫攻坚先进个人"殊荣的王恒冰难掩激动。

"脱贫攻坚，日夜奋战，不遗余力，孤寂步履蹒跚；只争朝夕，跬步向前，不亦懈怠，星夜路艳阳天。"这是王恒冰回忆起四年多扶贫工作时发出的感慨。王恒冰是中科华鲁土壤修复工程有限公司副总经理，自2017年以来，连续四年扎根在了扶贫最前线，他用97项惠民工程，给21个村、18000多名乡亲带去了幸福和希望。

破茧成蝶暖民心

鄄城县彭楼镇糖牛楼行政村，下辖糖牛楼、陶庄、韩庄、胡庄4个自然村，共778户、2678人，村民以务农和外出务工谋生，为省定贫困村。村里基础设施破损，尤其是道路没有一条好路。"大雨淹家门、小雨和泥泥、孩子上学蹚水水、外出赶集泥腿腿"是当时真实的写照。从2017年驻村第一天起，王恒冰就全身心扑下身子。他坚信："扶贫不是表面工作，真正贫困户一个也不能遗漏，要出实招、用真情赢得民心。"

"有问题、有难题，不可怕，'第一书记'就是来解决实际问题的。"王恒冰说。一挥铁膀一身汗，一把锄头一把锨；一脚黄泥一咂口，一口井水一抹脸。他来到村里的第一件事就是带领党员干部和群众，走访调研并筹划补齐民生短板。

没钱修下水道怎么办？王恒冰带头清障，村支部书记和泥，村会计砌砖，党员跟上干，一干就是三个月。夏季暴雨怎么办？半夜

胡庄村村民用上了自来水

启动排涝应急动员，党员干部带领广大群众一干就是半宿；早上6点村"两委"班子就冒雨开现场会，商议基础工程问题。

"民生工程不仅仅是造福工程，更是民心工程，我们用了半年时间一举补齐了17年民生短板。"王恒冰对最初的攻坚克难充满感慨。2017年，王恒冰多方协调，带领村里干部群众利用6个月时间完成12项民生项目，修了9条共计4.2公里混凝土乡村路、近5000米下水道和3座入村桥涵，安装了156盏路灯，争取水利资金90万元，家家户户通上了自来水，建设完成村级党群服务中心和便民服务中心，完善了老年活动中心，修建了百姓广场、幼儿园等服务设施。

"'第一书记'是个'良心活儿'，希望通过我和大家的共同努力，不断增强老百姓的幸福感、获得感。"王恒冰说。

美丽嬗变阡陌间

王恒冰经常跟人谈起："雨天看危房漏不漏、黑天看路灯亮不亮，关键任务面前看党员干部干不干。"在调查研究的基础上，结合行政村管理与自然村分散的实际情况，王恒冰提出了"村里要想富，得有好支部"的口号。

王恒冰多次组织民主生活会、党员活动日主题活动、党员廉政教育、党员学习竞赛等，提升党员整体素养，干部述职、村务公开形成有效机制，并通过外出学习考察，拓宽党员干部的视野。随着村"两委"班子凝聚力不断增强，糖牛楼村24名先进青年先后递交了入党申请书，9人纳入入党积极分子培养计划。"打铁还需自身硬"，王恒冰从规范村级组织生活入手，严格落实"三会一课"制度，建立干部述职长效机制。利用茶余饭后时间，把会议开到田间地头和群众家门口，将村级典型案例拿到组织生活会上讨论。

党建工作，不仅要"保量"，更要"保质"。王恒冰积极筹划精品党性教育活动，组织开展"一名党员一面旗帜"等主题实践活动，增强党员党性意识。创造性地提出"一带五、两服务"的村级管理体系，让干部站出来、党员动起来、群众参与进来。通过村"两委"换届工作，三位经济能人、一位本科生、两位30岁左右青年人才进入村委会班子。在党支部的领导下，成功构架引领发展的"三驾马车"。

王恒冰自豪地说，只要"两委"班子自身不出问题，这支队伍将确保糖牛楼未来十年的发展。

留住乡愁谋产业

农闲时，糖牛楼村老百姓有家庭自制芝麻糖的传统，手工工艺已有三百多年传承。在王恒冰看来，谋发展，就要调动贫困户积极性、分类施策提高参与度，发展的最终要惠及全村老百姓。"村民大多外出务工，做芝麻糖的人越来越少，手艺渐渐没落了。幸好王书记来了，对这老手艺进行升级改造，打造成了一个品牌。"村里的老手工糖工艺传承人感谢王恒冰。通过"合作社＋糖坊＋贫困户"帮扶模式，村里成立了食品加工厂，新建起一座高标准手工糖坊。"第一年春节生产了一个多月，村里芝麻糖产值达到 105 万元，10 多个贫困户增加了收入，80 多名村民也获得收益。"

如今，走进糖牛楼乡村展厅，墙壁上的展板讲述着芝麻糖的传承历史、工艺手法，芝麻糖作为"一村一品"列入了村里振兴重点项目之一。"九大工序、七十二合糖"，老传统工艺代代传承的芝麻糖迎来了新的发展机遇。

"产业扶贫项目要稳健，要实现脱贫兜底功能。"王恒冰利用两个月的时间，步行百十里地，发放调查问卷 700 余份，这才让村里有了第一个五年发展规划和三年产业扶贫实施计划。另外，他还开展"小菜园助推微扶贫"公益募捐活动，筹集资金 56700 元。通过公益募捐资金，实施生产奖补，每贫困户给予帮扶资金 100 元（种子、竹竿、铁丝等农用物资），开发 10—15 平方米家庭菜园，鼓励利用闲置宅基地种植蔬菜、补贴家用，村里贫困户每年可节约开支 8 万元。精准扶贫项目取得实质性进展得益于标准化蔬菜大棚项目，土地流转后建设标准化蔬菜大棚 20 座，老百姓从中获得土地租金，并在大棚基地打工，挣上一份工钱，大棚租金则惠及了村里的贫困户。

村子里的经济发展起来了，村容的"颜值"也要迎头赶上。王恒冰按照美丽乡村定位，筹划建立乡村创业园、特色种植专业合作社，起草十余个项目的可行性研究报告、商业建议书和市场策划书，建立村里的项目储备库，村子的发展后劲儿更足了。"村里要有自己的精气神，要塑造积极向上、有温度的乡村文化，打造一个有温度的乡村，要留住乡情乡愁。"在王恒冰的倡导下，村里筹划建设了集活动、娱乐、办公和停车等多功能于一体的"乡情"主题文化馆、"孝善"主题文化馆、"手工坊三百年工艺传承"糖坊。

糖牛楼村党支部书记刘同金感慨地说："王书记来之前，我们想都不敢想的这些事儿，现在都成了真的！下一步，我们要让村子更干净、更漂亮，大家的日子会越来越好。"

乡村振兴在路上

王恒冰与鄄城的脱贫攻坚一直有着千丝万缕的关系。2019 年 5 月，王恒冰又在鄄城县大埝镇做了两年扶贫督导员。

秋天，面对异常严峻的抗旱保苗形势，王恒冰看在眼里、急在心里，经过紧急汇报请求支援，华鲁集团三个小时内紧急拨付 20 万元用于援建。王恒冰打破常规紧急调度三支打井队不间断施工，仅用 10 天时间就打了 19 眼深水井，新增灌溉面积 2000 余亩，减少群众损失 80 余万元。王恒冰还利用华鲁集团乡村振兴产业引导基金，建设了"第一书记"扶贫产业基地，发展了特色种植、酸菜加工、肉鸡养殖等项目，探索扶贫资产管理长效机制，初步构架社会大扶贫格局……

四年来，王恒冰带领帮扶工作队、帮扶村党员干部和群众，累计完成 97 项惠民工程，引导各类资金投入近 5000 万元，惠及 21 个自然村、18000 余名群众，2020 年帮扶村全部实现了脱贫。

脱贫摘帽，不是终点，而是新生活、新奋斗的起点。王恒冰对未来充满信心："在下一步的乡村振兴中，我们将继续发扬脱贫攻坚精神，结合本职工作，做好盐碱地治理、退耕地改良等科技攻关和农业产业化推广，打造高标准农田，实现稳产高产，促进农业高质量发展。同时，做好农村环境生态修复和区域水体治理，为实现乡村振兴贡献自己的一份力量。"

王恒冰主持推动的产业扶贫基地"未来农场"

再苦再难也要把山头攻下来

——记中央储备粮泰安直属库有限公司
党委办公室主任孙启法

孙启法简介

孙启法，中央储备粮泰安直属库有限公司党委办公室主任、综合人事科科长、综合财务党支部书记。2019年4月，他作为省派"第一书记"前往泰安市东平县大羊镇王庄村工作，始终牢记"抓党建，促脱贫攻坚，促乡村振兴"的职责使命，聚焦聚力班子强起来、产业兴起来、民生暖起来的目标任务，争取到各类资金300万元。他坚持强阵地、兴产业、铺管道、搞绿化、建广场，让村民的生产生活条件有了极大改善，村集体收入实现翻番，24户贫困户实现稳定脱贫。2021年，孙启法被授予"全国脱贫攻坚先进个人"荣誉称号。

大羊镇王庄村位于山东省泰安市东平县北侧，四面环山，全村74户276人，2018年村集体收入仅3万元，是有名的"穷村"，贫困户24户，贫困发生率高，接近全村的三分之一。直到2019年4月，省里派来了驻村"第一书记"，王庄村的"好日子"从此拉开序幕。

"真是太感谢孙书记了！孙书记到我们村后自己开着车给我媳妇做伤残鉴定，申请了低保，每个月有了450元的补贴，还给我安排了公益岗，每个月有了800块钱的收入，改变了我的家庭，让我看到了希望。"王庄村贫困户王安家激动地说。

王安家所说的孙书记，是中储粮集团山东分公司派驻王庄村"第一书记"孙启法。2019年4月，孙启法踏上了这片土地，从一名"中储粮人"到"扶贫尖兵"，孙启法在驻村一年多的时间里，让"第一书记"不仅是一种职务和称呼，更成为村民心中的"主心骨"。他凭借多年的基层工作经验和务实勤勉的工作作风，很快就与乡亲们熟悉起来，全村都知道，王庄村来了一个孙书记。

抓班子，当好党建工作"指导员"

"当好党的政策宣传队，当好农村党建工作队，当好脱贫攻坚施工队，当好为民办事服务队，这就是我们'第一书记'的职责所在。"原来的王庄村村委只有2张办公桌，8把椅子就有6种样子，20世纪50年代的连椅依然在会议室发挥着"余力"。驻村以来，孙启法把抓党建作为首要任务，从阵地建设入手，累计投入5万余元修缮办公场所，购置了办公桌椅、电视、电脑等设施设备，建设了党群服务中心。

他以严格组织生活制度为"压舱石"，严格落实"三会一课"、主题党日等组织生活制度，带领党员干部前往昆山党性教育基地、莱芜战役纪念馆等地参观学习，接受红色教育，党员干部的战斗力和凝聚力显著增强。组织党员召开"忆往昔、看今朝、展未来"座谈会，观看爱国主义电影，举行升国旗签名祝福活动，丰富组织生活内容和载体。

"孙书记来了后，组织生活变得丰富多彩，党员的精气神和以前也不一样了，孙书记让老党员焕发了'第二春'。"党员王贵青说。

兴产业，当好产业发展"领航员"

"我们是小山村，去年'一户多宅'清理出了大片的荒地，由于没有资金和门路，只能荒废着。孙书记来了之后，就发生了改变。"王庄村党支部书记王敬海说道。孙启法深知产业项目对村级发展的支撑作用，也知道王庄村被评为"山东省森林村居"，便结合村情实际开辟了一条生态保护与产业发展相结合的道路，在实现集体增收的同时，又能巩固"山东省森林村居"的殊荣。

为此，他组织村干部和经济能人前往潍坊、莱芜等地考察学习，对接产业项目，寻找发展门路。在他的协调下，与泰安市常青林园林绿化有限公司达成协议，累计投入45万元打造绿化苗木基地，栽种紫叶李、白皮松、樱花等苗木20余万株，在村庄绿化美化的同时，村集体可实现年均增收3万余元，带动村民务工收入2万元，同时把王庄村打造成了一步一景、花红柳绿的绿化先进村。

与此同时，他积极探索"党支部＋合作社＋公司"的发展模式，创新性提出与邻村毕庄村抱团发展，在派出单位中储粮集团山东分公司的大力支持下，争取各类资金100余万元，成立了泰安宏昇农

孙启法结合王庄村特色，推进产业化发展

副产品有限公司，结束了两村没有集体产业的历史。他充分发掘王庄村百年香油加工的传统优势，利用"一户多宅"清理的空地建设了500平方米的香油生产车间，建成后将提供近10个就业岗位，可增加村集体收入10万元，同时带动村民增收致富，实现了集体和村民的"双赢"。

办实事，当好民生事业"服务员"

在村东头居住的老党员王跃水指着出村的道路说："原来这条路特别窄，两辆车会车都很困难，还有一段没有修的泥巴路，晴天一身土，雨天一脚泥，孙书记来了后，第一件事情就是把这路给拓宽了，

孙启法慰问贫困群众

硬化了，现在出行也顺畅了。还有上山的生产路，也都铺了水泥。"孙启法到村后，利用政策资金50万元整修拓宽路面4500平方米，并建设了文体广场，让村民有了休闲纳凉的好地方。

同时，孙启法借助派出单位这个"娘家人"的力量，在儿童节、端午节、春节等节日开展走访慰问活动，为学龄儿童送去学习用品，为贫困群众、老党员送去米、油、面等慰问品，给他们送去"娘家人"的关心和祝福的同时，也让他们感受到党组织的关怀和温暖。

在疫情防控期间，他克服交通管制、居家隔离等困难，第一时间来到村里与党员群众并肩战斗。面对防疫物资极度紧缺的局面，孙启法率先捐款 2000 元，用来购买口罩、消毒水等防疫物资，同时想方设法"求"来一批，千方百计"要"来一批，把口罩、消毒水等物资分发到村民手里。他的一片真心换来了党员群众的赞赏和感动，党员群众纷纷响应，仅有 276 人的小山村捐款捐物累计价值 2 万多元。

王庄村地处山区，出入口较多，防疫工作难度很大，孙启法带领村"两委"制定详细的防控方案，严格出入登记管控，同时充分发动党员，让党旗飘扬在抗疫一线。外来务工人员返乡后，孙启法及时做好上报、消毒、隔离工作，每天到家里了解情况。村民们安心居家，孙启法却坚守在抗疫一线，一待就是 48 天。孙启法的女儿参加 2020 年高考，在孩子学业最关键的时刻他却顾不上，每天只能抽出时间通过视频和家人报平安。

2020 年春耕时节，为把疫情带来的影响降到最低，孙启法和村干部到村民家中逐一了解情况，协助联系种子、化肥等农资，组织村民有序恢复生产。部分村民外出务工受阻，孙启法又帮助协调办理健康证等手续，帮助村民第一时间外出复工。

解民忧，当好脱贫攻坚"战斗员"

为了便于联系，孙启法从驻村伊始就在每户村民家中张贴了"'第一书记'联系卡"，先后对 24 户贫困户及 50 户普通村民进行了多次走访调查，了解各户家庭情况、致贫原因、政策扶持及发展建议等，为开展工作掌握了第一手资料。他针对致贫原因，分类施策，做到精准扶贫。除了为贫困户落实扶贫项目分红收益之外，还为符合条件的村民落实低保、残疾补贴和大病救助等帮扶政策，为有劳动能力的贫困户落实保洁员等公益岗位。截至 2020 年底，王庄村 24 户贫困户全部顺利通过验收，实现稳定脱贫。

工作问心无愧，家庭亏欠太多。驻村以来，孙启法周一至周五都在村里，遇到急难险重任务，甚至一个多月都回不了家，家里有事也无法顾及。谈及家庭，孙启法愧疚地说道："父母亲都 70 多岁了，去年两次住院，都没能在床前伺候。闺女上高中的这两年，我都没有好好陪伴她，没有尽到一个父亲的责任。媳妇生病住院，我利用国庆假期陪她做完手术，当时村里正在脱贫验收，她知道我放不下村里的事，在她的支持和理解下，我委托朋友照顾她，自己却返回了村里，说实话我对不住家里。"

驻村以来，孙启法前后协调了 300 万元的资金投入，让王庄村彻底变了样子。"'第一书记'就是'第一担当'，组织派我来是'啃硬骨头'的，再苦再难也要当钉子钻进去，把山头攻下来！"这是孙启法驻村工作的心声，也是他对这片土地最真切的祝福。

143 枚红手印，留下了"第一书记"

——记东营市垦利区黄河口镇西隋村 "第一书记"吕振峰

吕振峰简介

吕振峰，东营市气象局六级职员，2015年7月到东营市垦利区黄河口镇西隋村担任"第一书记"。西隋村是省定贫困村，2014年全村人均收入不足3000元，是脱贫难度很大的村。吕振峰下派帮扶后，全村实施了8个基础设施项目、7个产业扶贫项目，总投入超2800万元。西隋村的生产生活条件得到极大改善，贫困人口收入大幅度增加。2017年，吕振峰挂职期满，143名村民不舍他离开，便递交了摁有143个红手印的挽留申请书，就此留住了他们心中的好书记。吕振峰不负期望，再续奋斗，曾经的"空壳村"，如今村集体收入已超20万元。吕振峰被授予"全国气象系统扶贫先进个人""全省脱贫攻坚先进个人"等荣誉称号。

2017 年 6 月 17 日，一份特殊的申请书被送到山东省东营市气象局。在申请书上，摁满了 143 枚鲜红的手印——"恳请继续安排吕振峰同志在本村挂职'第一书记'！"

这 143 枚红手印，来自东营市垦利区黄河口镇西隋村的 143 位村民。而他们申请挽留的吕振峰，正是市气象局从 2015 年 7 月起派驻该村的"第一书记"。

自从挂职两年期将满，"吕书记要走"的消息在村里传开后，"这两年刚感觉日子有奔头"的村民焦急不已。大家一合计，便共同写下了这份申请书。

吕振峰，这个无数山东"第一书记"中的一员，究竟身上有什么魔力，能让村民们竭力挽留？也许只有亲自走进他所在的西隋村，才能找到答案。

水活，则满盘皆活

还没有见到吕振峰之前，无从想象这位由气象部门派驻的"第一书记"是什么样子，正如走进东营市垦利区黄河口镇西隋村之前，也无从想象这是怎样一块贫瘠荒凉的土地。

自东营市区一路东行，路边景致渐渐荒凉，开始出现大片滩涂。省定贫困村西隋村就坐落在这样的滩涂上。71 岁的西隋村老支书武国法回忆，西隋村建于 1961 年，曾因天气干旱、庄稼绝收，不少村民迁走，青壮年也多在外务工，是典型的空心贫困村。

缺水啊！老支书感叹——地下是咸水，地表水系多受工业污染，浇水到田里，庄稼一死一大片。再加上村子地处引黄工程五七渠下游，到了灌溉季节，上游截水也指望不上。"西隋百姓基本是靠天吃饭。"

然而，这一切因为吕振峰的到来有了翻天覆地的变化。

吕振峰刚一上任就发现，全村 2200 多亩耕地，没有基本的排灌设施和蓄水设施，种植结构单一，这都是村民收入低、村集体无收入的主要原因。"水活，则满盘皆活。"这是吕振峰作出的判断。解决了水的问题，就抓住了脱贫的"牛鼻子"。

村前的一条清澈小河引起了他的注意。"为何不利用它引水，建个水库？"在与专家深入探讨后，这一大胆构想就此形成。

说干就干，申请项目、专家论证、部门协调……一趟趟跑下来，吕振峰几乎成了半个水利专家。为了确定自己判断的正确性，他带领村"两委"、贫困户代表先后 8 次到潍坊市以及东营市广饶县、利津县等地进行了考察学习，更新了观念、开阔了思路。最终经过半年多的努力，投资 330 万元、占地 185 亩、蓄水量 30 万立方米的西隋村水库建设完成。

这个水库，结束了西隋村"靠天吃饭"的历史，全村盐碱地变成了"水浇地"，村里年人均收入增加 1000 元。

"水能治碱是古理，吕书记不简单啊，能把水库项目跑下来，村里 2200 多亩盐碱地就能慢慢改善，这可是惠及子孙万代的好事。"德高望重的 74 岁村民刘希秀竖起大拇指。

解决了农业症结，吕振峰在富民强村方面想得更远。围绕水库项目，吕振峰又带领大家先后实施了"小农水"节水灌溉、未利用地整理、塑料大棚、支渠改造 4 个产业扶贫项目。他结合当地日照时间足的特点，又把目光投向了太阳能资源。

在吕振峰的争取下，2016 年，投资 90 余万元的太阳能光伏项目顺利建成并接入国家电网，村里的太阳能光伏发电站每年发电量达13.5 万度，可为村集体带来 13.5 万元收入。同年，吕振峰牵头注册成立了垦利春晓农作物种植合作社，组织种植青贮玉米，村民口袋里

吕振峰在田间地头察看苗情

每年又多了 500 余元。

大家的后顾之忧也让吕振峰牵挂。他争取专项资金，为全村男女老幼 180 余人办理了养老保险，平均每人 1 万余元。"俺老两口每月能领 700 多元，春节还能一次性领 1000 元。别村都羡慕哩！"刘希秀笑得灿烂。

村子有钱了，基建也要跟上。70 岁的老党员丁湘溪说："以前进村是坑坑洼洼的土路，走一趟'晴天一身土、雨天一身泥'，老吕争取了资金修路，路修好了，附近好几个村子都受益。"

就这样，一个个实招儿，逐渐换来全村人的信任。2017 年春节，村里一名贫困户贴出了一副对联，上联：水库浇出幸福路，下联：光伏温暖村民心，横批：扶贫政策好。

"第一书记"就是党委形象

吕振峰深有感触地说:"群众看'第一书记',永远都把你和党委、政府的形象联系在一起,你代表的不是一个人,不是一个部门,你的一言一行都代表了党在老百姓心目中的形象。"他是这么说的,更是这么做的。光伏发电站建成后,他带领党员开始了义务擦拭太阳能板的工作,现在已形成了制度。为了争取项目,他一个部门一个部门地做工作,从水利局到交通局,从国土局到发改委,他从不嫌累,甚至到副市长开会的门口等着。

曾担任过18年村党支部书记的老书记武国法说:"吕书记来了,不光村容村貌变了样,党员活动也多了,每个月5号组织党员学习,按时召开'三会一课',党员心更齐了,觉悟也更高了。"

四年的下派帮扶,吕振峰与村民结下了深厚的友谊,群众的冷暖他时刻牵挂在心。

他热心肠。村里有位患有严重精神疾病的孤寡老人张文斌,别人对张文斌避之不及,他却隔三岔五地买上一箱方便面和火腿肠,委托相熟的村民悄悄给张文斌送去,直到老人去世。

他懂人情。村里年轻人结婚,他掏出200元托村支书随礼:"我初来乍到,跟大家还不熟悉,但是祝福得送到。"喜主来请他喝喜酒,他却婉言谢绝。

他会处事。村里农田改造需要挖沟占地,被占地的村民意见很大。当天晚上,他拎了酒和烧鸡敲开了那个村民的家门。动之以情,晓之以理,一顿酒喝完,他的思想工作成功做完,改造工程如期进行,没受到半点耽搁。

慢慢地,"有事找老吕"成了村民们的口头禅,凡是他出面,再

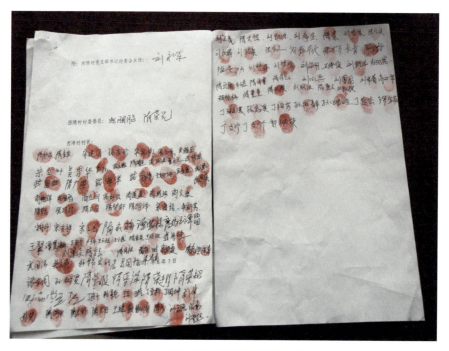

143 位村民为挽留吕振峰而摁下红手印

大的矛盾再难的纠纷大家都会给面子。就这样，吕振峰用自己的人格魅力征服了大家，成了这个村子深受爱戴的"特殊村民"。

正是这位"特殊村民"，创造了东营市一个个精准扶贫之最——合计争取帮扶资金 2300 万元，在 120 个村中单项投入第一名；争取水库建设、农田改造等 9 大帮扶项目，项目数量第一名；建成分布式太阳能光伏发电站，光伏并网收费第一家；作为全市 120 余名"第一书记"中的先进典型，在东营市三县两区作巡回报告第一人……

沉甸甸的成绩单，看得见的变化，让全村百姓感恩于这位"特殊村民"，更不舍他因挂职期满而离去。"下一步如何管理、发展，我们太需要吕书记这样的干部继续支持了。"在摁有 143 个红手印的挽留书上，村民们这样写道。

再续奋斗，无愧 143 个红手印

在乡亲们的殷切期待下，吕振峰决定留任。

在夏日的艳阳下，他站在水库旁边，眺望着不远处正在建设的蔬菜大棚项目，语气坚定："这些项目近一两年就能见到效益，老百姓的生活肯定会越来越好。"

而红手印挽留的好书记没有让西隋村的老少爷们儿失望，从2015 年 7 月到垦利区黄河口镇西隋村任"第一书记"开始，吕振峰在西隋这个省定贫困村一干就是四年，这四年的时间里，他帮助西隋村先后实施了 8 个基础设施项目、7 个产业扶贫项目，总投入超 2800万元。

西隋村贫困户收入也有大幅度增加，实现了脱贫摘帽。2017 年，吕振峰被东营市委、市政府记二等功。

吕振峰说："既然选择继续驻村帮扶，我得对得起挽留我的群众，村里要干的事、群众想办的事还有很多，我得一件件地把事办好了，干实了。"他没有忘记自己的承诺，村民们更是将他给村里带来的所有好处一一记在心里。

是他多方争取各类资金 190 多万元，完成农村电网改造，为村民安装智能水表、健身器材，为全村 56 户常住村民安装了有线电视，在全村主要道路安装了 62 盏太阳能路灯；是他积极争取土地部门支持，对 500 亩未利用土地进行了整理，净增耕地 300 多亩，做到了沟、林、路、渠配套，村民年增收 15 万元；是他争取企业支持，对全村27 户贫困户实现产业收益全覆盖，贫困人口收入从 2014 年的人均不足 3000 元到 2020 年人均收入达到 11141 元……四年的驻村帮扶，使西隋村摆脱了贫困，逐步走上了致富奔小康的路子，回首相望，西隋村的"当家人"对得起那没有褪色的 143 枚红手印。往日的贫困村，成了远近闻名的富裕村，村民的梦想变成了现实。

吕振峰是千万个"第一书记"的缩影，他们的付出使黄河滩涂有了更强的生命力和更丰富的色彩。而回首这一切，皆源于一名优秀共产党员的情怀。生于农家，深爱着脚下这片土地；勇于担当，用行动点亮红色基因的时代光芒。

三年扶贫路，一生沂蒙情

——记山东省干部学院办公室主任张锦光

张锦光简介

张锦光，1966年3月出生，中共党员，山东省干部学院办公室主任。2018年2月至2021年5月，担任临沂市沂南县双堠镇仲山村党支部书记。带领党员干部和农民群众闯出了一条乡村振兴的"仲山之路"，将仲山村由原本脏乱差的穷山沟发展为山东省"十百千"乡村振兴示范村、山东省美丽乡村示范村、山东省森林村居。在仲山村工作期间，张锦光被评为"山东省抗击台风抢险救灾先进个人""山东省脱贫攻坚先进个人"，荣获山东省事业单位脱贫攻坚记大功奖励。他是我省千万名"第一书记"和驻村干部的缩影，是用闯劲儿和巧劲儿撬开偏远地区致富之门的"开门人"。

2021年5月28日，张锦光告别仲山村，满怀不舍地踏上了回济之路。

三年前，张锦光被赋予新使命，捧着一颗赤诚之心，从繁华都市来到临沂市沂南县双堠镇仲山村，任职党支部书记。自此1206个日日夜夜里，张锦光完全把自己当作一个"仲山人"，与村民们同呼吸、共荣辱。

仲山村共有建档立卡贫困户88户138人，已实现全部脱贫。村民收入主要以种植板栗、黄烟、葡萄、中草药等为主，村集体经济正逐步稳定发展。

当初那个位置偏僻、资源匮乏的小村落，如今早已蜕变成为适宜栖居的美丽乡村示范村。这种改变，来自张锦光带领的班子队伍，他们为村民们带来了"希望"的种子，证明小村庄也可以焕发出大能量，绘就乡村振兴新蓝图。

付出的是真诚，收获的是信任

能够到仲山村脱贫攻坚，张锦光觉得是一种缘分，也是一段宝贵的人生阅历。

回望三年走来的扶贫路，仲山水库的粼粼波光、河道的山溪涌动、垛罗崮的灵秀……仲山村每一次成功的小蜕变，都刻在张锦光的脑海里挥之不去。

2018年，初来乍到的张锦光坚持问题导向，不断明晰仲山村发展方向和前进的路径。按照打造乡村振兴齐鲁样板村的建设目标，张锦光与村"两委"坚持高起点高标准，邀请同济大学张德顺教授为村庄进行了整体规划，将生产空间、生活空间、生态空间一体连片打造，着力打造美丽乡村仲山片区。

正是因为肩负着乡村振兴的担子，才让全村的基层党组织得到淬

张锦光深入田间地头察看黄烟产业种植情况

炼。与乡亲们朝夕相处、风雨同舟、并肩作战的背后，发生了一个又一个温馨的故事。从助力美丽乡村建设，砍伐杨树腾挪 2000 多亩土地，到产业结构调整，施工铺设 100 多公里生产路，村民们不说二话，主动砍伐成材板栗树、拆除房屋搬迁，只为确保道路修建和项目落地顺利进行。

自来水有了，道路通了，环境美了，人心也暖了。

科学划定村庄边界，让四通八达的交通格局"网格化"，大力疏通河道治理，让绿水青山的生态环境"入画来"。小乡村的蝶变，不止体现于"晴天不再一身土，雨天不再一脚泥"的"面子"上，这里民风淳朴、文化入心，连"里子"也是实的。这些改变，正得益于张锦光和干部群众的实干敢干。

"心齐"才能"气顺","风正"才能"扬帆"

三年多，是仲山村广大党员干部群众"心齐、气顺、风正、劲足"干事创业的三年，也是仲山村社会美誉度、影响力快速提升的三年，更是村民们的获得感、幸福感、安全感大大增强的三年。

为了让村干部明白职责任务，张锦光统筹谋划，修订完善了为民服务手册。"为担当者担当、让实干者实惠"逐渐在全村蔚然成风，促使广大干部党员既想干事，又敢干事的保障机制和激励机制形成了完整体系。

仲山村党群服务中心

在这期间，大家攻克了一个个难关，建设了公墓，清理了村集体20多年来的账款。每逢妇女节、儿童节、重阳节等节日，张锦光都会精心安排活动，并对"五好"文明家庭、先进工作者、致富带头人等为全村发展作出特殊贡献的村民进行表彰鼓励，倡树社会正能量。

干群的创造性、积极性被激发出来，群策群力。这样一来，仲山村的发展机遇多了，扶贫车间，垛罗岗开发，水库清淤加固，小流域治理，土地整理项目，葡萄大棚、藕塘、米酒厂建设等，让仲山村的"旅游致富路"逐渐成形。仲山村的风土人情暖了，村"两委"践行以人民为中心的发展思想，党群服务中心、老年幸福苑、医务室、大课堂、阅览室、老年活动室陆续拔地而起，通过精细化服务管理，打造有温度、有为民情怀的新社区。

战台风、抗疫情，志如蒙山固

2019年8月，一场"利奇马"台风袭来，迅猛得让人措手不及。台风过处，雷电交加、暴雨如注，山洪像猛兽一般狂暴肆虐。张锦光查看灾情时，目光所及之处一片狼藉，他和村民们呕心沥血换取的建设成果，几乎毁于一旦。全村多处道路、网络和水电中断，多处农作物及基础设施遭受到严重的洪涝灾害。抢险救灾的严峻考验，让他的心头如压千斤重担。

然而，希望如同开在山崖上的花朵，往往在绝处逢生中更加娇艳。想想淳朴村民一张张热切期盼的脸，低头看看胸前佩戴的党徽，张锦光心中陡然生出从未有过的力量：灾情就是命令！只要有敢于"从头再来"的勇气，就能让山村走出泥淖、走出困境。张锦光第一时间组织全村的党员群众成立自救队，和大家一起风里雨里、水里泥里将住房存在险情的村民及时转移出来，安置妥当；又带领村里的志愿者队伍清理路面的淤泥渣土和杂乱树枝，修复冲塌的堤坝，扶正东倒西歪的苗木，竖起倒伏的路灯电线杆……

令张锦光印象最深的，是黄家庄自然村84岁的村民黄传祯看到省派书记身先士卒，便也不顾年迈，自发带领街坊邻居清扫路面。他说："你们领导都亲自上阵，帮俺们庄拾掇，俺说什么也得伸伸手、出出力。"真诚的话语、自发的行动，让连续两昼夜没阖眼的张锦光备感欣慰，疲劳感顿时消失。他深信，越是平凡的人，越有着触动人心的能量。只要与老百姓的心聚到一起，就没有战胜不了的艰险。

最终，张锦光根据灾情，协调上级部门争取了自然灾害补助款164万余元，全部用于灾后生产自救。短短一个多月的时间，就完成了全村的灾后重建工作，仲山村在蓝天白云和山野的衬托下又恢复了勃勃生机。

2020年初，新冠肺炎疫情肆虐时，张锦光说："我也曾经像村民一样慌乱过、迟疑过。"但面对来势汹汹的疫情，他坚决按照党中央部署，组织全体工作队队员迅速行动起来，压实工作责任，严密防控措施，以"逆行者"为榜样，奋不顾身地冲在防控第一线，与党员干部群众一同严防死守。

时逢春节，大年初三，张锦光带着满满的歉意，匆匆离开相聚两天的家人，来到仲山村。一到村里，便立即组织成立了党员志愿服务队，开展疫情防控宣传、排查、值守和应急保障工作。同时协调中国医疗器械山东有限公司，争取军用帐篷、口罩、测温仪、酒精和消毒液等急需用品。张锦光明白，在战"疫"一线，就是与时间赛跑。

让张锦光难忘的是2020年2月8日，正逢农历正月十五元宵节，山里人家有到路上和林地"送灯"的习俗。天快黑了，为了让值勤的"两委"干部回家"送灯"，张锦光把他们都撵走了，一个人在防控点值守。没想到一个小时后，有个孩子在夜色中给他送来了一碗热气腾腾的羊肉水饺。吃着饺子，他感慨万千，感动流泪，更坚定了要守护好这些善良村民的决心。

疫情期间，为了保障群众日常生活，张锦光从村内三家商店中选择一家作为农资生活服务保障点，为大家提供米面、鸡蛋、蔬菜、水果等食品。还将村"两委"和"三大员"细化责任分工，分别走访行动不便的老年人和困难群众，帮助采购物资并配送到家。同时帮助养殖大户协调所需的饲料和防疫物资，做好禽畜防疫。为了不误农时、保障春耕春种，张锦光谋划在前，协调沂南县供销合作社在保障点设立代销处，为群众提供化肥及生产资料，做到了群众日常生活有供给、疫情期间心不慌、后续农耕有保障。张锦光曾动情地说："那些日子，即使很累，我也把责任、使命、担当牢记在心。"

共建"大美仲山"，让情怀永存心间

张锦光认为成绩的取得，离不开全体村民的齐心协力和信任支持，也离不开各级领导的关心厚爱和鼎力帮助。

三年来，张锦光为仲山村建设协调争取资金近 6600 余万元，争取爱心企业和个人捐款 171 万元，协调 45 亩土地建设指标，全村更是先后承接省级以上参观队伍 13 批次，承接市、县级雨季造林现场会 1 次，承接市级污水治理现场会 1 次。仲山村在党建、扶贫、美丽乡村建设方面得到了上级的充分肯定。

如今仲山村的美丽乡村建设和集体增收开始领跑全镇，由过去的落后村成为山东省"十百千"乡村振兴示范村，仲山村还达到了乡村旅游二星级村标准。村里同时成立了仲山村合作社，村民们抱团发展走共同富裕的道路，共抓大保护，不搞大开发，有效保护了垛罗岗红色资源，恢复内外寨历史原貌。

"仲山好，大家才好"，这是张锦光经常挂在嘴边的话，更是他永远的企盼和祝愿。

今后无论走到哪里，在什么工作岗位上，张锦光的仲山情怀永存心间，仲山情结永远不变。他期盼着仲山村能够按照既定部署和规划蓝图，一步一个脚印，一年一个台阶，推动发展取得更加明显成效，让"大美仲山"呈现在所有人的眼前。

三、扶贫先锋篇

——但愿苍生俱饱暖

2003 年，习近平同志在《干在实处　走在前列·在检查节日市场供应和物价情况时的讲话》中引用于谦《咏煤炭》诗句"但愿苍生俱饱暖，不辞辛苦出山林"。习近平同志在不同场合都说过，"心无百姓莫为官"。为官一任，就要造福一方；手握公权，就要为民办事。只有时刻为了群众利益，身体力行"但愿苍生俱饱暖，不辞辛苦出山林"，办实每一件民生小事，才能向党和人民交出一份满意的答卷。

在决战决胜脱贫攻坚和全面建成小康社会的路上，山东社会各界人士中涌现出一批舍利取义、先民后我的扶贫先锋。他们或舍弃原本优渥的生活、来到最艰苦的地方，或己饥己溺、俯身于田野、融身于群众，用善良的初心和珍贵的同理心帮扶起一个又一个贫困地区。贫困之冰，非一日之寒；破冰之功，非一春之暖。山东的扶贫先锋们久久为功，爱民、敬民、护民、助民，只为实现心中"但愿苍生俱饱暖"的承诺。

勇当青岛扶贫的"排头兵"

——记青岛市扶贫协作工作办公室党组书记、主任窦宗君

窦宗君简介

窦宗君，青岛市扶贫协作工作办公室党组书记、主任。面对全省唯一同时承担对内脱贫攻坚和东西部扶贫协作的双重重任，他充分发挥"班长"头雁效应，倾力凝聚全市力量，勇于创新、敢于担责，打出"组合拳"强力出击，带领青岛扶贫人攻下了一个又一个坚中之坚的堡垒，啃下了一个又一个困中之困的"硬骨头"。近年来，青岛脱贫攻坚工作持续全省领先，东西部扶贫协作工作走在全国前列，他用汗水和实干诠释了对党和人民的忠诚。2021 年 2 月，窦宗君被授予"全国脱贫攻坚先进个人"荣誉称号。

从乡镇党委书记，到农业大市的分管副市长；从青岛市委农工办专职副主任、市农委副主任、市委农工办主任，到青岛市扶贫系统的

领头人，窦宗君大半的人生轨迹，都奋战在青岛的"三农"一线。对这片挥洒了青春和汗水的土地，他倾注着一份天然的情结。

对农业、农村、农民深厚的情怀，对贫困群众难以割舍的情缘，让他更加知道脱贫攻坚责任重大，在工作中也更加信念坚定。靠着这份担当与执着，窦宗君脚下沾泥、心中有情、创新进取，用苦乐自知的"辛苦指数"换来群众笑脸上的"幸福指数"，打造了一个个精准扶贫的典型案例，书写了一段段扶贫协作的"山海佳话"。

拨云见日，打一场漂亮的翻身仗

在一些人看来，青岛是沿海经济发达城市，脱贫攻坚任务应该很轻松。但从一组数据上，就能看到事实绝非如此。

青岛的脱贫攻坚任务有两方面。一方面，青岛自身有38535户贫困户、63887名贫困人口、510个贫弱村、10个经济薄弱镇的脱贫摘帽任务，而且贫困人口分布面广量散，动态监管难度大，老弱病残占比高，对政策依赖性强，稳定脱贫难度大。更重要的是，中央安排青岛市与贵州安顺市和甘肃陇南市结成扶贫协作关系，山东省扶贫协会确定青岛市与菏泽市结成扶贫协作关系，青岛对口帮扶的地方涉及七省八地。安顺、陇南两市都地处国家连片贫困地区，15个县（区）都是贫困县，有6个县还是深度贫困县，菏泽市则是全省脱贫攻坚的主战场。

任务艰巨，责任重大。自2014年脱贫攻坚一开始，窦宗君一头扎进这个攻坚战场，作为扶贫工作主管部门的分管领导，他牵头组织精准识别，代市委、市政府起草了《关于扎实开展农村精准扶贫的实施意见》等系列配套政策并推动落实。脱贫攻坚贵在精准，有了精准识别，青岛脱贫攻坚工作稳步推进，2015年、2016年连续获得省级考核第一名。

因为种种原因，青岛脱贫攻坚一度在全省落后，甚至到了被约谈的困难局面。2018年7月，窦宗君临危受命任青岛市扶贫协作工作办公室党组书记、主任，担当起扭转局面、在更大层面上推进脱贫攻坚的重任。面对"上热中温下冷"、队伍战斗力不强、底数不清等问题，他迎难而上。

越是困难当前，越是考验毅力，越是呼唤担当。窦宗君连续三个多月周末不休息，在全市发起"脱贫攻坚进位争先百日会战"。在青岛一年中最热的时候，他带领扶贫干部顶烈日、冒酷暑，走村入户摸底子。面对既有对内脱贫攻坚，又承担东西部扶贫协作任务的双重压力，他以全国、全省一流工作定位，迅速牵头制定了《关于打赢脱贫攻坚战三年行动的意见》《关于深入推进东西部扶贫协作工作的意见》等系列文件，为贫困群体量身定做了"一本清"。

心之所系，全力以赴。通过短时间内打出一套强有力的组合拳，青岛迅速扭转了被动局面，在当年全省年度考核中打了翻身仗，获得全省仅有两个名额的"脱贫攻坚单项奖"。这场攻坚战的战场局势渐渐明朗，看到了胜利的曙光。

58次"红眼航班"绘出脱贫地图

窦宗君坚信"脚下沾满多少泥土，心中积淀多少真情"。几年来，他多次组织专项行动，发起"决战决胜脱贫攻坚总攻八大攻势"，战斗行动次第展开。他坚持采取"四不两直"的方式进村入户查访，"四不"指"不发通知、不打招呼、不听汇报、不用陪同接待"，"两直"指"直奔基层、直插现场"，持续推动问题整改清零，"五加二""白加黑""雨加雪"，从未休过一天假。

窦宗君带动崔家集镇发展了万亩西红柿产业

几年来，窦宗君团结带领扶贫干部走遍了青岛有脱贫任务的 82 个镇街、510 个贫弱村，多轮次遍访重点镇村。他以实际行动绘就青岛的脱贫攻坚地图，表达着对脱贫群众的深厚情谊。

2019 年 8 月，忙于工作的窦宗君突患结肠炎，腹痛难忍，但他依然坚持工作，最后被领导逼着才住进医院。他心里记挂着尚未脱贫的乡亲，前后两次病情未愈就投身脱贫一线，腹痛难忍就打上止痛针继续工作。

为了在东西部扶贫协作中走在全国前列，三年间，窦宗君先后 29 次深入扶贫协作地对接推动工作，为节约时间，常常深夜乘坐航班往返。

2019 年 9 月，他在安顺因腹痛厉害被紧急送到医院治疗，稍有好转即投入工作。2020 年 1 月，为迎接国家考核，他连续半月在两个协作城市昼夜工作。2020 年 6 月，疫情形势刚刚趋缓，为帮助安顺和陇南两市挂牌督战的 4 个县和 53 个村脱贫，他又连续半月在两地穿梭了解实况，回青后组织动员社会资金 2473 万元进行"一对一"帮扶。

"心中有情怀，肩上有压力，手里有抓手，做事有戒尺。"窦宗君多次将这句话分享给携手并肩的战友，自己更是率先垂范，身先士卒。在他的带领下，青岛扶贫人同心合力，以热血赴使命，迅速扭转了后进局面，走向前列。2020年4月21日，《中国纪检监察报》在头版刊发文章《头雁效应带来的改变》，对其先进事迹进行报道。

"窦主任抓工作真招多硬招多，抓得紧抓得实。"这是扶贫战线上的同事对他的评价。

窦宗君的"实招"，便聚焦在产业扶贫这一环上。他率先以镇街为单位统筹实施产业扶贫项目，打造了163个扶贫"农创体"，实现了产业培育与集体、农民、贫困户增收的倍数效应，每个贫弱村年增收5万—30万元，3000多个有贫困户的"插花村"村年均增收1万元以上，《光明日报》等媒体对此进行了整版报道。

为了实现脱贫不返贫，他率先引入市场化机制，在青岛实施精准防贫减贫综合保险，兜牢了底线。他还开展环境脱贫行动，为9000多户贫困户改善居住条件，打造了消除"视觉贫困"的"三净四无五有"模式。至此，群众自主脱贫的精气神更足了。

连贯东西，奏响山海和鸣的乐章

2020年7月23日上午，一场特别的欢送仪式在山东大学齐鲁医院（青岛）举行，"心耳康复·光明行动"救助的两名菏泽患儿依依和乐乐人工耳蜗植入术后恢复良好，可以出院回家了。"感谢党和政府，谢谢青岛扶贫协作办，是你们让我的孩子回到有声世界。"受到救助的孩子家长激动地说。

这感人的一幕，正是源自窦宗君等发起的"心耳康复·光明行动"。该行动募集社会资金 2600 万元，为山东青岛、菏泽以及贵州安顺、甘肃陇南的先心病患儿、失聪儿童、老年白内障患者实施免费手术救治。截至 2021 年底，已使 1198 名贫困患者重见光明，重获"心生"，进入美好的"有声"人间，拔除了困扰他们多年的病根。这些事迹在"三省四市"传为佳话，产生了强烈的社会反响。

新冠肺炎疫情暴发后，窦宗君首先想到的是，协作地疫情防控的困难更大，他第一时间向青岛市委汇报，连夜驰援协作地紧缺医疗物资，这在东部扶贫协作城市中是第一个。

2020 年 8 月，陇南遭受暴洪灾害后，他第一时间动员社会力量捐款捐物 2300 多万元，充分展现了山海相连的亲情。

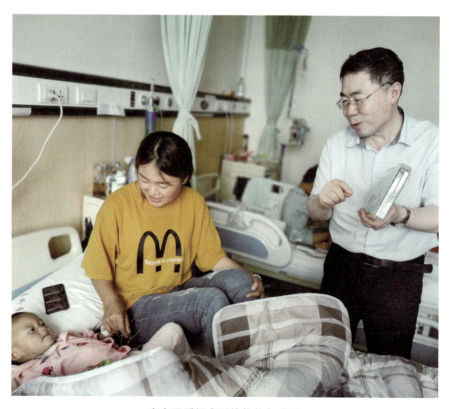

窦宗君看望术后的依依与乐乐

窦宗君明白，在疫情期间，让协作城市的贫困劳动力就业稳得住、贫困群众的扶贫产品卖得出，至关重要。为此，他开展了就业扶贫系列行动，组织海信集团等大企业送岗到村，采取稳岗补贴激励、爱心岗位托底等办法，"点对点、一站式"输转劳务；组织山东省第一架跨省复工就业包机，帮助务工人员从"家门口"直接到青岛"厂门口"；还邀请青岛籍体育明星陈梦等为协作地消费扶贫公益代言；组织了青岛和对口协作城市的消费扶贫展，使消费扶贫额两年翻了三番。

说到底，脱贫的关键在于人的内生发展动力。在窦宗君的积极协调下，青岛市在扶贫协作城市中率先组织退役军人到协作地志愿扶贫，在镇宁县民族中学设立"胶州班"，在当地引起强烈反响，创新支医支教"组团式"人才帮扶的经验在全国推广。

民众脱贫之后还要致富，而产业发展正是其中的根本之策。窦宗君在陇南打造的"麻辣兔"产业扶贫模式、在安顺打造的"榕昕模式"，成为全国经典案例，被全国产业扶贫工作推进会现场观摩推广。

青岛消费扶贫经验获评"全国消费扶贫优秀典型案例"，青岛"支教岛"志愿扶贫案例入选2020年全国"志愿扶贫优秀案例50佳"，银河期货有限公司青岛营业部创新"保险＋期货"推动精准扶贫案例入选2020年"企业精准扶贫专项案例50佳"，超前谋划后脱贫时代东西长期协作，率先与协作地签订战略合作协议……

在窦宗君的心里，脱贫、致富、奔小康从来都是"一盘棋"，东西连贯、南北合作，展现得是一曲山海和鸣的时代乐章，绘制得是一幅共赢发展的壮美画卷，走过得是一段攻坚拔寨的非凡历程，而这些皆源自一名共产党员的赤子之心。

功成不必在我，功成必定有我

——记烟台龙口市芦头镇农村经济管理服务中心主任王风华

王风华简介

王风华，烟台龙口市芦头镇农村经济管理服务中心主任兼扶贫办主任，中共党员。2014年以来，她一直坚守在脱贫攻坚一线，爱岗敬业、无私奉献。她创建了扶贫大数据库并普及推广，运用大数据助推政策精准落实，每年至少遍访3轮全镇贫困户，推进扶贫政策精准到户到人，倾心倾力服务贫困群众。她经历两次手术，术后却放弃休养、第一时间进村入户助贫解困，呕心沥血践行扶贫大爱。王风华为全镇贫困人口稳定脱贫、共同致富作出突出贡献，成为扶贫工作的一面旗帜。2021年2月，被授予"全国脱贫攻坚先进个人"荣誉称号。

王风华是烟台龙口市芦头镇农村经济管理服务中心主任。2014年，一直从事经管工作的她有了一个新的身份——扶贫干部。在7年的扶贫路上，她立足实践、勇于创新，在龙口市扶贫工作中结合实际创建了扶贫大数据库并普及推广，运用大数据助推政策精准落实。每年，她至少遍访3轮全镇贫困户，一家一户地进去问一问、听一听、瞧一瞧，确保扶贫政策能够精准落实到每一户每一人。这些年，熟悉王风华的人，都被她泼辣刚强、敢当善作的气质所感染，送给她一个雅号——"拼命三娘"。

每个行家里手，都是由门外汉变的

"扶贫工作刚开始，我思路并不清晰，方法不对路子，只是被动地通过村里了解贫困户的信息和诉求。加上对行业政策了解不透彻，

王风华"搭车"去走访

走了很多弯路，往往付出了很多努力，但结果总是不尽人意。"回忆起刚上手扶贫工作时的情景，王风华感慨万千。

事非经历不知难，她分析自身优势和短板，最终决定把之前从事农村经济管理工作的经验复制过来。曾经，她在农经管理领域有过诸多创新，许多规范村级财务管理方面的经验做法在全市推广。扶贫工作也是一样，她照样动脑筋、想思路，创新建立了贫困户政策落实大数据库，极大地提高了贫困户数据采集的准确性，为政策精准滴灌到位打下了坚实的基础，在取得良好实效后得以在全市推广。

而这次创新的动机，源于一次上门走访。在走访中心泊村贫困户时东芹时，由于时东芹是听力一级的残疾人，存在严重的听力障碍，王风华连说带比画地问，嗓子都喊哑了，而对方只是一脸发蒙、迷茫地看着，根本无法获得有效信息，很难采集到准确数据。

王风华"拼命三娘"的那股子倔劲儿上来了。回到单位，天色已晚，她也没有心思回家，而是坐在办公桌前琢磨，怎样得到这户的信息、怎样保证信息精准不出错……一连串的疑问从脑海里窜出。问帮扶责任人，他们也答不上来；有些采集的信息，贫困户不认可，又没有有力的证据证明数据的真实性。盯着桌子上的收入明细表，王风华陷入沉思，看着表上列出的一项项收入，她突然灵感闪现，"要想知道他收入多少，可以去问发钱的部门，从根上找啊！"

说干就干。对照着明细表，王风华列出了其中涉及的10多个部门，从各部门要来该年度该户发放的款项表，再进行汇总，这样该户的收入和情况就一目了然了。当王风华将汇总好的表递到时东芹面前时，两人之间的"信息壁垒"终于被打破了，时东芹满意地签了名。

举一隅当以三隅反，在事后总结的时候，王风华就想，既然这一户可以这么做，那全镇的其他户是不是也可以。慢慢地，一个大数据库的轮廓在她脑海中渐渐清晰起来。从各部门获取贫困户当年的收入数据以及享受到的各项政策待遇，逐一分项，在 Excel 表格中利用函数公式汇总整理，一个涵盖全镇可随意查询贫困户各项信息的数据库就这样建成了。

精诚所至，金石为开。王风华的模式得到了广泛认可，数据库在全市推广了起来，看着自己的思路被人认可并且提高了全市扶贫工作的水准，她心里格外开心。

走村入户，晒出精准扶贫的"健康黑"

一脸"健康黑"是王风华的标志性特点之一。而这"健康黑"恰是王风华的骄傲，是她扶贫路上的勋章。王风华深知，数据库再好也只是辅助工具，扶贫工作可不是简单地坐在办公室里报表，而需要扎实地实地入户走访。俯下身子、走村入户，便成了王风华未来几年的

王风华入户采集贫困户信息

工作日常，有村民打趣说："贫困户的门槛都被你踩平了，院子都让你踩的不长草了。"

王风华记得，韩家店村的一名贫困户王培德由于肢体一级伤残长期瘫痪在床，由妻子杜凤玲照顾。在一次入户走访中，她和杜凤玲谈到王培德应该享受护理补贴，杜凤玲却毫不迟疑地说"没有收到这项补贴"。王风华纳闷，便马上打电话向镇民政办询问，民政办的工作人员回复说"月月发放"。这就奇怪了，钱去哪儿了？王风华随即跟民政办工作人员要来打钱的卡号并告知杜凤玲，杜凤玲拍着大腿说："那个存折好久不用了，正打算丢掉。"第二天，经过翻箱倒柜的寻找，杜凤玲兴高采烈地打电话给王风华："存折找到了！卡里有5000多元，太感谢你了，要不是你告诉我，我们这样贫困的家庭要蒙受多大的损失啊。"在电话另一头的王风华，听到那一句句感谢的话语，心里暖洋洋的。

房子重修了，顶棚定上了，炕盘好了，门窗全都换上了铝合金的，一改往日破烂不堪的光景。这是韩栾村贫困户王少安的家。当初，王少安父母都患肝癌，他打点零工维持家用，镇上给他家办理了低保。后来其父母去世，低保撤销，王少安开始外出打工。由于王少安多年未回，很长时间没有音信，随着每年的贫困人口动态调整，将他进行了退出处理。直至2020年1月，长期失联的他因意外导致残疾丧失了劳动能力，工友们把他从外地送回了村。当知道这个消息的时候，王风华马上动身进村核实，并建议村党支部书记向镇民政部门申请，请求重新给他低保待遇，帮助他办理肢体残疾证。随后，经过层层反应，王少安被重新纳入国扶办系统当中，再次享受到了贫困户待遇。

经过多年的扎实走访，王风华对全镇上下每个贫困户的情况都信手拈来、如数家珍。在日常走访帮扶中，练就了"看、问、听"三样本领，看生活状况、问政策落实、听愿望诉求，一户一档建立贫困户台账，用真心真情帮助贫困群众办理低保、送医送学、安排公益专岗等，保证贫困群众政策应享尽享、精准到户到人。

无私忘我，舍小家顾大家

在王风华办公室的茶几上，经常放着一个盛甜点的塑料盒，那是她晚上加班时充饥的"口粮"。这些年来，王风华一门心思奔波在一线，加班加点成为常态。她的同事们都说"王风华拼起来不要命"。

2016年，在长期高强度的工作下，王风华的身体出现严重不适，疼痛难忍，但她依然冲在一线，披星赶月。最后，在领导和同事们的催促下，她才勉强去医院做了检查，检查结果是身体里长了巧克力囊肿，只得做切除手术。更让她没想到的是，2020年初，肿瘤再次复发，并且比原来的个头还要大。

她将病情藏在了心里，打算找个合适时机再做手术。紧张繁忙的工作让她忘记了病痛，但也成为心头的一个"心病"。"早晚都得做，晚做不如早做，扶贫工作还等着你啊，不能再拖了。"丈夫三番五次地劝她。

2020年5月22日，王风华在烟台毓璜顶医院再次做了手术，医生嘱咐她术后一定要好好休息，不能再劳累。但是，为了不耽误工作，术后三天她就在病床上给村里的党支部书记打电话、发微信，联系安排扶贫排查工作……"拼命三娘"的劲头儿又上来了！有病友说："这哪儿是刚做完手术的人，真是不要命了。"

手术后不到一周，王风华就决定回去上班，却遭到全家人反对。上大学因疫情没开学的女儿哭着对妈妈说："扶贫工作离了你，没人干了吗?"为了不让她上班,女儿和丈夫将王风华的随身包和钥匙藏了起来。可王风华决心已定,于是发微信让同事开车到家里接,趁家人外出时,偷偷地溜出了家,强忍病痛进村入户,完成后续工作。也正是因为这样,王风华被大家认作"贴心人",更有贫困户送来锦旗表达感激之情。

王风华曾坦承,在她心里,最大的愧疚是没有照顾好家人。女儿上高中三年,她起早贪黑,一心扑在扶贫工作上,根本没有精力照顾女儿的生活起居。女儿学习也因此受到影响,高考发挥失常,未能考入心仪的院校。对家里的老人,她很少能抽出时间去看望,有时甚至一两个月见不上一面。但是,看到全镇的贫困户都脱贫过上了好日子,她心里知道这一切都是值得的。

如今,已经全面建成小康社会,王风华感慨:"当贫困户眼含热泪拉着我的手说谢谢的时候,当我看到贫困户的生活一天天变好的时候,这大概就是我人生中最幸福的时候了。我作为一名生在农村、长在农村的普通乡镇干部,民本是我的理念,实干是我的情怀,创新是我的追求。在今后工作中我将决不止步、决不自满。责任使命在肩头,脱贫致富在路上,功成虽不必在我,但功成却必定有我。"

一顿饭温暖一座城

——记日照市扶贫志愿者协会会长、党支部书记滕兆敏

滕兆敏简介

　　滕兆敏，1978年10月出生，中共党员，日照市扶贫志愿者协会会长、党支部书记。多年来，滕兆敏积极整合志愿力量，参与志愿扶贫，开办了15处"摆渡"爱心食堂，为723名贫困老人每天提供免费午餐。建成3处农村志愿服务站、3处巾帼扶贫实践基地、2处高校志愿服务实践基地，实现贫困妇女家门口就业。开展扶贫志愿服务活动420余次，免费发放爱心衣服1.2万余件，提供免费午餐16万余份，因项目受益人群超2500人。2018年，"摆渡"爱心食堂荣获中国青年志愿服务项目大赛金奖。滕兆敏获得"全国脱贫攻坚先进个人""全国学雷锋志愿服务'四个100'最美志愿者""山东省道德模范""齐鲁最美退役军人"等40余项荣誉称号。

滕兆敏身上的标签有很多，他是退伍军人，是日照市扶贫志愿者协会会长，是为了让数百位贫困老人吃好饭而开办爱心食堂的公益人，但最让他自豪的身份是一名共产党员。22年来，滕兆敏在公益事业中久久为功，为贫困群体筹集物资累计460余万元，救助各类贫困对象6000余名。他竭尽全力，只为一个心中的理想，以及一份对贫困群众的承诺。

无法兑现的承诺：你好好活着，我让你每天都吃饱饭

贫困，对滕兆敏来说，是刻骨铭心、沁入骨髓的记忆。

1978年，滕兆敏出生在日照市五莲县的一个小山村。贫苦和饥饿如影随形，充斥着他的整个童年。

"兄妹6个，家里穷得揭不开锅。"在滕兆敏的记忆中，似乎所有的痛苦都与食物有关。家里穷，邻居也时有帮衬。东邻送棵白菜，西邻送个萝卜，有时还会给一两件旧衣服，借给点儿粮食。吃着百家饭、穿着百家衣，滕兆敏和几个姊妹就是这样在无尽的饥饿和母亲无奈的叹息中磕磕绊绊地长大的。

滕兆敏也把母亲反复的叮咛烙在了心底：要记住别人的好，长大后千万要报恩！

开办"摆渡"爱心食堂，源于滕兆敏一个无法兑现的承诺。2016年，滕兆敏成立了山东省首家专注于精准扶贫的专业志愿团体——日照市扶贫志愿者协会。协会紧紧围绕日照市建档立卡的各类贫困人口，开展有针对性的志愿扶贫活动。

一天，滕兆敏带领志愿者到五莲县洪凝街道孙家岭村开展帮扶活动，在一个巷道里遇到了一位跪地爬行的老人。老人姓孙，滕兆敏在

他家看到，摆放在地上的米面油落满厚厚的灰尘。米面还未开封，却让老鼠啃了一圈洞，一口锅也已经烧透见底，眼前的一切让滕兆敏呆了许久……

老人说："我的身子没毛病，就是饿，浑身没有一点劲儿。"老人身体并无大碍，只是有腿疾，自己没有能力做饭。听罢老人的话，滕兆敏当即向他许诺："你好好活着，我要开一个养老院，到时候保证让你每天都能吃饱饭。"

回来后，滕兆敏就里里外外忙着筹办养老院的事。筹办期间，滕兆敏第二次来到孙大爷家看望他时，得到的却是他已离世的消息。老人的离逝，让滕兆敏心里很难过，他欠下孙大爷的是一个无法兑现的承诺。

这件事让他意识到，有些事不能等，更不敢等！他必须与老人的生命赛跑。但扶贫路上社会组织该做些什么？精准扶贫该怎么精？如何准？怎样扶？他暂时还不清楚。

经走访，滕兆敏了解到在偏远农村仍有部分人群面临困境，他们虽有低保，也有物资，却因高龄孤寡、残障、失能、半失能等原因，存在"吃饭难"的问题。于是，滕兆敏决定从最紧急的吃饭问题入手，在贫困孤寡、失能半失能老人相对集中的偏远农村开办爱心食堂。这个食堂的名字就叫"摆渡"，意思是渡人渡己，旨在将贫困老人"摆渡"到幸福的彼岸。

想法有了，却面临没房、没钱、没人这些现实困难。滕兆敏没有退缩——没房，他就到村里四处打听有无闲置民房可供租赁；没钱，他就带领协会骨干先凑份子，再四处化缘！为了让食堂顺利开办，滕兆敏到处跑单位、拉赞助，最终筹得30余万元资金。

2016年下半年，在孙大爷离世后的第45天，日照市第一家"摆渡"爱心食堂在莒县龙山镇北上涧村开业了。第一天开餐时的情景让滕兆敏终生难忘，那些平时饥一顿饱一顿的老人饭量大得惊人，一位名叫董向洲的老人一顿吃下了3碗菜、8个馒头，他说："这是我这些年吃得最饱的一顿饭。"

一个崭新的模式：能帮尽帮，凝聚爱心力量

经过多年探索和发展，"摆渡"爱心食堂从1家开到了10家，又从10家开到了15家，已经形成了高标准、规范化、模式化的扶贫服务体系，成为山东脱贫攻坚工作中一张闪亮的名片。

首先是服务设施高标准。每一处爱心食堂都设置了厨房、餐厅、超市、活动室、休息室等场所，统一配备炊具、餐具等设施。食堂每月公开账目，所需食材由志愿者统一采购配送，保障每日用餐的营养

滕兆敏与老人们唠家常

与安全。

其次是坚持"不让一位贫困老人掉队"原则。食堂帮扶对象均由当地村委会推荐，滕兆敏带人挨家挨户走访核实，经村级公示后最终确定帮扶对象。同时，还在村内聘请中年贫困妇女到食堂工作，为老人提供免费午餐和日间照料服务。

最后是全免费。开办食堂对滕兆敏来说完全是出于公益心，老人们不需花一分钱就可以在食堂吃到热乎饭。

为了确保食堂持续健康运行，滕兆敏和志愿者们群策群力，为老人们的"每一顿热乎饭"奔波着，没有一个人敢放松，也没有一个人肯放松。

付出终得收获，爱心食堂设立后，不但让贫困老人得到基本照料，也形成了一个个互帮互助的群体。东港区陈疃镇上蔡庄村的张茂分老人，有一次连续两天没来食堂，做饭的阿姨感觉不对劲儿，担心

志愿者协力准备爱心午餐

出现什么意外，到老人家里一看，发现老人已经高烧虚脱，话都说不清了。阿姨赶紧联系医生急救，将老人从死亡线上拉了回来。从此，张茂分逢人便说："是食堂救了俺一命。"还有一次，滕兆敏和志愿者去食堂给老人包粽子。煮熟的粽子、鸡蛋还没来得及端上桌，正在餐桌前等待的张传顺老人突然浑身抽搐，神情痛苦，有医护经验的志愿者紧急救治，其他志愿者则拨打120急救电话。后经医院诊断老人是突发性脑出血，在医院里，老人握着滕兆敏的手泣不成声："如果没有食堂，这会儿我恐怕早就没有了。"

爱心食堂不但大大改善了被帮扶对象的生活质量，也改变了他们的精气神。以前不修边幅的贫困老人，从到食堂吃饭开始，便慢慢注重起个人卫生，对党和社会也充满了感激。东港区陈疃镇堰村51岁的彭军贤患侏儒症，之前受人歧视，看到经常有志愿者去食堂服务，他也到食堂帮忙。一天，他找到食堂志愿者，郑重地感谢社会的帮助，希望自己能在生命走到尽头时，将遗体捐献给国家。

孤寡老人得到了照料，村庄风气也越来越好。很多村民将自家种的菜、打的粮送往食堂，每逢端午节、重阳节，村里的大嫂们还会自发挎上整篮子的鸡蛋、大米，到食堂一起给老人们包粽子、包饺子，大家其乐融融。

与此同时，食堂聘请的服务人员大都是本村的贫困人员，他们每人每月能拿到500—1000元不等的劳动收入。实现了"脱贫＋解困"一举解两难。

为了让食堂长久开下去，滕兆敏和志愿者们不断优化食堂发展模式，现已形成了以政府支持、企业合作、网络众筹为主的多方融合与"摆渡超市、摆渡光伏、摆渡菜园"三位一体的保障体系，解决了食堂"自我造血"与"持续运行"的问题。

协会的每位志愿者都在付出，刘永保四年免费为食堂送肉600多斤，事业单位的科员张纪杰带动同事做公益，平凡妈妈庞召华隔三岔五送菜，等等。就是这样一群热心人，让爱心食堂成为一个摆渡爱心、盛放爱心、收获爱心的港湾。

一个闪光的梦想：扶贫路上我会一直走下去

一路走来，滕兆敏遇到过质疑，为什么要搞公益？事实胜于雄辩，从关爱贫困孤寡老人的"情暖夕阳红"项目到关爱农民工子女、留守儿童的"情系红领巾"项目，从帮扶救助各类重大疾患的"微光爱心基金"项目到解决贫困失能半失能老人的"摆渡"爱心食堂项目，滕兆敏打造了一个个志愿品牌，用自己的执着坚持与实际行动作出了有力的回答。

"兆敏啊，你要继续做下去！"2019年10月17日，在山东省深入学习贯彻习近平总书记关于扶贫工作重要论述和对山东工作的重要指示要求座谈会上，时任山东省委副书记杨东奇的这句话，让滕兆敏在公益路上继续走下去的信心决心更加坚定了。以后的路应该怎么走？滕兆敏又有了新规划。

哪里有老人需要这口热乎饭，滕兆敏就把爱心食堂开到哪里。15家爱心食堂供养723位老人，滕兆敏成了他们口中的"当家的"，成了他们的牵挂。有听力障碍和智力障碍的老人唐秀美，有一天看到滕兆敏到食堂送菜，蹒跚回家抱来一个大塑料袋，手舞足蹈比画了半天。滕兆敏打开一看，是已经坏了一半多的山楂。原来老人家里有棵山楂树，每到深秋她就将枝头上熟得最好的那个摘下攒起来给滕兆敏留着，久而久之攒了很多，却已坏掉了多半。面对老人们的疼爱和期盼，滕兆敏更加觉得不能停下来。

脱贫攻坚，各方参与是合力。滕兆敏表示，有幸能够参与这场人类历史上空前绝后的反贫困斗争，既是荣耀，也是责任。在新时代，他许下了一个新的承诺——"我将带领志愿者当好爱心'摆渡人'，初心不改，搭建更多志愿服务平台，在志愿扶贫这条路上坚定不移地走下去！"

只愿"天下无孤"

——记临沂市关工委孤贫儿童心理辅导志愿者服务团团长徐军

徐军简介

　　徐军，1966年12月出生，现任临沂市人大常委会委员、临沂市君发供应链服务有限公司董事长，同时也是临沂市关工委孤贫儿童心理辅导志愿者服务团团长、临沂市慈善总会执行会长。他不仅是一名成功的企业家，更是一名切实履行社会责任的公益人。在引领企业发展壮大、转型升级的同时，积极参与慈善事业。2018年，徐军筹划成立了孤贫儿童心理辅导志愿者服务团，带领8000多名志愿者精准帮扶了4000多名孤贫儿童，创新形成"扶困、扶心、扶智、扶技"帮扶模式，并在全国30多个地市复制推广。徐军被授予"全国劳动模范""最美奋斗者""山东省脱贫攻坚先进个人"等荣誉称号，临沂市关工委孤贫儿童心理辅导志愿者服务团获得"齐鲁时代楷模""全国脱贫攻坚先进集体"荣誉称号。

蒙山巍巍，沂水滔滔。临沂历史文化悠久灿烂，古有诸葛亮"鞠躬尽瘁，死而后已"，近有红嫂"红心向党，乳汁救伤员"，而在今天，徐军正带领着临沂市关工委孤贫儿童心理辅导志愿者服务团8000多名志愿者，弘扬践行沂蒙精神，怀着深情大爱"一对一"帮扶孤贫儿童，做好孤贫儿童的引路人。正是徐军的努力，让这群过早感受悲欢离合、尝尽世间冷暖的孩子们，重新拥有了温暖的家。

这辈子就做这一件事

徐军出生在沂蒙山区一个贫困的村庄，听着"最后一块布做军装，最后一粒米做军粮，最后一个儿子送战场"的故事长大。在这种文化熏陶下，他厚道善良、勇敢坚韧。徐军20岁就在临沂做生意，从摆地摊到成立供应链服务有限公司，生意越做越大，他帮助的人也越来越多。

2003年，徐军与公益事业结缘。那年冬天，刺骨的寒风肆虐着，在沂南县一间简陋的房屋里，徐军见到一名8岁的小男孩正趴在破凳子上，用满是冻疮的小手认真地写着作业，不时哈口气暖暖手，又继续写。这一幕，让徐军这个坚强的沂蒙汉子落泪了，他没想到，竟然有如此恶劣的生活条件，难得的是孩子身上有一股不屈的学习精神，他既心疼又心酸，便暗下决心，要尽己所能帮扶这些孩子。此后，徐军多了一个志愿者的身份，走上了公益的道路。

赚钱是为了什么？这个问题的答案，对于徐军来说清晰无比。从2003年开始，他每年从企业利润中拿出40%参与公益，坚持到现在已近20年，投入资金已超亿元。救助大病患者、贫困学生、孤寡老人，哪里有困难，哪里就有徐军的影子。多年来，他用600多万元帮助

1300 名大学生圆了大学梦，他用 2000 多万元帮助 12000 万名贫困生完成学业，他用 1000 多万元为残疾人购买了 17000 辆轮椅，他用 1350 万元救助了 450 名困难大病患者。另外，徐军还斥资千万为临沂市孤寡老人改善生活环境，而帮扶孤困儿童的事业花掉了 2000 多万元……他的捐资，先后帮助 56 个贫困村脱贫致富，让 16 万余人民群众受益。

一串串数字的背后，映出徐军在公益道路上的那股子"倔劲儿"，写就了他大爱无言的光辉篇章。

守护孤贫儿童的精神世界

在这个世界上，做公益的人有很多。积累起十多年的公益经验后，徐军找到了属于自己的"精准公益"——关注孤贫儿童，尤其要守护他们的精神世界。

2016 年，徐军在进村入户送钱送物的过程中，兰陵县磨山镇的一个男孩深深触动了他的心。因为失去父母，男孩一直跟着爷爷奶奶生活，虽然吃穿不愁，但两位老人外出劳作时，只能将他锁在家里。长期的孤单生活，让 11 岁的男孩很难与人正常交流。徐军和孩子交流了半个多小时，孩子一句话也不说。临走的时候，老师让男孩说一声谢谢，他也只是不语，一直躲在老师身后。这使徐军意识到：单纯的捐钱捐物，很难解决孩子面临的心理问题。

接下来，徐军用了大量时间来深入调研，他发现，许多孤贫儿童由于长期缺乏父母关爱，在学习和生活中遇到问题时，往往无人帮助解决，缺乏战胜困难的勇气和能力，容易出现心理问题。而爷爷奶奶等监护人或难以察觉，或察觉后无力解决，进而导致孤贫儿童在成长过程中走了弯路。这些孤贫儿童，他们或受人歧视，或自暴自弃，甚至有的走

徐军与孤贫儿童互动交流

上犯罪道路。给孤贫儿童以心灵关爱，成了徐军公益事业的新目标。

经过近一年筹划，2018年4月19日，临沂市关工委孤贫儿童心理辅导志愿者服务团正式成立，徐军任团长，参与志愿者有8000多人。为了让孤贫儿童成人成才，徐军创新提出"扶困、扶心、扶智、扶技"模式，对孤贫儿童"一对一"帮扶，持续帮扶20年，把物质解困、感情补位、思想培育、完成学业、成人成才等几大帮扶内容结合起来，打造出一支万众一心、共播大爱的坚强服务团队。从此，更多的孩子被一双双大手拉出命运的尘埃。

徐军说，他最大的快乐和幸福就是看到这些孩子经过志愿者们的关爱帮扶，变得一天比一天可爱，一天比一天快乐。为了让孩子们心灵得到成长，徐军先后组织开展以心理辅导为主的冬令营、夏令营、参观、培训等活动3000多次，5000多名孤贫儿童全部参加，有的多次参加。徐军还针对心理问题较为严重的2000多名孤贫儿童，举办

徐军走访蒙阴县岱崮分团孤贫儿童

了 8 场长期特训营。同时，为开拓孩子视野，徐军还带领服务团组织了"1200 名孤困儿童走进航空航天科普展""陪 3000 名孩子过大年和给孩子一个干净整洁的家""5000 名志愿者陪 5000 名孤困儿童心灵成长共过春节"等丰富多彩的科普、亲子等活动。2020 年疫情期间，徐军为孤贫儿童发放了千余台学习机和数十万只口罩，保障了孩子们的居家学习和疫情防控需要。

帮扶路上一个孩子都不能少

与普通孤贫儿童相比，孤贫女童、精神病家庭的儿童以及已经养成不良习惯的问题儿童，无疑更需耗费心力。为了啃掉"硬骨头"，徐军走村入户，与孩子们面对面交流，还请来专业的心理老师给孩子们做心理辅导。几年来，在徐军的努力下，数千名存在自卑自闭情况的儿童，数百名叛逆难管的儿童，都走上了健康成长的道路。

为了切实保护女童，徐军特意协调寄宿制学校，出资将她们妥善安置到学校就学，同时选择有爱心的女性志愿者采取"一对一"的帮扶方式，一直帮扶到孩子成家立业；为了给精神病家庭儿童一个健康成长的环境，徐军一天走访几个县区十几个村庄，亲自深入孩子家中解决最迫切最棘手的问题，不仅把孩子作为帮扶重点，接到寄宿制学校上学，还将患有精神病的监护人送到医院免费治疗。在帮扶的路上，他倾心、倾情、倾力。

几年来，徐军全力以赴扑在孤贫儿童帮扶工作上，他日思夜梦，想的干的都是孤贫儿童帮扶这件大事。他身边的工作人员都知道，在徐团长的时间表上，从来没有节假日，从来没有午休、周末双休之说。

帮扶一个孩子，更是帮扶一个家庭。三四年来，在帮扶过程中梳理出的重点问题正在逐步得到解决。在徐军的带动下，全市关心孤贫儿童志愿者先后捐助 2 亿多元，帮助协调有关部门为 700 多个孩子解决了户籍、学籍、上学等问题，为 4000 多个孩子购买了人身意外保险，为 100 多名孤贫儿童及其家庭分别免费实施了大病救助和眼疾治疗手术，帮助 800 多个孤贫儿童家庭翻修房屋、新建住房，添置必需的家具和生活用品，让孩子们有了干净整洁的家。

公益"花香"溢出沂蒙山

为让沂蒙精神和志愿精神得到大力弘扬，传播致远，2021 年初，徐军出资建设了"天下无孤——沂蒙精神的弘扬践行者"展馆。展馆设计新颖，内容丰富多彩，全面展现了广大志愿者传承沂蒙精神、献身孤贫儿童帮扶事业的无私大爱。

许多人说，徐军已经痴迷于孤贫儿童心理辅导志愿者服务团的工作。他自己也说："我已经上瘾，做这件事已经成了我生活的全部，如果让我停下来，我会寝食不安。"服务团成立以后，徐军就把自己经营的企业完全交给了儿子，自己则全身心扑在了孤贫儿童身上。他在全国关工委成立30周年大会上介绍了经验后，全国许多城市的关工委到临沂学习，每次他都不厌其烦地详细介绍"扶困、扶心、扶智、扶技"的做法。他不仅应邀到省内的济南、青岛和湖北襄阳等十几个城市介绍经验，还发起组织了两次全国"天下无孤"研讨会，吸引了全国30多个城市的700多名爱心人士参加。目前，全国已有30多个城市借鉴临沂帮扶模式成立了志愿服务团，另有20多个城市正在筹划组建。

徐军最常说的，也是让志愿者们最感同身受的一句话是："我与大家一起做孤贫儿童心理辅导志愿服务这件事，比赚多少钱都好。我这一辈子就做这一件事了！"

在谈及未来的愿望时，徐军表示，他的理想是做一名弘扬沂蒙精神的践行者和孤贫儿童成长过程中的"引路人"，他早已把"天下无孤"设定为自己终生奋斗的崇高目标。自己就像一只翱翔在沂蒙上空的鹰，把一腔大爱深情洒向大地，洒向那些曾遭风雨击打的幼小禾苗和朵朵花儿！

用脚步丈量出一条幸福路

——记菏泽市定陶区扶贫办主任吴彬

吴彬简介

吴彬，1972年5月出生，山东定陶人，中共党员，菏泽市定陶区扶贫办主任。多年来，他坚守扶贫一线，走遍全区341个村居，研究起草72个区级文件，推行"一户一案、一村一品、一人一岗"脱贫路径，创新"扶贫大棚"资产收益模式向全省推广。建成产业扶贫基地36处、扶贫项目194个、扶贫车间176个，建设省级创业致富带头人实训基地，将1.4万户贫困户嵌入产业就业链条。五年累计减贫97684人，现行标准下农村贫困人口全部脱贫，71个省定扶贫工作重点村全部退出，村均集体收入超过10万元。吴彬获得"全省脱贫攻坚先进个人""全国脱贫攻坚先进个人"荣誉称号。

2016年2月，春寒料峭。吴彬驱车行走在定陶乡村的角角落落，眼前的一切让他感慨万千。

定陶，民政部首批命名的千年古县，历史悠久，文化灿烂。

改革开放以来，古老的定陶敞开胸襟，与时俱进，经历着一次次新生的阵痛，也迎来了一个个崭新的黎明。

但是，由于种种原因，贫穷仍然像阳光下的阴影一样随处可见。

在偏远的乡村，还有着破败的房屋、泥泞的街道、寂寥的院落、清贫的老人，这些都咬噬着吴彬的心，让这位生在农村、长在农村、心里始终牵挂着农村的鲁西南汉子眼圈湿润了。

2016年2月，怀着对贫困群众的一片赤诚，凭着强烈的事业心和责任感，44岁的吴彬走上了定陶区扶贫开发领导小组办公室主任的新岗位。可是，定陶64万人，仅建档立卡贫困户就有22365户，是全省20个脱贫任务较重的县区之一，怎样才能完成党和人民交给自己的光荣而艰巨的使命，吴彬陷入了深深的思考……

26本日记中的"我将无我"

在吴彬的办公室，放着26本16开的扶贫工作日记，这是他5年扶贫工作的忠实记录。每个村的贫困状况、产业发展情况、贫困群众的家庭现状、联系电话以及扶贫开发规划、自己的工作感悟等，都在这26本日记中进行了翔实记录。5年来，他遍访定陶341个村居，掌握了贫困群众的第一手资料，为科学谋划脱贫攻坚奠定了坚实基础。

谋定而后动。他牵头起草了《菏泽市定陶区"十三五"脱贫攻坚规划》《关于打赢脱贫攻坚战三年行动的实施方案》等72个区级层面的指导性文件，提出"四个全覆盖""七个确保""十个到位"的工作机制，形成了横向到边、纵向到底、上下贯通的脱贫攻坚制度体系和责任体系。

圆不失规，方不失矩。他督促成立了行业部门和镇村扶贫干部队伍，协调成立了安全住房、健康扶贫、教育扶贫等 8 个工作专班，建议区委向 11 个镇街派驻了由区委常委、人大常委会主任、政协主席任大队长的脱贫攻坚工作大队，协调组织部门选派驻村扶贫工作队338 个、帮扶责任人 4976 人，构建了区有领导小组、镇有工作大队、村有工作队、户有帮扶人的扶贫组织格局。

他严格落实上级动态调整有关要求，结合定陶实际和镇村意见，牵头制定了精准识别"1+11"标准和精准退出"1+15"标准，创立了"一看、二问、三算、四审"入户调查工作法和"一查三审核"精准录入工作法，制定了动态管理入户工作指南，亲自培训、亲自督导，让基层扶贫干部在动态调整工作中"行有遵循，干有标准"。

他积极落实省扶贫办相关要求，制定了《脱贫攻坚"找差距、抓落实"到户帮扶手册》，有针对性地查问题、抓整改。2020 年，他又设计了《脱贫工作纪实档案》，逐户将落实的行业政策、享受的政策性收入的证明性材料纳入纪实档案，让贫困群众直观感受到政策红利。

在他的协调下，全区持续推进"大调研、大走访""遍访贫困对象"活动，区级领导干部带头、所有帮扶责任人参与，逐村逐户逐项目找病根、开药方，扶贫工作群众满意度长期位居全市前列。

解人之难，济人之困，救人之患

吴彬曾经担任定陶区马集镇党委书记，丰富的基层工作经验使他熟悉乡镇情况，养成了"接地气"的工作习惯。担任扶贫办主任后，无数贫困群众家里更是留下了他不知疲倦的身影。

在充分调研的基础上，吴彬探索出了符合定陶实际的脱贫路径，推行"一户一案、一村一品、一人一岗"，形成了产业扶贫、就业扶贫、行业扶贫"三驾马车"齐头并进的生动局面。

王广民是马集镇白菜王庄村村民。2013 年，他的儿子因精神失常离异，继而孙子又染重病，东挪西借，砸锅卖铁，王广民把家底花了个精光，全家陷入水深火热之中。就是在这个时候，脱贫攻坚的春风吹进了白菜王庄村。

从 2016 年开始，定陶区整合扶贫资金 4.1792 亿元，建成产业扶贫项目 194 个，其中全区 12 个镇街建了 12 个扶贫大棚基地、1120 个扶贫大棚。马集镇的扶贫大棚基地，就建在白菜王庄村。王广民在吴彬的鼓励下，率先承包了两个大棚，几年时间就还清欠款，家境慢慢好转起来。健康扶贫政策也使王广民脱离了苦海，他的孙子在后期治疗中，病情逐渐稳定下来，已经可以正常上学了。所有的住院治疗费用，经过"一站式"服务报销了大部分，王广民不再为给儿孙看病为难了。当吴彬告诉王广民中央设立了 5 年"过渡期"，过渡期内保持帮扶政策总体稳定时，王广民激动地说："再给我 5 年，俺家就要盖楼了！"

5 年来，定陶区的产业扶贫政策累计实现收益 6444.28 万元，贫困户分红 4437.22 万元。依托产业扶贫项目，建设各类扶贫产业示范基地 32 个，将 1.4 万户贫困户嵌入产业就业链条，产业扶贫成为稳定脱贫的主渠道。

大李行政村的张德强为女儿做好早餐后，就换上保洁员的衣服，来到村头开始了一天的工作。现在的张德强不仅是村里的保洁员，还是村扶贫车间的工人，每月都有固定的收入。但在 9 年前，张德强还

吴彬在扶贫大棚里询问贫困户情况

是因车祸致残的贫困户。现在的生活，他做梦都不敢想。"说到底，我衷心感谢政府就业扶贫的好政策。"张德强激动地说。

就业扶贫是吴彬积极推行的脱贫攻坚的关键一招。在他的推动下，全区建成扶贫车间 176 个，引进服装、食品、工艺品、医疗器械等 20 个产业门类，带动像张德强这样的 2900 余名无法外出务工的弱劳动力实现了"就地就近就业"。同时，吴彬还积极对接相关部门，大力实施转移就业帮扶，转移农村贫困劳动力 4013 人；开发道路维护、保洁保绿、扶贫联络员等公益岗位 2000 余个；创建"全国就业扶贫基地"9 个、省级扶贫龙头企业 5 个，打造电商产业园区 3 个，培育淘宝镇 4 个、淘宝村 28 个，建设邮政快递物流站点 204 个，其中残疾人电商创业就业孵化基地被中国残疾人联合会和国家体育总局

吴彬在扶贫车间调研生产经营情况

命名为"国家级残疾人职业培训基地"，大量贫困人口通过电商产业实现线下就业。

脱贫不返贫，一个不能少

脱贫之后如何做到不返贫，是脱贫攻坚战的一个重要课题。为此，吴彬组织开展了"找差距、抓落实""决战脱贫攻坚巩固提升月"等8次集中活动，围绕"两不愁三保障"、行业政策落实、项目建设运营等，对存量问题发起总决战，坚决做到脱贫攻坚一个都不能少。

他组织制定了《定陶区财政专项扶贫项目暂行管理办法》，对项目建设进行全过程监管，形成了一整套监管机制，扶贫项目收益成为贫困群众获取长期收益、稳定脱贫的有效保障。

对脱贫享受政策户、边缘易致贫户，以及因病因灾因意外等刚性支出较大或收入大幅缩减导致基本生活出现严重困难户，吴彬组织制定了《定陶区健全防止返贫致贫动态监测和即时帮扶工作方案》，规范认定程序，分类进行动态管理，即时发现、即时帮扶，有效遏制了新增贫困人口。

吴彬还组织行业单位，分别制定了行业部门脱贫攻坚长效机制，切实发挥行业政策在巩固脱贫攻坚成果、提升脱贫攻坚质量中的作用，有力推动了脱贫攻坚与乡村振兴有效衔接。

在吴彬的不懈努力下，2020 年底，定陶区累计减少省标以下贫困人口 97684 人，建档立卡贫困人口全部脱贫，71 个省定扶贫工作重点村全部退出，脱贫攻坚取得了全面胜利。定陶扶贫开发工作成效考核连续 5 年位居全市前三位。2016 年以来，全国扶贫车间现场会、全省农业脱贫攻坚现场会、全省金融扶贫现场会先后在定陶召开。定陶区被表彰为"全省脱贫攻坚先进集体"，区扶贫办被表彰为"全省扶贫系统先进集体""省级文明单位""菏泽市担当作为先进集体"。

"我将无我，不负人民。"吴彬牢记习近平总书记的人民情怀。在已经全面建成小康社会的今天，吴彬更将以此话驱策自己，为实现第二个百年奋斗目标而一往无前。

愿化为残疾人的冬日暖阳

——记菏泽市单县残疾人联合会党组书记、理事长朱文莉

朱文莉简介

朱文莉，1970年5月出生，中共党员，现任菏泽市单县残疾人联合会党组书记、理事长。朱文莉始终将残疾人对美好生活的向往作为奋斗目标，时刻不忘让残疾人感受党和政府的温暖、传递民生温度。她创新建立的困难重度残疾人"四护一保"（即集中照护、日间照护、居家照护、社会化照护、医疗保障）照护服务工作机制被纳入山东省残疾人事业发展"十四五"规划推广项目。主持提报的课题《研究建立解决残疾人相对贫困问题长效机制》被山东省残疾人联合会、山东齐鲁残疾人事业发展研究院评为优秀课题。2021年2月，朱文莉被授予"全国脱贫攻坚先进个人"荣誉称号。

"将残疾人对美好生活的向往作为奋斗目标。"这是朱文莉最常说的一句话。自 2019 年来到菏泽市单县残疾人联合会之后，朱文莉便将视线聚焦到可谓"贫中之贫、困中之困"的残疾人中。让普通群众脱贫难，让残疾群众脱贫更难！要把残疾人的脱贫工作做好，这需要啃掉多少"硬骨头"，打掉多少"拦路虎"？个中滋味，只有朱文莉心里清楚。然而，不是一番寒彻骨，怎得梅花扑鼻香？朱文莉的苦干、实干，最终化为残疾人的冬日暖阳。千万名单县的残疾人感受到党和政府的温暖，同时获得了自强自立的信心。在朱文莉的带领下，单县残疾人联合会于 2020 年获得"山东省脱贫攻坚先进集体"荣誉称号。

照护难题，我来托底！

2019 年 3 月，在单县残联岗位上履新两个月后，朱文莉便遇到第一个工作难题——"以老养残"。那年初春，朱文莉在走访慰问单县谢集镇史楼村时看到，肢体一级残疾的刘茂斗，平时皆由 86 岁的母亲照护，而刘茂斗本人也已年过 50。老母亲本就体弱多病，所谓照护刘茂斗，也仅能做到提供一日三餐。至于生活环境、个人卫生方面，则无力照顾周全。朱文莉初见刘茂斗时，他蓬头垢面、衣衫不整。这一幕，让朱文莉深刻认识到"以老养残"现状的残酷与无奈，她心情沉重地对刘茂斗的母亲说："老人家，请您相信我们。一定会想办法解决像您儿子这样的照护难题！"

难题何破？此后，朱文莉了解到，类似于刘茂斗的情况并不少见，一户多残、以老养残、以残养残等问题普遍存在。朱文莉带着照护谁、谁照护、怎么照护、资金来源等问题深入走访。经考察调研、试点运行等，最终明确了解决方案。

难题可破！朱文莉的方案是按照残疾人的不同需求，采取集中照护、日间照护、居家照护、社会化照护四种照护方式，并提供医疗保障服务。2020 年 2 月，由政府主导、相关部门协同配合的"四护一保"困难重度残疾人照护服务工作机制正式建立。

在这个机制的具体运行中，最受残疾人欢迎的是每月三次的居家上门服务，即通过政府招标购买服务的方式组建了三支照护服务队，照护服务队一行五人，携带洗衣机、自动洗澡机、热水器、新床单被罩、换洗衣服等，到符合条件的困难重度残疾人家中开展工作。这种"因人施护"，切实解决了残疾人的"急难愁盼"问题。

为保证服务质量，朱文莉又进一步建章立制，完善了照护服务信息台账，建设了照护服务监管平台，并定期开展绩效评估，将"成绩单"晒在阳光下。目前，这种"四护一保"机制已在单县服务了18600 余人次，在残疾人心中，实现了"照护一个人、温暖一家人、感动一村人"的好口碑。此外，"四护一保"照护服务模式已被纳入山东省残疾人事业发展"十四五"规划推广项目。

凝聚合力，集中帮扶

朱文莉明白，帮扶残疾人，既需要有针对性地"定点突破"，也需要有覆盖性地"集中解决"。单县残疾人康复中心便是继"四护一保"照护服务模式之后，朱文莉找到的另一个"法宝"。

单县残疾人康复中心是在县财政十分困难的情况下开展的重大民生工程，如何不负重托、不负期盼，朱文莉必须步步为营。

为了建设单县残疾人康复中心，2019 年春节过后，朱文莉一次次到外地考察学习国内最先进的康复理念、康复设备、最前沿的设计团队。她牺牲了所有周末，盯在工地，一线指挥，一线调度，克服了疫情及大气污染停工等影响，加快了施工速度。这期间，朱文莉80多岁的老父亲两次住院手术，她只得空去看一眼，拜托哥嫂照护。父亲出院后，她情不自禁跪在父亲面前说："女儿不孝，不能在病床前照顾您，只因为有更多的残疾群众需要我啊。"终于，在2020年5月，占地13.7亩、建筑面积17000平方米的单县残疾人康复中心建成启用。康复中心的投入使用，不仅为单县当地的残疾人提供康复服务，还实现了服务延伸，满足了一部分周边地区的残疾人康复需求。

很多事业的成功，都需要1+1>2的效应支撑，残疾人事业一样如此。在工作中，朱文莉坚持广泛动员，汇聚起爱残助残的磅礴之力。在朱文莉的带领下，单县残联创新成立了"单州乐善"助残公益文化品牌，注册了以"善"为主题的文化品牌商标，并围绕品牌创建开展了一系列助残惠残活动。

朱文莉到康复中心看望残疾儿童

朱文莉还注册成立了单州乐善助残志愿者协会，12家分会和600名会员，让事业开展的底气更足了。在协会的组织下，"乐善扶志，助你飞翔"助学项目、99公益日、网络募捐等主题活动得以开展。为帮助更多残疾人，朱文莉将获得的"全国脱贫攻坚先进个人"奖金3万元全部捐献给单州乐善助残志愿者协会，作为残疾人就业创业基金。协会已累计资助53名在校困难残疾学生，开展了乐善助残志愿服务1000余次，惠及3.8万人次困难残疾人，促进社会各界理解、支持、参与助残公益事业，汇聚了爱残助残磅礴之力。

找到归属感，领略获得感

残疾人是一个特殊困难群体，需要人们格外关心、格外关注。朱文莉说："残联就是为残疾人服务的部门，上为政府分忧，下为残疾人赋能是新时代赋予残疾人工作者的光荣使命！"

朱文莉深知，残疾人生活自强的前提，是心理自强。为了照亮这一群体的心灵，她主张开设了中华传统文化大讲堂、建设了残疾人心理辅导站，开展了爱心助残公益茶会、读书会以及"乐善助残，情满单州"系列活动，邀请心理康复专家、传统文化学者、爱心志愿者定期到残疾儿童康复机构举办公益讲座，进行心理疏导，引导他们自尊、自信、自立、自强，进一步激发了残疾人及残疾人家属的内生动力，全力助推新时代文明实践活动在残疾人中开花结果。

授人以鱼不如授人以渔。在帮扶照护好残疾群众的基础上，朱文莉发动各个助残志愿服务组织摸排适合残疾人就业的岗位，并在微信公众号及时向残疾人发布有针对性的企业招聘信息，助力残疾人就业。而在残疾群众正式"上岗"之前，为了确保他们"少碰钉子"，

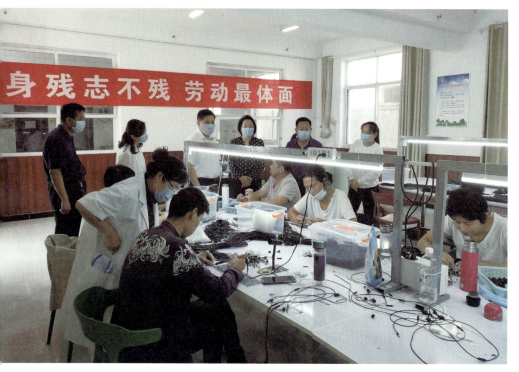

朱文莉推动了"如康家园"残疾人之家的建设

朱文莉还创新了残疾人职业培训新模式，采用集中理论培训＋基地实习的新方式，举办了推拿按摩、农村实用技术、电子商务、工笔画等各类残疾人职业技能培训班，共培训 400 余名残疾人，大幅度提高了残疾人就业创业的能力。

在工作中，朱文莉没有忘记思考"为了谁，依靠谁，我是谁"的问题，始终坚持党建引领，时刻让残疾人感受到党的温暖，引导残疾人感党恩、听党话、跟党走。2021 年 2 月，为了广泛宣传党的助残惠残政策，朱文莉组织编写团队冒雪走村入户，编撰出版了《大爱如光——单县残疾人脱贫脱困纪实》图书，记录了一批自强脱贫的残疾人先进典型和先进工作者。他们或是身残志坚、自强不息的贫困残疾人，或是尽职尽责、无私奉献的帮扶责任人，或是扎实工作、全心为民的志愿工作者。朱文莉相信，用心、用情讲好残疾人的脱贫故事，更能激发起残疾人的归属感和获得感，也能使社会对残疾人这个弱势群体更加关注。

如今，脱贫攻坚战已经取得胜利，我国已经全面建成小康社会。面对未来，当朱文莉被问到残疾人工作中最难忘的是什么、最大的收获是什么、下步最想做的是什么这一连串的问题时，她说："最难忘的是残疾人及其亲属面对生活困境时脸上流下的痛苦的泪水，以及面对党和政府关心关怀时流下的感激的泪水；最大的收获是残疾人被照护服务后露出的孩子般的笑脸，这一刻感觉自己所有的辛苦都值得；下一步最想做的事是真正让单县残联成为残疾人之家，为残疾人提供更多更优质的服务，继续开拓创新、攻坚克难，不断满足残疾人对美好生活的向往，做他们冬日里的一抹暖阳，温暖照耀他们的心灵和生活！"

为贫困学子追梦插上"奋飞之翼"

——记山东省学生资助管理中心副科长于倩

于倩简介

于倩，1986年9月出生于济南市，中共党员，山东省学生资助管理中心副科长。她忠诚于党的教育事业，长期奋战在学生资助、教育扶贫第一线，探索实施对建档立卡贫困学生精准识别、精准资助的工作运行机制，推动山东省学生资助标准化建设，相继出台内部业务标准和全国首个学生资助地方标准，教育部号召"全国资助同仁学山东、看山东"。于倩积极打造系列公益节目，挖掘贫困家庭学生的励志故事，展现资助育人成效。2016—2020年，累计资助建档立卡贫困家庭学生87.3万，资助资金达21.7亿元，践行了"不让一名学生因家庭经济困难而失学"的庄严承诺。2021年2月，于倩被授予"全国脱贫攻坚先进个人"荣誉称号。

"学生资助的日常工作，无疑是非常繁杂而又琐碎的，但又是特别有价值的，因为它肩负着阻断贫困代际传递的重要使命。"这是于倩在10多年的工作中，积累产生的心灵感悟。

自2008年起，初出大学校门的她投身到学生资助事业中，多年以来，她始终以饱满的工作热情、踏实的工作作风、认真的工作态度、开拓创新的意识，奋战在学生资助工作最前线，只为"努力为贫困学子追梦插上奋飞之翼"。

有精度：确保"一个都不少"

习近平总书记强调："扶贫开发贵在精准，重在精准，成败之举在于精准。"精准扶贫的提出，给全社会的扶贫工作理清了思路，明确了方向。

凭借多年的学生资助工作经验，于倩深知，确保建档立卡贫困家庭学生精准资助必须解决三大矛盾：一是建档立卡贫困人口按户籍地进行管理，而学生资助按学籍地进行落实；二是既要确保建档立卡贫困家庭学生应助尽助，又要遵循积极引导与自愿申请相结合的原则；三是建档立卡贫困人口实行动态管理，而学生资助项目按学年进行申请与评审。

山东是教育大省，2015年各级各类教育在校生已达到1700余万，哪些学生来自建档立卡贫困家庭？要做到一个一个的精准摸排，其难度之大可想而知。

"越是困难处，就越是能检验一个人的智慧、能力和品格！"于倩认为，在信息化飞速发展的今天，不仅要求工作人员具备能吃苦的态度，更要求工作人员思路活，善创新。能否为矛盾的解决找到一个最优解？她想到了向先进的信息化手段"借力"。

多年来与信息系统打交道，于倩俨然成了"半个系统专家"。经过与技术人员的共同努力，山东省建档立卡学生资助信息管理系统功能得到了逐步完善。借助这个平台，可以有效识别建档立卡学生，对跨区县就读的学生也能精准定位。

"但是，仅仅通过这种方式获取的比对数据并不完整，因为各教育阶段新生学籍注册往往要到 11 月底甚至 12 月底才结束，学期初新生数据根本获取不到。"

为此，于倩又开发应用了建档立卡学生在线比对功能，各学校将新生招生信息或报到信息导入系统即可实时获取建档立卡学生名单，确保了建档立卡学生的精准识别。

"利用这个平台，还实现了脱贫攻坚以来每一名建档立卡贫困学生资助的全过程监控。"山东省有各级各类学校 3 万多所，每学期于

贫困生可通过"绿色通道"办理入学手续

倩都会监督各学校将贫困学生资助情况无一遗漏地录入完成。

制度事关根本，关乎长远。于倩深知，为确保全省建档立卡学生资助工作顺畅高效开展，必须把制度建设贯穿始终，让精准资助有坚实的制度机制作保障。于倩在深入调研的基础上，先后起草印发《关于进一步规范建档立卡贫困家庭学生资助工作的通知》《关于建档立卡贫困家庭学生资助工作有关事宜的通知》等系列制度文件，规范工作运行，确保学生公平受助、应助尽助。

很快，全省各地的学生资助工作随之出现了一个令人欣喜的新局面：在于倩"敢啃硬骨头""肯下绣花功夫"的不懈努力下，"三大矛盾"迎刃而解，学生资助工作也因此变得更顺畅，更高效，更有精度了。

有高度：走在同行前列

在教育部召开的 2019 年度学生资助工作会议上，山东省教育厅二级巡视员荆戈同志代表山东作了典型发言。教育部全国学生资助管理中心印发文件号召"全国资助同仁学山东、看山东"，一时间，山东的学生资助工作成了"全国典型"。

山东省的学生资助工作能得到教育部如此肯定，一个很重要的原因，就是《山东省学生资助综合管理标准体系》和《学生资助服务规范》地方标准的发布实施。

"这并非为创新而创新，而是基于我们在工作中遇到的实际问题。"于倩认为，教育扶贫工作本身的复杂性和艰巨性，使得如何让每一项政策精准落地成了难题。由此，她意识到出台科学而明确的标准非常有必要。

于倩在如海的资料里查找信息

"标准决定质量，只有高标准才有高质量。"于倩深知，标准化建设已经逐步成为国家治理体系和治理能力现代化的基础制度和重要方法。于是，2017年，在中心主任马希军的部署下，学生资助管理综合标准化建设项目启动，于倩和同事们对2007年以来国家和省有关学生资助政策文件进行了认真梳理。

在此过程中，于倩多次开展实地调研和问卷调查，广泛吸收各市和学校的经验做法，运用标准化语言、按链式结构，经过一次次的反复修改完善，历时近一年，经历无数个加班的夜晚，《山东省学生资助综合管理标准体系》终于顺利完成。

于2018年发布实施的这套体系，规定了学生资助服务范围、机构设置与人员配备、服务内容与要求、投诉处理、监督评价等，通过对政策文件的细化和工作岗位的接口衔接，形成了操作性极强的指导书，确保了资助对象精准、资助标准精准、资金发放精准，为全省学生资助工作"定了标准""立了规矩"。

同年，《学生资助服务规范》出台。该标准是"标准化+"战略在社会管理公共服务的新应用，是山东省教育领域的第一项地方标准，也是全国首项学生资助服务政府类标准，具有政府法定效力。

有温度：助学、筑梦、铸人

母亲患有癌症，外祖母患有小脑萎缩，而就在高考前7天，父亲也罹患癌症去世……几年前，接踵而来的不幸，让高三学子李余康陷入了人生的低谷。然而，李余康又是幸运的。咬紧牙关顶住了沉重打击的他，以优异的成绩考入山东理工大学。作为山东省籍建档立卡的一名学生，李余康通过国家资助政策解决了学费和生活费问题。

求学期间，李余康的学习成绩一直名列前茅，累计获得国家奖学金、国家励志奖学金等13项奖学金，金额累计4.5万余元；获得助学金3项，金额累计1.5万余元。李余康还荣获"山东省优秀学生""校十佳大学生"等荣誉称号，成功考取西北农林科技大学硕士研究生。

在一路收获的同时，李余康没有忘记回馈学校、回馈社会。他是学校支部"基础学科辅导班""先锋宣讲团"的骨干成员，是帮扶甘肃化旦尖错孤儿学校、贵州群益小学等志愿服务活动的积极分子，他以出色的表现被评为山东省"奋进新时代资助人物——励志之星"。

"资助是手段，育人是目的。"李余康的成长，是教育扶贫工作致力于"扶志"的一个缩影。

近年来，于倩坚持把"扶困"与"扶智"，"扶困"与"扶志"结合起来，构建物质帮助、道德浸润、能力拓展、精神激励有效融合的资助育人长效机制，着力培养受助学生自立自强、诚实守信、知恩感恩、勇于担当的良好品质。

于倩组织开展山东省"爱心传递"资助育人品牌活动宣传推广，引领贫困学生实现从"受助"到"自助"再到"助人"的良性循环。与山东教育卫视联合打造《温暖中国人》——"学生资助在身边"系列节目，组织发起"学生资助在身边暖心行动""学生资助助力脱贫攻坚公益行动"等活动，挖掘贫困家庭学生的励志故事，激励他们自立自强，展现资助育人成效。

2018 年 7 月 2 日，《中国教育报》以《山东高校资助从资困走向育人》为题介绍山东省"爱心传递"资助育人活动。

学生资助事业承载着党和人民的重托以及无数贫困家庭的殷切期盼，责任重大，使命光荣。因为热爱，所以坚持；因为坚持，所以执着。

"如果能以细心和耐心让更多的贫困学子感到贴心、暖心，获得更多人生出彩的机会，那么我所有的努力就是值得的。"谈及未来，于倩感觉自己要做的事还有很多……

"最美志愿者"和泗水的 2000 多个孩子

——记济宁市泗水县微公益协会党支部书记、会长孙建涛

孙建涛简介

　　孙建涛，山东省济宁市泗水县微公益协会党支部书记、会长。多年来，他带领协会志愿者跑了 80 多万公里的"公益之路"，为 2000 多名符合资助条件的少年儿童建立了详细的帮扶档案。在公益事业上积极创新，服务模式从传统经济助学转变为按孩子实际需求提供针对性服务，策划实施"爱心助学""温暖小屋""带你看世界""微爱妈妈""暖冬行动""微爱传承"等多个志愿服务项目。带领微公益协会累计得到全国超 400 万人次捐款，募集善款近 4000 万元，得到了社会各界的充分信任。被授予"全国脱贫攻坚先进个人""全国岗位学雷锋标兵""山东省道德模范"等荣誉称号。

泗水县地处泰山和沂山余脉，经济长期欠发达，现为山东省18个沂蒙革命老区县之一，是济宁市唯一的纯山区县。就是在这片大山里，2016年1月，泗水县微公益协会正式成立，孙建涛任协会党支部书记、会长。多年来，孙建涛在公益路上一往无前，协会也由小到大，成为济宁乃至山东省最大的一支致力于公益助学的社会组织。

张家峪村、肖家峪村、黄家庄村、白仲泉村、大城子村……眼前，是一幅泗水县地图，500多个乡村紧密相连。然而，与常见的地图不同，它不仅是一幅乡村行政图，更是一幅爱心助学图。这张地图，既是用双手绘就，更是孙建涛和志愿者们用双脚一步步丈量出来的。

多年来，孙建涛走村入户，累计行程80多万公里，走访了596个村庄7000多个困难家庭，为2000多名符合资助条件的少年儿童建立了详细的帮扶档案，通过各种途径筹集资金近4000万元。

一张照片改变了一个孩子

说到孙建涛的公益之路，就不得不从拍客团说起，还有一个叫娇娇的小姑娘。

2011年，孙建涛和当地摄影爱好者成立了齐鲁拍客团泗水站，每逢周末，大家就去拍摄美景。"胜日寻芳泗水滨，无边光景一时新"，为了拍到更多好照片，他的镜头逐渐由城市转向乡村，也见到了更多的山里孩子。直到有一天，一个叫娇娇的女孩出现了。

那是在2013年，孙建涛走进泗水县南部山区一个破旧的农家。只见一个两岁多的小女孩拿着一个脏污的奶瓶、一丝不挂地在院子里玩耍。遇到突然造访的孙建涛，孩子的表情充满了惊恐，而旁边一位

孙建涛向受助家长了解情况

目光呆滞的中年妇女却不停傻笑。这个小女孩就是娇娇，旁边的妇女则是她患有精神病的母亲。通过孩子爸爸的描述，孙建涛了解到，这是一个苦难的家庭。娇娇的奶奶双侧股骨头坏死，哥哥患有自闭症，妈妈的疾病时常发作，且一发作起来就打孩子。娇娇从小在惊恐中长大，更严重的是，由于缺少交流对象，两岁半的娇娇还不会说话。

离开那个院子后，孙建涛始终牵挂着小女孩，彻夜未眠。随后几天，他多次去女孩的村里走访调查，并寻求爱心人士帮忙。终于，在孙建涛的奔走呼吁下，一家公司伸出援手，将小娇娇接到县城条件最好的幼儿园上学，并承诺承担孩子从幼儿园到大学的所有学费。娇娇来到县城后，孙建涛又联系医院为其做了全面体检，还请来心理咨询师对孩子进行疏导。半年后的一天，孙建涛在幼儿园陪伴娇娇玩耍时，小娇娇竟开口对他叫了声"爸爸"。听到这声柔软的"爸爸"，孙建涛泪流满面。

娇娇的转变，让孙建涛看到了救助行动的第一缕阳光。他坚信，播下一颗种子，精心呵护，就会发芽，就会长成参天大树。

2014年9月，孙建涛正式组建爱心团队，投身山区儿童公益事业。之后，他又注册成立了泗水县微公益协会，为困境学生和爱心人士搭建起一座长期的救助桥梁。就这样，一个孩子、两个孩子、三个孩子……孙建涛和志愿者们帮扶的孩子越来越多。到了2015年，团队干脆手绘了一张巨幅爱心助学地图，并对泗水县的500多个乡村进行拉网式筛查，旨在给每一个困境中的孩子都建立详细的帮扶档案。从此，无论寒冬酷暑，还是晨曦日暮，在泗水一条条泥泞的道路上，都会看到孙建涛和志愿者们的身影。

在公益路上一往无前

渐渐地，孙建涛的公益事业日见成效，与此同时，很多人问他：你帮扶山区儿童，到底图什么？而孙建涛的回答，是一个故事。

在协会的帮扶对象中，有一个孩子叫康明，妈妈身体残疾，爸爸患有轻微精神类疾病，虽然爷爷患有严重的肾病，却是家里的顶梁柱。鉴于这种特殊的家庭情况，2018年暑假，孙建涛决定帮康明申请去县城的全日制寄宿学校学习。孩子的爷爷仿佛一下子看到了希望，整日翘首期盼。在办理手续的那段时间里，老人经常打电话询问，孙建涛每次都耐心地向老人解释。然而，老人的问询电话越来越频繁，到后期每天都打十几个电话，就好像有什么特殊原因让他非常急切地想知道结果一样。好在，9月2日，小康明终于如愿入学。

后来，孙建涛到小康明家回访时，听到一个令人震惊的消息：在康明入学后不久，他的爷爷便因病去世。此时，孙建涛才明白老人为

孙建涛与孩子们在一起

什么一天打这么多电话，这是一份临终前的重托！

这份托付，既是对孙建涛工作的认可，又是对一名共产党员的信任和依赖。孙建涛说："我们面对的不是一个小康明，我们面对的是2000多名山区儿童，看到他们快乐成长，我们再苦再累也值得。如今在这些孩子当中，有的考上了北大研究生，有的在一线城市就业。这就是我们作为一名共产党员，作为一名公益人的价值追求。"

从"温暖小屋"到"微爱妈妈"

做公益诚然会面临重重困难，活动组织、人员安排、经费来源，哪一样都得殚精竭虑。更难的是，如何把活动做到孩子们心坎儿里。

以前服务孩子，孙建涛都是"协会有什么就给什么"，可随着对孩子们的了解增多，他便开始努力转变思路："孩子们想要什么，协会就尽力提供什么。"

在走访过程中，孙建涛发现有许多这样的女孩子：她们失去了母亲，且已到青春期，却因家庭居住空间的限制和经济拮据，不得不和父亲睡在一张床上，对孩子的成长造成极大的影响。孙建涛感慨："其实，她们非常渴望拥有一间自己的小屋，哪怕是仅仅能放下一张小床，也可以自由地呼吸，自由地释放心灵。"对此，孙建涛抓紧推进"温暖小屋"建设，预留资金用于困境女孩家庭独立空间的装修，并购买家具、台灯、窗帘、床上用品等。

2018 年 5 月，"温暖小屋"项目第一批 13 个小屋施工完毕。在项目实施过程中，孙建涛和志愿者们事无巨细地全程参与。尤其是针对房屋装修的风格和色调，更是提前在女同学中开展问卷调查，征集她们的喜好。

除了满足物质需求外，对孩子们精神上的关爱更是孙建涛的追求。通过走访，他发现不少困境孩子都面临母爱缺失的现状。有的孩子甚至从出生就没见过妈妈，妈妈的怀抱多温暖、妈妈的叮咛多贴心……这些只能在孩子们的梦里找到答案。

有一次，孙建涛带着孩子们开展放飞梦想活动，一位女性志愿者由于太劳累，到达宾馆后很快就睡着了。这时，一个七八岁的小女孩竟轻轻走过去，然后靠在志愿者身上，满脸微笑地静静依偎着她，那神情就像孩子投进妈妈的怀抱。这一幕，孙建涛一辈子都忘不了。从那时起，他萌生出一个想法——为自幼缺少母爱的孩子们都配备一个温暖贴心的"微爱妈妈"。

"微爱妈妈"的配对是相互选择。协会从报名的志愿者中挑选 3 位以上候选人同时进驻孩子家中，然后通过和孩子们沟通交流，筛选出彼此都有好感的"微爱妈妈"。结成对子后,"微爱妈妈"每月至少到帮扶孩子家中两次,每次两个小时,辅导孩子功课,与孩子们交心。

截至 2021 年 7 月底,"微爱妈妈"项目已为 236 名失去母爱的孩子提供"一对一"陪伴或集体陪伴。

一路奉献爱心,一路收获感动

经过多年努力,孙建涛的公益协会已成为当地家喻户晓的品牌。因为爱而相聚,因为爱而坚守,因为爱而一路同行,每个成员强烈的责任心和战斗力,让协会成为全国公益组织的优秀典型。

面对赞誉,孙建涛依然保持清醒的头脑。每当有人问他"有没有想过放弃"的时候,他的回答永远只有一个:"当你帮扶了一个孩子并且看着他的命运因你而改变时,那种成就感和满足感是无可取代的。"

孙建涛的公益之路尽管历尽坎坷,但是也一路收获着感动。这些感动,首先来自孩子。有一年春节前夕,协会先后收到 600 多个孩子寄来的感谢信。每一封信,都是一个故事。稿纸上,那些充满稚气却又饱含深情的字迹,让孙建涛感慨万千。

感动还来自众多关心公益的好心人。济宁的吕大爷已年过 70,从协会成立之初,老人便每年为孩子们慷慨捐助。由于不会网银转账,老人每次都专程坐车赶到协会,捐完款后又匆匆离去。

感动,更来自志愿者们辛勤的付出。由于协会是一个纯公益组织,因此志愿者没有一分钱工资,但大家毫无怨言。协会还是当地第一个成立党支部的公益组织,三分之一的志愿者是共产党员,因此党员的模范带头作用得以充分发挥。至今,孙建涛都记得 2016 年 1 月

22日那一夜，在山东50年来温度最低的夜里，党员志愿者们迎着漫天飞雪，组成了一支搜救团，寻找走失的老人……

凡心所向，素履所往。孙建涛和志愿者们用粗糙的大手温柔地支起了孩子们的课桌，用暖心善举为山区的孩子们插上了起飞的翅膀，把这个泗河源头的小城变成了一座爱心涌动的城市。

"征途漫漫，惟有奋斗。"如今，已经全面建成小康社会，孙建涛许下了新的承诺："我将主动扛起一名共产党员的责任，让更多的山区儿童露出更加灿烂的笑脸！"

大山里的教育扶贫践行者

——记临沂市费县薛庄镇中心小学党总支书记、校长张贵州

张贵州简介

张贵州，山东费县人，现任临沂市费县薛庄镇中心小学党总支书记、校长。在教育脱贫攻坚一线上，他倾情投入，立志用教育扶贫斩断贫困的代际传递。多年来，他千方百计改善教育基础设施，想方设法提高学校管理水平，全力提升教育教学质量，并用6年时间把3个落后倒数的乡镇中心小学提升到全县前列。他是忠诚践行习近平新时代中国特色社会主义思想的榜样，是践行沂蒙精神的当代表率，是教育系统基层干部的优秀代表。被授予"全国脱贫攻坚先进个人""山东好人"等荣誉称号。

张贵州，临沂市费县薛庄镇中心小学党总支书记、校长，1965年出生的他已从事乡村教育事业40余载。他熟悉每名教师的情况，他放心不下任何一个贫困的孩子，他一边争取资金项目，一边自己出

钱资助学生和困难群众，用自己的坚守和执着为乡村教育振兴作出了突出贡献。40 多年的时间，让他由风华正茂的少年变为两鬓斑白的中年人，青春年华在岁月中流逝，而数以万计的山区学生则从他那里获得了成长的力量。

硬件赋能，山里娃也要享受一流教育

费县薛庄镇中心小学位于《沂蒙山小调》诞生地——临沂市费县薛庄镇。这里地处沂蒙山腹地，贫困村多，12 个基层学校中有 11 个"村小"为贫困学校，最远的距离镇驻地 22.5 公里。自 2018 年 11 月任费县薛庄镇中心小学校长以来，张贵州的心就一刻也没离开过这里。

为了了解学校的真实情况，张贵州自上班第一天起，就开始对全镇 12 所学校进行摸底走访。走过一所所学校，走进一间间教室，问询一个个学生……在张贵州的眼中，他看到了当地教学条件的艰苦、教育基础的薄弱、乡村教师的奉献精神、山区孩子求知若渴的眼神。同时，他也发现山区学校与城里学校巨大的硬件差距。几十年的教育工作经验告诉他——要想刨除穷根，必须从教育开始，而要想为农村孩子点亮知识之火，就必须加强基础建设，配齐教学设备。

为此，张贵州"四处化缘"、到处奔波，也常常碰壁。但功夫不负有心人，历经 4 年多，他协调多个部门捐赠资金 500 多万元，使教育环境得到改善，教育设施逐渐完善，贫困小学的篮球场、餐厅、图书馆、少年宫一一拔地而起。孩子们有了最新的电子书看，也能在学校食堂里吃上热乎饭；当酷暑和寒冬来袭时，几十台新安装的空调便会发挥作用。除此之外，张贵州还布局教育信息化，提前为 11 个贫困学校配齐了信息化设备，实现 1000M 网络进校园、智慧教育云平台、无线有线校园全覆盖，得益于信息化设备，教师们可以开展线上学习，拓宽视野。

拥有优质的教育资源后，薛庄镇数千名师生的底气更足了。人们常说："自张校长来了以后，学校变漂亮了，教学设施也配齐了，孩子的行为习惯也变好了，成绩也提高了，他的到来是薛庄镇父老乡亲的福气。"

无微不至，张校长变为"大家长"

费县薛庄镇是一个贫困乡镇，仅镇中心小学就有建档立卡贫困学生 53 人。如何让这些贫困学生安心学习，如何阻断贫困的代际传递，是张贵州一直放不下的心事。

经改造后，费县薛庄镇中心小学变成现代化学校

　　为了"帮人帮到底",张贵州组织建立了"一生一策"帮扶档案。同时,他采取"不漏一村、不漏一户、不漏一人"的方式,建立"控辍保学"工作台账,严格落实"控辍保学"措施,实现了零辍学。在张贵州的建议下,学校还免除了53名贫困学生的校服费、课后服务费和餐费,使每名学生能节省2000多元。

　　张贵州家在城里,人却总往山里跑。他利用周末及寒暑假,走遍了全镇32个行政村。他拎着书包和文具等学习用品走访学生家,了解每一个贫困学生的情况:胡雨晴是一名5年级4班的学生,母亲离家出走至今未归,父亲年龄大,靠打零工维持生活,家里还有90多岁的奶奶,生活十分困难;贫困村小学的鲁子浩,母亲病故,父亲年迈,无劳动能力,家庭很困难;还有身患白血病的王泽明,家庭十分困难的盈盈……每当走进这些孩子的家中,张贵州的心情都十分沉重。

　　小慧、小宏是他特别关注的姐弟俩,姐姐上高中时,他们的父亲去世,母亲一人照顾三个上学的孩子,姐弟三人寄居在姥姥家,生活十分困难。张贵州多次带着食品、物品、现金等去看望他们,并时常勉励姐弟俩,要自强不息,坚持梦想,感恩社会人士的援助,传承乐于助人的中华美德,为社会作出贡献。在张贵州的鼓励下,越来越多的贫困学生养成了乐观向上的性格,孩子们的学习成绩也得到提升。

　　张贵州对孩子们的关爱事迹传遍了薛庄镇,有人说:"张校长不只是校长,还是家长,对学生关怀无微不至。"新冠肺炎疫情暴发后,张贵州坚持"停课不停学,不让一名学生落下"。他组织教师到贫困学生家中家访,了解学生的线上学习情况,并逐一制定帮扶措施。同时,组织教师开展线上教学、心理辅导,并协调有关部门为5名家庭困难学生购买了智能手机,为每位学生的"停课不停学"创造了条件。

　　精心育人,扶志扶智,是张贵州对乡村教育不懈的追求。提起辖区内的每个村小,他都如数家珍。在教师节表彰大会上,他逐一细数了每名教师的努力和进步。他是孩子们的爷爷、年轻教师的长辈、同龄教师的兄弟。他创造一切能够创造的条件，提供一切可能的服务，让教师更好地从教，让每名孩子能更好地学习成长。

守望相助，扶贫就要扎下身子

张贵州知道，学生们的苦，更多来源于其家庭的贫。要想发展教育，就必须对更多困难家庭进行扶贫。他帮扶的贫困户大多在马窑村、龙乾村，虽然来回近 100 公里，但他平均每周都要到贫困户家中走一趟。

在走村入户的过程中，他了解到丁元庆家中的情况：妻子四级智力残疾，女儿在读书，全家仅靠丁元庆干建筑工维持生活。张贵州很同情他，便积极帮丁元庆一家落实扶贫政策。当得知丁元庆渴望有一台电视机时，便自己花钱给他买了一台。

张贵州一直惦记着郭方一家。郭方患有脊柱炎，肢体四级残疾，需长年服药，不能进行体力劳动，妻子携女儿出走，郭方只能依靠父亲维持生活。张贵州经常带生活用品看望他，给予资金帮助，还常与他谈心。

张贵州还是李洪生老人家中的常客。李洪生肢体四级残疾，妻子患冠心病，生活很困难。为此，张贵州一边帮其争取各项补贴，一边自己出钱给他补贴家用。

扶贫扶志，孤掌难鸣。为此，张贵州建立了一支由 16 人组成的脱贫攻坚志愿服务队，共帮扶贫困户 71 户、124 人，覆盖全镇 9 个行政村，最终这些贫困村全部如期实现了脱贫。

张贵州说，我们做的事其实很小，就是帮助贫困家庭申请政策、

张贵州到贫困户李洪生家中拜年

跑跑手续，有时开导开导他们。但贫困群众却说，张贵州做的事很大。他帮贫困家庭办理低保生活补贴、残疾人护理补贴、经济困难老年人补贴，以及慢性病卡等，协调签约医生定期为他们检查身体，协调乡镇民政部门进行无障碍改造，给老人发放助听器、轮椅，给每个贫困户安装一氧化碳报警器，并细致地为他们讲解设备使用方法。

张贵州常说："没有比人更高的山，没有比脚更长的路。"他跑山里的次数多了，与山里群众的感情也越来越深。有时，乡亲们会把精心挑选的花生炒熟后给他留着，把亲手采摘的金银花炒干后给他泡水喝，他们都在以不同的方式表达着感激之情。2021年大年初一，他到脱贫户家一一拜年，乡亲们感动地说："张校长你那么忙，还忘不了我们，你看我们现在的生活很好了，我们很知足，应该好好地感谢你。"张贵州诚恳地对他们说："应该感谢的是党和政府。"

在乡村教育振兴的路上，张贵州用心用智；在扶贫助贫的道路上，张贵州默默奉献。张贵州说："我深爱着生我养我的这片红色热土，我愿捧着一颗心来，竭尽所能、倾尽心血，只为让农村的孩子们有一片光明前程。"

让脱贫致富的梦想照进沂蒙大地

——记临沂市莒南原县委书记张佃虎

张佃虎简介

张佃虎，山东临沂人，曾任莒南县委书记、临沂市临港经济开发区党工委书记。2022年2月，当选日照市委常委。在莒南任职期间，始终把脱贫攻坚作为重要政治任务和第一民生工程，强化领导、狠抓落实，构建起县委负总责，领导小组牵头，专项扶贫、行业扶贫、社会扶贫"三位一体"的扶贫工作格局。紧扣"两不愁三保障"，精准识别、精准帮扶、精准施策、精准突破，实现了莒南县所有贫困户全部脱贫、所有贫困村全部摘帽。探索出产业扶贫"23445"工作模式，被国务院扶贫办推广；高标准实施中央专项彩票公益金支持革命老区生产路建设项目，取得该项目全国第一名。2021年2月，荣获"全国脱贫攻坚先进个人"称号。

"让贫困群众切实、真正脱贫，让百姓生活更加安心、幸福，这就是我们奋斗的目标。"2016 年 8 月，张佃虎担任莒南县委书记，扛起了带领全县干部群众脱贫攻坚的重任。面对大家伙儿期盼的眼神，他没有慷慨激昂的宣言，只有踏实诚恳的承诺。

几年来，他把打赢脱贫攻坚战这场新时期的"孟良崮战役"作为重要的政治任务和第一民生工程，把自己当成"一线指挥员"和"一线战斗员"。时间见证诺言，在张佃虎和同事们的努力下，全县建档立卡贫困户 50219 户、88916 人全部脱贫，167 个贫困村全部摘帽，贫困发生率"归零"。

决心：让老区群众脱贫致富，没有选择和后退的余地

自打来莒南上任的第一天，张佃虎就感觉到了身上的担子之重。之前，他在商贸物流发达、经济基础雄厚、扶贫任务相对较轻的临沂市中心城区兰山区工作了近 10 年，而莒南面临着与兰山区完全不同的情况——扶贫，是这片土地必须打赢的攻坚战！

临沂是革命老区，贫困村和贫困人口数量均占全省的六分之一。而莒南，又是山东省 20 个、临沂市 6 个脱贫任务较重的县之一，脱贫攻坚任务十分艰巨。张佃虎下定了决心："沂蒙老区百姓穷了这么多年，我们一定要让他们脱贫致富，这项工作没有选择和后退的余地。"

而要实现脱贫致富的目标，产业发展是重中之重。张佃虎以"户有增收项目、村有致富产业、镇有示范园区、县有特色产业"为目标，积极展开探索实践，利用花生、茶叶、草莓、樱桃等特色农产品资源，跑出了产业发展的"加速度"。

大店镇的草莓产业就是一个很好的例子。"我们镇是草莓种植大

镇。镇上依托草莓资源优势，综合利用 750 万元扶贫资金，建设了 98 座草莓种植大棚，年收益 45 万元，帮扶贫困户 877 户、1309 人，人均年增收 600 元。"莒南县大店镇镇长李永山说。

在坪上镇厉家寨村，70 多岁的徐淑花老人依靠樱桃实现了自主脱贫。在这个樱桃种植村，村"两委"发动并帮助贫困户种起了矮化樱桃。"我干不动太多活，只种了几十棵樱桃苗，现在一年收入 1 万多元没问题。"老人对收入很满意。

张佃虎意识到，发展产业，资金是源头活水。他提出产业扶贫必须实行输血扶贫与造血扶贫相结合，要舍得真金白银的投入。2018 年以来，张佃虎主导创新项目集聚模式，从县级层面统筹整合扶贫资金，以乡镇区域发展特色为优势，整镇或跨镇实施大项目、好项目，建设规模化扶贫产业园区，实现了扶贫资金"化零为整"，产业项目"由弱变强"，项目收益"由低到高"。任职期间，整合涉农资金 13.8 亿元，财政专项扶贫资金 5.4 亿元，金融扶贫累计放款 12.1 亿元。

产业激活一池春水，"扶贫树"结出累累"致富果"。截至 2021 年 2 月底，莒南已实施 490 个产业扶贫项目，累计产生收益 3632 万元，帮扶贫困户 3.6 万户、5 万多人。此外，通过产业带动、务工就业、公益性岗位等方式，2.1 万名贫困群众年人均增收 2000 元以上。

初心：一切为了群众，将脱贫质量放在首位

"每月走访不少于 10 个村，走访贫困户不低于 30 户，利用两年时间遍访全县所有贫困村。"这是张佃虎给自己定下的规矩。他真的用不到两年的时间走遍了全县 167 个贫困村。"张书记差不多每个月都有一周在村里走访，几年下来，帮助贫困户解决实际问题数百件。"

县委办公室副主任田秀庆说。

2020年8月14日，莒南遭遇了百年未遇的洪涝灾害，全县日降水量达到了240.7毫米。其中，大店镇陡山水库测量点单日降雨量达到了487.1毫米。灾害发生后，张佃虎紧急赶往受灾严重的大店镇庄家庄村查看贫困户受灾情况。"衣物、被子湿了，粮食受潮、被冲走了……"张佃虎在随身携带的本子上记下贫困户庄欠余遇到的困难。

随后，他立即与同事们研究救灾措施，受灾群众特别是贫困户第一时间得到了安置，3080条棉被及时发放到了受灾贫困户手中，2165户农户的1716吨粮食被县供销社烘干收购……

在张佃虎那个记录贫困户难题的本子上，已经解决的难题被一一划掉。

筵宾镇李家园村文玉娟就曾经被记录在小本子上。2019年，已经脱贫的她不幸患上肺癌，整个家庭陷入巨大困境，但是健康扶贫让文玉娟享受到了政策的"福利"。"我做了手术，总共花了5万多元。出院后算了算，除去基本医疗保险，还有针对贫困户的各种保险和减免，最后没花几个钱。"文玉娟说。

在莒南，医疗健康扶贫已将全县建档立卡贫困人口全部纳入基本医保、大病保险、医疗救助和扶贫特惠保险，贫困人口住院个人自付医疗支出不超过政策范围内总费用的10%。全县603处村卫生室对所有贫困村全覆盖。

危房改造一直是张佃虎最放心不下的事。每次走访调研，他都要查看贫困户家的住房质量。张佃虎特意组织了住建等部门一起研究，制定了危房改造动态监测机制，聘请第三方对全县贫困户住房进行鉴定，统一发放房屋鉴定卡，定期抽查复验，一旦发现问题则立即纳入改造范围。任职期间，莒南县完成11404户建档立卡贫困户危房改造，确保了贫困户住房绝对安全。

从医疗、教育、住房到饮水安全、特困群体帮扶等，张佃虎将每一项关系民生的工作都放在心上。他经常说："在脱贫攻坚工作中，千万不要着急，要将群众的难题尽量都解决好。"目前，莒南所有贫困户全部喝上了安全干净的自来水；所有建档立卡的贫困学生被资助减免政策全覆盖；特殊困难群体也已全部纳入政策兜底保障。

"贫困群众在基层，扶贫工作的重心就在基层。"张佃虎这样说。

创新：健全长效机制，探索"莒南模式"

167个贫困村、5万余户贫困户，各有各的情况，各有各的难处，脱贫攻坚工作如何同步向前推进？

"只有不断探索新模式，拓展新路子，健全完善稳定脱贫工作机制，才能推动脱贫攻坚稳步前行。"张佃虎把创新作为脱贫攻坚的第一动力，打造了脱贫攻坚的"莒南好例"。

村民富不富，关键看支部；村子强不强，要看"领头羊"。张佃虎坚持把"党支部领办合作社"作为抓党建促乡村振兴的重要载体，积极引导农民以土地经营权入股、集体以增溢土地和设施入股，共建土地股份合作社，让全村共种"一块田"，全力提升农业规模化经营服务水平。

在这一方案的推动下，道口镇赫马岭村党支部书记魏振伍带着村"两委"班子，率先领办成立了莒南县首家农联农机专业合作社。2018年2月，该村注册成立了莒南县代彬土地股份专业合作社。全村751亩耕地整体入股，土地变成了股权，村民变成了股民。在多方努力下，该村村集体经济收入由2017年的不足7万元增长到2020年

莒南县代彬土地股份专业合作社农作物喜获丰收

的 62.8 万元，集体资产由 2014 年的不足 5000 元增长到目前的超过 500 万元。现在，赫马岭村已成为闻名全国的村强民富示范村。

张佃虎将赫马岭村的经验推向全县，在其带领下，莒南县已累计成立党支部领办合作社 326 家，入股农户 2.7 万人，入股土地 2.8 万余亩，带动 9000 余名贫困人口脱贫，907 个财务独立核算村村集体经济年收入全部超过 5 万元。

贫困村有了扶贫资产，有了集体收入，如何管好用好这些资产、如何"好钢用到刀刃上"，则又是一项重要课题。

张佃虎深知，如果不能将扶贫资产纳入正规的管护运营范围，那么各村居、乡镇有可能会出现"扶贫资产公转私""昙花一现就消失"等问题。为此，莒南县提早谋划，对扶贫资产加强管护运营，实施"四权"分置，破解了扶贫资产归谁所有、谁来经营、收益如何分配、后期如何监管等四个难题。

张佃虎推进洙边镇以色列现代农业示范园项目

截止到 2021 年 2 月底，莒南县形成精准扶贫资产 490 个，覆盖 552 个村，所有权全部归项目涉及村集体所有，而经营权则放给合作社、龙头企业、专业大户等新型农业经营主体。同时，扶贫资产的收益实行差异化分配，分配方案由村里全体党员、村民代表、扶贫理事会会议讨论通过后，收益直接打入贫困户的"惠农一卡通"账号。此外，为了落实监管权，莒南县已将 16 个镇街、4.24 亿元的扶贫资产全部纳入农村集体"三资"管理平台进行管理。

时值四月，沂蒙春光正好。张佃虎虽已调离莒南，但沂蒙群众又一次踏上新的征程，大踏步走在乡村振兴的道路上，续写着全面小康伟大事业的新辉煌。

"小巷总理"扎根社区，帮扶群众永无止境

——记济南市天桥区工人新村南村街道西区社区党委书记田象霞

田象霞简介

　　田象霞，1962年出生，中共党员，现任济南市天桥区工人新村南村街道西区联合党委书记、西区社区党委书记。近40年来，田象霞以社区为舞台，坚持助人为乐，传播互助精神，把关心居民当成"分内事"，把为民解难作为"快乐事"，事无巨细地帮助群众，是社区有口皆碑的"贴心人"。她始终坚持为群众办实事、办好事，将一个原本脏乱落后的社区，变成了现代化家园。她以实际行动践行了一名共产党员的初心，荣获"全国劳动模范""全国百姓学习之星""山东省三八红旗手""山东省劳动模范""山东省优秀党务工作者"等称号，被中共山东省委授予全省"担当作为好书记"称号，并荣记一等功。

今年 60 岁的田象霞，是济南市天桥区工人新村南村街道西区社区党委书记。在社区工作的 39 年里，她将帮扶群众、服务群众的精神，融入血液。她是社区居民的"家人"，也被邻里称作"贴心人"。

婆婆妈妈的琐碎小事儿，她每天乐此不疲地处理着；社区里遇到涉及民生的难题，她总是冲在最前面解决。她坚持"百姓事，无小事"，将助人为乐的精神发挥到了极致，并在社区形成了互帮互助的良好风尚。在她的带领下，曾经的老旧开放式社区，如今已成为老百姓有口皆碑的现代化家园。

"红伞书记"赢得好口碑

1983 年，21 岁的田象霞来到济南市天桥区工人新村南村街道六居居委会工作，从此便扎根在社区服务一线。39 年一晃而过，昔日基础设施差、流动人口多的老旧开放式社区，如今已蜕变成群众乐居乐活的幸福阵地，田象霞也从一名普通社区工作者变成家喻户晓的全能型女书记。

天桥区本就是济南的地势低洼地区，西区社区更是一个洼地，再加上社区排水设施老旧，极易遭到雨水倒灌。一到下雨天，别人都匆匆往家跑，田象霞却抓起自己的小红伞往外跑，看到有雨污水井被垃圾堵了，她挽起袖子就掏。有居民问她为什么总打红伞，她笑着解释："红伞最醒目，居民有事老远就能找到我。"于是，一到大雨天，总有一个瘦弱的身影顶着红伞奔走在社区中，而到晚上，办公室长椅就是她的床。

"这种天气，谁家里万一进水发生危险，就能第一时间找到我。"这样的雨夜田象霞不知道经历了多少个。

田象霞带领社区居民一起清理垃圾杂物

"红伞书记"成了田象霞的标签，也在社区赢得了众多居民的口碑。然而，田象霞刚调到这里时，居民却曾对她表示过置疑。

初到社区，田象霞看到这里竟然有一座臭气熏天的垃圾山，她便挨家挨户上门，号召大家一起"移山"，却遭遇了多次白眼——居民们怀疑她会"半途而废"。"我是来给大家服务的，大家积极性不高，那就我来。"田象霞二话没说，找来独轮车干起来，一锨下去，老鼠、蜈蚣四处乱窜，旁边人吓得直跳脚，她愣是用借来的小车，将垃圾一车车装满推走。这位新书记的敢作敢为感动了社区居民，党员群众也行动起来，几天内装了70辆大卡车的"垃圾山"，终于被移出了社区。

"群众的事就是我的事，没有内外之分。"在田象霞眼里，自己是社区"家长"，更是群众的"服务员"，助人为乐不分内外，奉献群众永无止境。

"群众在你心中有多重，你在群众心中就有多重。"当社区的大小困难得以解决，邻里矛盾得以化解，困难居民在她的帮助下渡过难关而露出笑脸，这才是田象霞心里最大的满足和幸福。

"象霞社区工作法"成为居民们的骄傲

扎根社区几十年，田象霞用真心换真情，用实干赢信任。她总结形成了一套属于自己的社区群众工作方法——"象霞社区工作法"，概括起来说就是"三靠三用四到位"，即社区工作靠群众、群众参与靠发动、发动效果靠活动，用个人的品格感召群众、用欣赏的眼光看待群众、用创新的思路凝聚群众，静下来"听"到位、敞开大门"议"到位、扑下身子"干"到位、工作成效"评"到位。这个高效的"象霞社区工作法"，不仅让居民们实实在在有了"获得感"，也成为民政部公布的全国100个优秀社区工作法之一。

"助人为乐不仅仅是针对某个困难群众，而是针对所有社区居民。解决大家的困难就要一帮到底，满足大家的需求就要一干到底。"这是田象霞一贯的原则。

为了尽可能了解群众所需，尽快帮助大家，田象霞练就了"活电脑"的本领。社区工作近40年来，她最常做的事情就是走街串户，了解居民的需求和生活状况，归类建档，牢记在心。如今，她对社区居民每家每户的情况都了如指掌，张口就来。站起来能讲、坐下来能写、走出去能干，这就是田象霞。

有居民提出"想学诵读"，她立即"招兵买马"，成立了诵读队；居民想"磨刀"，她立即安排社区人员买电砂轮，去学校淘换长条凳，成立磨刀队；居民提出"想学吹葫芦丝"，她便想办法请来老

与群众聊家常，听取群众所需所想

师，成立"葫芦丝班"……就这样，社区组建了腰鼓队、秧歌队、合唱队，还有义工奶奶护校队、居民义务巡逻队、社区黑板报宣传队等。

街坊们都知道，田象霞的工作时间，永远比规定时间"早一小时"。她每天上班前，都会先绕着社区转一圈，和群众聊家常，常常聊着聊着就把群众所需所想的事办了。在群众最需要帮助的时候，她总能第一时间出现。

开放式老旧小区的下水管道设施老旧，漏水是常见问题。只要居民找她，她都会"一管到底"，有时候会协调好几天；居民排练节目缺少资金，她便自掏腰包为艺术团购置服装；居民两口子吵架拌嘴，她立即上门耐心劝解。"谁家两口吵了架，细心劝说用温情；谁家小狗来扰民，渗入家中去劝导；哪怕有个马蜂窝，也要精心处理好……"一位居民曾经以快板的形式，这样描述田象霞。

西区社区之前没有天然气，"让居民用上干净的燃气"是田象霞一个大心愿。她为此前前后后跑了多年，终于让符合安装条件的居民家中都通了燃气。然而，小区里有几幢 70 年代的老楼，没有独立厨房和卫生间，不达标，一直没通气。

"我们想办法改造达标，一定得让居民都用上燃气。"为了这句诺言，田象霞一跑又是一年多。在她的大力争取下，2016 年，西区社区被纳入山东省老旧小区改造试点，路平了、灯亮了、配套全了、管理精细了，一个个小广场也修葺一新，热闹非凡，社区面貌为之一新。

自己帮不如大家帮

在服务群众的过程中，田象霞逐渐意识到，面对西区社区这样一个人口多、设施差，许多问题亟待解决的老旧小区，自己的力量终究有限。只有发挥群众的力量，让每个人都发扬助人为乐的精神，一传十、十传百，形成互帮互助的氛围，才能用集体的力量解决整个社区的问题。

"她身上有一种号召力，跟在她身边，你就会不由自主地跟着她干活儿。"正是田象霞的这种奉献精神，让群众看在眼里、感动在心里，她的"守望互助"想法自然而然地得到了居民们的积极响应，很快在社区得以实现。

为长期照顾社区孤寡老人等弱势群体，她和几个老党员成立了"五人互助组"，对需求人员实行一对一、一对多、多对一的帮扶行动。还有志愿者利用老年活动中心平台开展志愿服务，定期走访帮扶高龄老人、空巢老人、智障老人，给他们理发、洗澡，组织开展形式多样的活动，让社区成为老年人满意的幸福家园。

在田象霞脑中的"社区数据库"里，还有 10 多位鳏寡孤独、重残的困难居民，为了让这个群体生活得更体面，切实提高他们的生活质量，田象霞又发起成立了山东省首家"邻里守望协会"，她亲自任协会会长，社区党员、楼长、热心群众则自发成为协会的成员，协会成员一一认领弱势困难群众，照顾弱势困难群众的日常生活。

从"五人互助组"到"邻里守望协会"，助人为乐成了西区社区的典型符号，是大家共同的行动指南。这样的共识和风尚，使这个老旧小区焕发了新活力，居民的获得感、幸福感、安全感不断增强。

和谐的社区氛围、新型的邻里关系……西区社区旧貌换新颜，成了济南市老旧小区的学习样板。而田象霞也将人生奉献给了社区，皱纹悄悄爬上了她的额头和眼角，留下了岁月的痕迹。

当年的小姑娘，如今已成为社区居民身边亲切的大姐。改变的是容颜，不变的是信念。在已经全面建成小康社会的今天，她将继续为美丽社区、共同富裕而接续奋斗。

坚守为民情怀，扛牢政治责任

——记菏泽市单县原县委书记穆杰

穆杰简介

穆杰，1969年出生，中共党员，曾任菏泽市单县县委书记，现为滨州市副市长。任职单县期间，全面落实"书记抓扶贫"的政治责任，对扶贫工作始终坚持亲自谋划部署，遇到困难问题亲自研究解决，不断根据单县工作实际创新举措办法。按照"打硬仗"的思维，建立脱贫攻坚战略体系，明确各级各部门的扶贫职责，实现"各尽其责，合力攻坚"；推行"四三二一"工作法，让结对帮扶"更有温度"；创新建立养老周转房、博爱学校，让兜底保障机制更加完善；实行"会诊制""代办制""一袋子"等工作方法，全面提升脱贫攻坚质量，实现全县8个省级贫困乡镇、95个省定扶贫工作重点村和6.08万户、11.6万贫困人口全部脱贫。2021年2月，荣获"全国脱贫攻坚先进个人"称号。

单县位于鲁苏豫皖 4 省 8 县交界处，辖 18 个乡镇，4 个街道，1 个省级经济技术开发区，1 个浮龙湖省级旅游开发区，502 个行政村（社区），总面积 1702 平方公里，总人口 127.1 万人，是全省 20 个扶贫工作重点县之一，有 95 个省定扶贫工作重点村，323 个省定贫困人口较多的村。面对艰巨的脱贫任务，时任单县县委书记穆杰，坚持以人民为中心的发展理念，把打赢脱贫攻坚战作为增强"四个意识"、坚定"四个自信"、做到"两个维护"的现实检验，作为压倒一切的首要任务紧抓不放，直至取得扎实的成效。

扛牢主体责任，坚守脱贫攻坚政治担当

"要想打赢脱贫攻坚战，我们就要做打硬仗的战略谋划。"穆杰担任单县县委书记后，切实担负起"一线总指挥"的政治责任，针对全县"贫困"这个敌情进行仔细分析，并进行了排兵布阵。他在全县成立了 22 个由县级领导任指挥长的脱贫攻坚指挥部，确保每个"分战场"都指挥有效、战力充沛。绘制脱贫攻坚战略图，明确各级党委政府"指挥部"、扶贫办"参谋部"、行业部门"后勤部"、驻村工作队"作战队"的职责，明确任务目标，在全县实行挂图作战。为提高结对帮扶质量，穆杰提出"人员、宣传、方法、感情四个到位，乡镇、村党支部和帮扶责任单位三调度，两本台账和帮扶责任人一周跑一趟"的"四三二一"工作法。

"干部驻村蹲点"行动是穆杰重点推动的工作。围绕脱贫攻坚、农村环境卫生综合整治等六大任务，按照"一律住在群众家，一律在农户家就餐，一律支付用餐费用"要求，单县 2000 多名干部与群众同吃同住同劳动，积极开展入户走访、人居环境整治、乡村夜话、孝

心敬老饺子宴等活动，通过干部带头干、入户讲，乡风民风得到转变，干群关系进一步提升，好多贫困户都和驻村干部成了亲人，党的好政策也进一步深入人心。

深化扶贫措施，增强脱贫攻坚实效

"要坚决抓住产业发展这个'牛鼻子'，脱贫不是目标，只有产业发展起来了，村集体收入增加起来了，贫困人口才能实现长久稳定脱贫。"穆杰在遍访贫困村时经常这样叮嘱镇村干部。

说得准，做得快。很快，依托"东山药、西芦笋、北大蒜、南林果、中蔬菜"特色种植优势，单县累计投入产业扶贫资金5.02亿元，实施产业扶贫项目1049个。推行"党支部＋龙头企业＋合作社＋贫困户"的扶贫模式，发展农民合作社总数达2680家，家庭农场总数达3639家，种植大户达406户。培育"一村一品"专业村216个，省级扶贫龙头企业4家，单县香瓜、单县蜜桃被认定为"国家地理标志证明商标"；单县罗汉参、青山羊获得"国家地理标志认证"，单县羊肉汤为"中国国家地理标志产品"。建设莱河方乘田园、郭村镇儒家田园综合体等20个现代农业示范园区，27个村被认证为中国"淘宝村"，全县农村电商企业达到356家，这些成果使单县产业发展的基础更加坚实。

聚焦老弱病残，织密扎牢兜底保障网

为了确保"脱贫路上一个不落"，穆杰精准聚焦各类贫困人口的帮扶需求，并采取不同的措施。

"以前住的房子一到下雨天就出现外边下大雨屋里下小雨的情况，院子里都是泥，去卫生间也不方便。搬了新家就不一样，房间内卫生间、厨房啥都有，门口还有硬化、绿化，共产党领导的真好，对于我们这些有年纪的、家里没人照顾的老人，关心到家了。"2018 年 12 月 14 日，单县李田楼镇刚搬进安居周转房内的杨德同激动地说。

穆杰在走访中发现，贫困孤寡老人对危房改造有抵触情绪，通过仔细了解，得知他们年龄较大、无劳动能力，五保金、低保金是其主要收入来源。有的老人即便享受危房改造资金补贴，依然没有能力承担剩余资金。有的老人认为拆房建房是大事，自己年龄大了，可以"凑合着过"，没必要再去操心盖屋子。即便有的老人符合入住敬老院的条件，因为不愿离开故土、害怕陌生环境、生活孤单等因素影响，造成老人守在危房之中不愿搬离。针对相关问题和困难，穆杰提出了"建设周转房、集中居住、相互照料、周转使用、所有权归属村集体、免费提

穆杰看望贫困群众

供给本村符合条件的贫困老人使用"的工作思路，综合运用农村危房改造、土地增减挂钩等政策，建成集生活居住、日间照料、休闲娱乐等功能于一体的集中式安居周转房 950 套，每套住房都配齐了沙发、床铺等各类生活用品，让老人实现"拎包入住"。为督促村民赡养人尽孝，他还要求镇村定期组织"孝德之星"评比，让村干部、老党员、群众代表定期对赡养人尽孝情况进行打分评比，通过评比营造"孝善养老"的良好氛围，实现农村贫困孤寡老人养老"离家不离村、离亲不离情"。

特困家庭中的孤儿、亚孤儿，由于父母陪伴缺失或父母患有大病等，孩子缺乏良好的教育条件，且这些家庭的监护人普遍对孩子期望值偏低。如果这些孩子过早进入社会，有可能成为社会的危险分子或最底层的劳动者，其家庭将依然贫困。针对这个问题，穆杰积极推动创建了单县公立博爱学校。学校是针对特困儿童养教并重的全日制寄宿式公益学校，实行全免费政策，为每一名深度贫困儿童免费提供一切在校生活用品和学习用品，并对节假日无人照管的孩子实行专人照看。"单县公益博爱学校的办学经验"还被写入全省 2019 年《关于抓好 20 项重点民生实事落实的工作方案》。

为把"兜底保障网"扎得更牢，穆杰还推动建设社会养老机构 5 处、乡镇敬老院 11 处，托管失能半失能"五保"老人 104 人；高标准建设了 7.9 万平方米的精神康复医院，设计床位 900 张，有效满足了单县及周边地区精神病人、慢性病康复病人的就诊需求。

创新战术打法，狠抓脱贫质量

2020 年初，紧紧围绕提高脱贫攻坚质量成效，穆杰积极创新工作举措，深入开展脱贫攻坚集中"大走访、大排查、大整改"活动。

创新实行"会诊制""代办制""一袋子"工作法，针对 42 个行业部门政策落实情况，按照"炒一锅，清一锅"的方法，组织部门、帮扶责任人进行 13 轮走访排查。

通过排查整改，单县新纳入低保对象 1979 户、2402 人，新纳入特困供养对象 170 户、177 人。542 名在籍不在校学生已落实在校就读。办理残疾人证 2719 人，对 617 名长期卧床不起行动特别困难的重度肢体残疾人、严重精神智力残疾人采取远程评残和上门办证，真正实现"炒好每道菜，共成一桌席"。

在穆杰和同事们的努力下，单县 8 个省级贫困乡镇、95 个省定扶贫工作重点村和 6.08 万户、11.6 万贫困人口已全部脱贫。而对单县人民来说，这只是起点，致富的路还有很长，他们仍将奋斗不止。

做一辈子乡村医生是我的初心

——记淄博市博山区源泉中心卫生院院长亓庆良

亓庆良简介

亓庆良，中共党员，主任医师，现任淄博市博山区源泉中心卫生院院长，兼任国家卫生健康委党校客座教授。扎根基层50余年，充分发挥共产党员的模范带头作用，致力于发展农村医疗卫生事业。首创"预防、医疗、康复、养老、急诊急救、精神卫生"六位一体的医院发展模式，把一个濒临倒闭的农村乡镇卫生院发展成为博山区域医疗服务次中心，解决了周边6个乡镇近20万群众"看病难、看病贵、看病不方便"的问题，为推进地区发展和乡村振兴作出了巨大贡献。被授予"全国脱贫攻坚先进个人""全国优秀乡镇卫生院院长""全国基层好医生""山东省优秀共产党员"等荣誉称号。

所谓"致富"，不仅是让人获得物质上的富裕，而且要让人的身体安康，在精神上富足。

1958 年的一个夜晚，在淄博市博山区源泉镇源西村，6 岁的亓庆良失去了自己的母亲。那位只有 26 岁的母亲因患风湿性心脏病，在二胎分娩时合并心力衰竭病故。"其实，当时只要有一支强心针，我的母亲就会活下来。"60 多年前，亓庆良心底就埋下了这样一粒"医者仁心"的种子。

有人一直不明白，作为一名青岛医学院的高才生，亓庆良为何要放弃留校、放弃去大医院工作的机会，回到偏远的家乡？对此，亓庆良说，从高中毕业以后做"赤脚医生"，到现在有 50 年了，我要走一条健康扶贫的路。

人生的选择总是"归乡"

1971 年高中毕业后，亓庆良如愿以偿成为一名"赤脚医生"。为了给家乡人民解除病痛折磨，亓庆良以极大的热心投入工作中，医者仁心，很快得到了父老乡亲们的肯定。4 年之后，公社党委推荐他到青岛医学院临床医疗系学习深造。

1978 年，亓庆良大学毕业后回到博山区医院工作。此时，医院卫生技术人才青黄不接，为了能迅速承担外科临床的重任，亓庆良夜以继日地工作。仅过了 3 年，他便能主刀做疝气、阑尾手术，5 年之后，就能独立做胃大部切除手术。

在人生的两个重要岔路口上，亓庆良做出了同一个选择：归乡。

大学毕业前夕，亓庆良面临自己人生的第一个岔路口。青岛医学院临床医疗系领导找亓庆良谈话，希望这名成绩优异的学生能留校工作。但那个夜晚，母亲病重离世的景象在亓庆良眼前挥之不去，想到家乡人民缺医少药的现实，他谢绝了学校领导的挽留，选择回家，回

义诊现场，亓庆良为患者检查身体

到博山区医院为广大父老乡亲看病。

"我知道，如果当时留在学校，可能发展的机会更好。"对于亓庆良的选择，很多人都不理解。如果说第一次选择"回家"，有的人会认为那是年轻人的一时冲动，那么第二次选择"回家"，却是深思熟虑的结果，这一选择更能体现出亓庆良的初心。

1997年，亓庆良晋升为副主任医师，又被评为"博山区十大名医"，在淄博市内外科领域已经小有名气。这时，亓庆良再次面临一个重要选择——博山区卫生局领导要提拔他为博山区医院的业务副院长；淄博侨联医院、淄博市妇幼保健院都要向全科医院发展，也特意邀请他去担任外科主任；同时，博山区源泉镇领导则直接找到他，邀请他回源泉卫生院工作。

这一次，亓庆良的选择依然是"回家"——源泉镇。

回到家乡，亓庆良发现当时的源泉卫生院是全区条件最差的医院，没有院墙、没有大门，全院只有一座破败不堪的 3 层小楼，木制的窗户一半以上都没有玻璃……全院只有 13 个编制，10 张床位，固定资产不足 40 万元，外欠药款则超过 50 万元，职工们 3 个月都没发工资了。卫生院的种种境况都在表明——卫生院已经到了濒临倒闭的地步。

在这种情况下，亓庆良怀着"治病救人"的朴素初心，以身作则带领着同事们白手起家，用扎实的医术让医院在第一年就扭亏为盈，并这样一步一个脚印、一年一个台阶，用 25 年的时间彻底让医院实现了凤凰涅槃。

在发展过程中，亓庆良特别重视卫生人才的培养。他先后引进培养专业技术人才 100 多人，选送技术骨干到省市医院进修 40 多人次，培养中级中层学科带头人和技术骨干 30 余人，由此建起一支高素质的专业队伍。这些宝贵的人才，激活了医院的发展潜力，为医院腾飞打下了坚实基础。

如今，源泉中心卫生院已拥有占地 5 万平方米的医疗用房，开放床位 1000 张，核磁共振、CT 等中大型设备 150 多台，资产增值到近 2 亿元。它已成为山东省规模最大、淄博市综合服务能力最强的乡镇卫生院之一，成为全国乡镇卫生院的一面旗帜，是能够辐射多个乡镇近 20 万人口的山区医疗卫生服务中心。

2015 年国家卫计委在验收"全国群众满意的乡镇卫生院"时，时任国家卫计委项目部主任的张朝阳评价说："我们在山东淄博发现了全国群众最满意的乡镇卫生院，是最满意的，没有之一。"

为了农村，为了农民，亓庆良一直坚守着，他用心血和汗水筑起了山区的健康防护墙，乡亲们不用再为看病难、看病贵、看病不方便而发愁。

治病救人就是最大的职责

亓庆良有个出了名的"坏习惯"——不愿意喝水。

"这是个职业病，你不知道什么时候会上手术台，上了手术台，则会有很多不可预料的情况，你不知道什么时候会出现什么样的意外情况，如果做着手术要去厕所，这是无法想象的。"亓庆良这样解释自己的"职业病"，70岁的人，不花眼，很少出汗，这都是常年在手术台上养成的习惯。

他几乎没有什么爱好：不喜欢喝茶，不喜欢饮酒，不喜欢抽烟……最长的一台手术，做了14个小时，中间没有喝一口水，没有吃一口饭。

"吃饭？病人生命都不保，能吃得下去？"那次亓庆良做完手术，就睡在了手术室外的一张手术台上。

有人问："苦吗？"亓庆良没有觉得，因为一上了手术台，心思全都在病人身上，喜怒哀乐酸甜苦辣，什么滋味都感受不到了。

"救人就是跟时间赛跑，能争取一秒，病人存活的机会就提高很多倍。"是的，亓庆良最常提的一个词就是——救人。

从医50余年，亓庆良最多的一天曾做了12台手术，清楚记得那是在1999年6月13日，早上7点半进入手术室，一上午就做了4台手术，中午没休息，下午接着又做了4台手术。眼看下班了，又送来1例急性阑尾炎，随后又是1例急症剖宫产，半夜又来了1例急性胃穿孔……

12台手术，就是12个人的生命，亓庆良作为医生，深知自己推脱不掉。

危重病人是对医生的最大考验，2008年的一天傍晚，一名14岁少年外伤入院，不到一个小时，孩子血压下降很快，亓庆良判断应该是脾破裂，腹腔大出血。接到电话后，亓庆良迅速赶回医院，此时，孩子已经测不到血压，怎么办？做不做手术？不做，心跳将很快停止；做手术，医生承担的风险太大。

亓庆良说，当时他看着满怀期待的孩子家长，忽然意识到，医生此时就是这个家庭的救世主，救了孩子，就是救了一个完整的家。经过检查，孩子脾脏粉碎，腹腔出血 1400 毫升，手术持续了 4 个小时，最终成功。亓庆良不仅挽救了一个鲜活的生命，也拯救了一个家庭。

山区群众健康需要的，就是我们该做的

作为职业医生，亓庆良只是追逐着少年时"当一名医生"的梦想，遵循着内心深处对家乡的深爱，履行一名医生的职责。

"山区群众健康需要的，就是我们源泉医院该做的。"亓庆良说。然而，这句话说起来容易，做起来却很难。源泉医院一直致力于健康扶贫，服务和保障山区老百姓的健康。

博山南部山区 4 镇位置偏远，交通不便，距离主城区普遍在 30 公里以上，往返最远的村需要 2 个多小时，医疗应急处置救援成为困扰山区群众的一大难题，是山区基层公共卫生发展的短板。

在亓庆良的积极争取下，2020 年 5 月，源泉中心卫生院 120 急救站启动运行，山区群众院前急救的路程被缩短一半，急诊出诊时间大幅缩减，打通了山区急诊急救的"最后一公里"，被山区百姓称为"山区人民的救命站"。

2018 年，博山区源泉中心卫生院牵头成立博山南部山区"医共

亓庆良与长寿山医养健康园老人在一起交流

体"，亓庆良担任理事长。同时，他积极主导与山东省立医院、山东第一医科大学第一附属医院等多家知名医院签约医联体单位，稳步提升基层服务能力。同时，他在医院严格落实卫生健康扶贫"八个一""两免两减半""先诊疗后付费"等政策，使贫困群众"看病贵"问题得到彻底解决。

亓庆良在下乡入户送医送药时，发现农村有不少无儿无女无保障的五保户，生活无人照料，生病无人医治，为此，他规划建设了源泉长寿山医养健康园。2019年11月，源泉中心卫生院医养结合机构养老模式被作为典型经验在全省推广。源泉长寿山医养健康园被评为山东省医养结合示范单位，2020年被评为全国敬老文明号单位、全国智能化养老机构、全国AAAA级养老机构。

如今，医养健康园成功中标博山全区农村贫困人口和低保边缘人口居家照顾服务项目，既解决了农村贫苦户中失能半失能老人的生活照护和健康需求，又增加了农村妇女就近就业的机会。

"完成非凡之事，要有非凡之精神和行动。"亓庆良正是抱着这种"当一辈子乡村好医生"的朴素情感，在农村广袤的天地上走出一条医者仁心、为民安康之路。

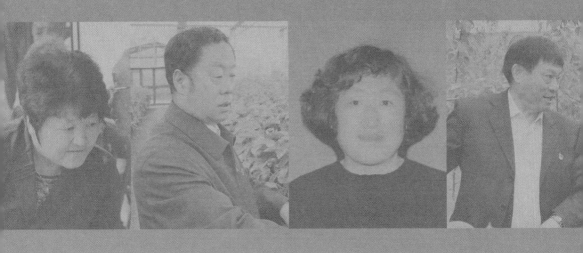

四、致富头雁篇

——一勤天下无难事

2013 年，习近平总书记在同全国劳动模范代表座谈时引用钱德苍《解人颐·勤懒歌》中的"一勤天下无难事"。习近平总书记强调："人世间的美好梦想，只有通过诚实劳动才能实现；发展中的各种难题，只有通过诚实劳动才能破解；生命里的一切辉煌，只有通过诚实劳动才能铸就。"

全面建成小康社会，归根结底是要让人民群众富起来，而在致富的过程中，既要手勤，又要脑勤，更少不了敢为人先的榜样力量。在齐鲁大地上，正因有着一个个带动人民群众致富的"头雁"，正因风发泉涌出一位位勇于创新的标杆，我省的全面小康才能"一个也不少"。这些表率，或敢闯敢拼，或理念创新，或技术革新，不仅实现了个人价值，更让周围的人见贤思齐，在各自领域奋进。

从"乡村女教师"到"乡村振兴带头人"

——记济南市章丘区双山街道三涧溪村党总支书记高淑贞

高淑贞简介

高淑贞，中共党员，济南市章丘区双山街道三涧溪村党总支书记。任职期间，高淑贞两度担任村党支部书记，带领两个贫困村摘掉"穷帽子"，以实际行动践行对党忠诚的诺言。她诚信立班子，全心为群众，以党建为统领，统筹各项村建工作，最终通过实干让三涧溪村从"问题村"变成"全国民主法治示范村""全国平安家庭创建先进示范单位""全国文明村""全国乡村治理示范村"。曾列席党的十九大，两次受到习近平总书记的亲切接见。荣获"全国三八红旗手""全国优秀党务工作者""全国基层理论宣讲先进个人""山东省优秀共产党员"等称号。

走在济南市章丘区双山街道办事处三涧溪村，几乎感受不到传统农村的痕迹。整齐划一的公寓楼，方便快捷的便民超市和各类服务设施一应俱全。一切都在向外来人证明，这是一个蓬勃发展中的现代化社区。而很多人不知道的是，三涧溪村在 20 多年前是出了名的穷村、乱村，人称"神仙也治不了的三涧溪"。

村子为何能发生翻天覆地的变化？乡亲们总会将答案指向一个人——他们的书记高淑贞。

时间定格在 2018 年 6 月 14 日，这是高淑贞终生难忘的一天。这一天，习近平总书记一行风尘仆仆地来到三涧溪村考察。高淑贞给总书记介绍了三涧溪村强化班子建设、推动产业发展、保护生态环境、建设文明村风等工作情况。习近平总书记对该村以党建为统领统筹推进工作的做法给予充分肯定。高淑贞两度担任村党支部书记，带领两个贫困村摘掉了"穷帽子"。有人问她成功的秘诀，她说："忠诚听党话、实干赢尊重、诚信得民心。"

党让我去哪里，我就去哪里

高淑贞出生在章丘明水街道东太平村，家里姐弟八个。小时候家里穷，是党委、政府帮这个家一步步摆脱贫困，乡亲们也经常给她家送米、送馍、送旧衣服。正是有了这段成长经历，高淑贞对党委、政府和乡亲们充满了感激之情。

1995 年底，正在章丘市王白中学任教的高淑贞被领导叫去谈话，让她去担任东太平村的党支部书记。尽管当时的高淑贞已有身孕，但还是毅然接受了组织的安排。当时的东太平村，群众走的是土路，喝的是井水，班子瘫，人心散。经过 5 年奋斗，高淑贞带领村民干纺织，建烧窑，抓养殖，修通了柏油路，用上了自来水，架起了新电网，日子一天比一天红火起来。

2004 年，正当东太平村各项事业步入正轨时，双山街道党工委又找到高淑贞谈话，想让她去三涧溪村工作。与过去的东太平村相比，三涧溪村是出了名的穷村、乱村。比这更棘手的是，自 1998 年至 2004 年，三涧溪村 6 年间换了 6 个村党支部书记，是挂了号的"问题村"，被村民形象地称作"神仙也治不了的三涧溪"。村里没有一条硬化路，垃圾成堆、污水横流，孩子辍学的、邻里争吵的……群众怨声载道。高淑贞深知这个工作更加艰巨，但她想，既然党组织信任，让我去哪里，我就去哪里！"一定要让乡亲们过上好日子"成了她的承诺，高淑贞为此一干就是十几年。

实干苦干，永远是取信于民的"法宝"

万事开头难，当时的三涧溪村一大摊子事摆上村"两委"的案头：村委班子弱，就连开党员大会都召不齐人；村集体没钱，硬化路、自来水等基础设施没有着落。在村"两委"会上，高淑贞对大家讲："咱这个班子要想让老百姓信咱、跟咱干，就得把承诺的事情一件一件办好。"

班子威信是基础。她带领大家，在每户党员家门口挂上标牌，亮出身份。村里开通了热线电话，村干部 24 小时值班，对村民有求必应。以村"两委"干部为骨干，成立了 120 多人的为民服务队，让村干部当起为民服务代办员。为接受村民监督，她组织村里的老党员、老干部、老教师、老退伍军人和德高望重的老人成立"五老"调解会、村务监督委员会，村里的大小事务、收支账目，全部接受群众监督。就这样，村班子管理在很短的时间内就规范起来。

高淑贞深知，要想取得村民信任，就得兑现承诺。于是，她决定

高淑贞与村里老人谈心交流

从村民最关心的事情做起。

第一件事是修路。当时村里账上一分钱都没有，高淑贞就用自己的房子抵押贷款。她天天顶着烈日在施工现场指挥工作，声带发炎说不了话，就在纸上写字跟施工方沟通。钱用完了，她就用自己的关系借、用自己的信用担保。路修好那天，乡亲们放起了鞭炮，高淑贞却病倒了。

第二件事是让村民喝上自来水。由于村里私搭乱建严重，自来水管道没法走。高淑贞一家一家做工作，再难听的话也听，再难受的气也受，一遍讲不通就反复讲，直到群众点头为止。

短短几年，一条条民心路修好了，一座座连心桥架好了，一股股甘甜的自来水流进了群众的心田。三涧溪村党组织的威信树起来了，村民说没想到新班子这么快就兑现了承诺。

让"沉睡的资产"醒过来

"农业农村工作，说一千、道一万，增加农民收入是关键。"这是习近平总书记视察三涧溪村时作出的重要指示，也一直是高淑贞的工作准则。

过去的三涧溪村，连一家村办企业都没有，怎么办？高淑贞顶住种种压力，通过腾笼换业，盘活了10家企业，引进70家企业，实施了20多项民心工程。村里建起了农业生态示范园、农事体验园、采摘观光园和生态养殖示范区，还成立了养狐、养猪、养牛三个协会。如今，村工业园有70多家企业落户，仅年利税就达到1.3亿元，村里近千名劳动力实现"在家门口就业"，人均收入超过2.6万元。

高淑贞又将目光投向了村里"沉睡的资产"，闲置的土地和房屋，都可以成为新产业的载体。但在她看来，"光流转土地不行，还要解放劳动力，再拓展不同的渠道，成立一种合作模式，也就是乡村振兴合伙人"。高淑贞认为，人人有事干，事事有人管，户户都挣钱，乡村就振兴了。

在这种思路指导下，"资源变资产、资金变股金、农民变股东"的"三变"改革在三涧溪村应运而生，在高淑贞的努力下，村集体股份经济合作社、土地、劳务、旅游和置业股份合作社等五大合作社正式成立。同时，三涧溪村还清产核资2.7亿元集体资产，进行折股量化，村民按股分红。

高淑贞解释："家家户户都有流转的土地和宅基地，这些都有股份，村民可选择资源资金入股，也可选择以劳动力入股，我们叫劳务股份合作社。"

如今，三涧溪村580户村民通过资金或房屋资产入股、参与经营务工等方式进入产业化链条。以"三变"改革为支点,三涧溪村不止撬动了更多的产业发展载体,更撬动了全村人参与乡村振兴的积极性,群众致富的路越走越宽。

党建引领,"家"字管理

每个到三涧溪村的人,都不会错过一个"景点",那就是伫立在村里的"家"的雕塑。

这个被重塑的"家",寓意着三涧溪村的"家"字形管理体系。高淑贞说:"'家'字头上这一点就是党组织,其他各项工作都要在党的领导下进行。三涧溪村变化的是村容村貌,但永远不变的是坚持党的领导。"

于是,在三涧溪村,产业增长点在哪里,合作社就建在哪里,党组织就延伸到哪里,使得党员队伍不断壮大。

2016 年,三涧溪村成立了个体私营企业、创业青年和康养服务三个党支部,后来又筹划增设了物业管理、古村旅游两个党支部。高淑贞介绍,五个党支部书记均由合作社或股份有限公司的主要负责人担任,以确保党建引领在各个产业中发挥主导作用。

高淑贞总把三涧溪村的发展比作一辆全力前进的火车,党建是铁轨,党的方针政策是方向。

高淑贞觉得,党建引领,就要以身作则。群众看党员,全村就要看她这个书记怎么做。担任三涧溪村党总支书记后,高淑贞每天走家串户,800 多户人家不知走了多少遍,大到干群矛盾、小到邻里纠纷,高淑贞总是第一个赶到现场。她自担任三涧溪村党总支书记后,就彻底放弃了休假。她曾是章丘市比较有名的运动员,可

高淑贞讲述"家"字形管理体系

这样的身板，也终究没经得住偌大的重压。起初为了村子建设，她曾天天泡在工地上，连续几个月没睡过一个囫囵觉、没吃过一顿安生饭，最终累得病倒，但她当时记挂着村里的事，就在办公室挂吊瓶，继续工作。

高淑贞知道，党建引领，就是要让党的优良传统在村子里扎下根，摒除歪风陋俗。以前村里存在红白喜事大操大办的歪风，为了重塑村风，高淑贞带头搞移风易俗。自己的婆婆去世，她顶住家族压力，强力推行红白事从简从俭，影响了全村百姓，止住了历代人无法刹住的歪风。在她的带领下，村里几十名妇女自发成立了"巾帼为民服务队"，专门为妇女服务，深受群众欢迎。经济富起来，文化也要跟上。三涧溪村建起小康电子书屋，成立庄户剧团、秧歌队、戏曲艺术队、篮球队等多支文体队伍，开展"平安家庭"创建和"五好家庭"评选等活动，评选好媳妇、好婆婆，让好家风蔚然成风。

如今的三涧溪村，生产和生态换新颜

　　如今的三涧溪村，已成为"全国民主法治示范村""全国平安家庭创建先进示范单位"等。回首过往，高淑贞完成了自己从"乡村女教师"到"乡村振兴带头人"的角色转换。"不负总书记的嘱托，敢闯敢创先锋的三涧溪村，一定会迎来更美的明天！"在全面建成小康社会后，高淑贞许下了新的诺言。

情系桑梓，衣宽不悔

——记潍坊安丘市辉渠镇谋家河村党支部书记、村委会主任李学海

李学海简介

　　李学海，1954 年出生，2006 年加入中国共产党，现任潍坊安丘市辉渠镇谋家河村党支部书记、村委会主任，山东学海农林集团有限公司党委书记、董事长。从穷孩子到成功的企业家，再到带领乡亲们致富的"领头雁"，他不忘初心，几十年如一日地扶危济困、真情奉献。荣获"全国道德模范""全国劳动模范""全国脱贫攻坚先进个人""全国优秀共产党员"等称号以及全国脱贫攻坚奖奉献奖，荣获"庆祝中华人民共和国成立 70 周年"纪念章，受邀参加庆祝中国共产党成立 100 周年大会，多次受到党和国家领导人接见。

如今已年近七十的李学海，是一名老党员，曾冒着生命危险救下了146个人的生命，曾帮助46名贫困大学生完成学业，曾带资10亿元返乡创业扶贫……一路走来，李学海传承红色基因，推动绿色发展，将一个欠债40多万元的穷村，蜕变为一个村集体积累超1600万元的富裕村。

如今，在李学海的家乡——潍坊安丘市辉渠镇谋家河村的田间地头，时常还能见到他的身影。作为村党支部书记，他老当益壮，衣宽不悔。在这里，他搞红色旅游、建收养中心、搞荒山绿化，一幅幅富足振兴的新愿景图被勾勒出来。

念桑梓，迈出返乡扶贫步子

1971年，17岁的李学海怀揣家里仅有的两毛钱，来到原寿光县羊角沟公社当了一名渔民。

20世纪90年代中期，他积极响应号召，承包了3.6万亩浅海滩涂，注册成立了寿光市北海滩涂开发养殖有限公司。

2003年10月，寿光北部发生特大风暴潮，李学海冒着生命危险，驾着冲锋舟，5次出海，把146名被困民工安全救上岸。这种义无反顾的勇气和无私奉献的精神，一直是李学海身上的宝贵品质。

2009年，在外打拼多年的李学海，已经成为一名远近闻名的企业家，年近花甲的他本可以享受安逸无忧的晚年生活。然而，当安丘市委、市政府和辉渠镇党委、政府领导邀请他返乡创业、带领乡亲们脱贫致富时，李学海二话没说，当即答应。他说："我的血液里流淌着红色基因，党指到哪儿我就要打到哪儿，乡亲们需要什么，我就要干什么！"

仅仅一周后，李学海怀着对家乡父老的眷恋，放弃了外地优越的工作生活条件，带着 10 亿元积蓄回到老家，与乡亲们共谋发展。2010 年，他在村"两委"换届中高票当选为村党支部书记。

就像当年外出创业时一样用心，李学海把带动乡亲们脱贫当成了自己后半生最崇高的事业。上任后，他带领村"两委"班子成员踏遍了家乡的山山水水，进行了详细考察，确定了依托留山及周边资源，发展红色教育、乡村旅游、生态农业的扶贫路子。留山，是座古火山，也是李学海家乡的一座"宝山"，景致壮观。然而当地因资金缺乏，早些年没有能力对这座山进行"雕琢"，再美的景色也只能"远观"。为了让村子用好留山，李学海于 2013 年注册成立了山东学海农林集团有限公司，规划投资 10 亿元开发建设留山。

李学海先后建设了游客接待中心、环山绿道、留山宾馆等，自此，乱石岗、荒草坡变成了拥有 8 处景色、建筑面积 8 万多平方米的旅游景区。山更美了，林更密了，水更清了，这是每个村民的真切感受。

企业运营之初，为改善村民出行条件，李学海又出资 3000 万元，修建了 56 公里的连村路、环山路；为解决周边 3000 多名村民的生活用水及 6000 余亩农作物的浇灌问题，投资 1600 万元，打岩深井 16 眼，修建小型水库 3 座，修建大型蓄水池 4 处；为改善村民生活、生产用电条件，出资 50 万元为本村安装 100 千伏变压器 1 台；为改善周边生态环境，投资 2000 万元，绿化荒山、栽植林果 4000余亩；为改善村容村貌和村民居住条件，投资 5000 余万元，建成了占地 3 万多平方米的高标准住宅小区；为给周边 12 个村、超 7100名村民提供便捷服务，投资 1000 多万元，建成高标准便民服务中心 1 处……

这一串串震撼人心的数字，映照着李学海"村民不富，誓不瞑目"的承诺。经过 10 多年的努力，沉寂了数百年的荒山僻壤在李学海的带领下终于变为充满活力的美丽乡村。

拔穷根，拓宽产业致富路子

李学海坚信，没有摘不掉的穷帽，没有拔不掉的穷根。为了从根本上解决问题，他提出以工养农、以农助工的"办企业助脱贫"的路子，自己也被乡亲们亲切地称为"庄户厂长"。

"要想让群众有活儿干，首先得搭台子。"2013 年创立的山东学海农林集团，就是这样一个"台子"。山东学海农林集团以生态旅游、观光旅游、苗木栽培、高效农业等为主导产业，下设农业科技公司、旅游开发公司、土建工程公司、红色教育服务公司等，扎实的产业计划由此开启。

李学海瞄准了红色产业，因为他的心一直向党。他说："我相信信仰的力量。"为了让更多人感受红色精神、传承红色基因，雷厉风行的李学海投资 2.6 亿元建立中国共产党历史教育基地，主题即为"信仰的力量"，已有 16 万余人次在这里接受了党性教育。令李学海最为自豪的是，这个教育基地，既增加了乡亲们的物质收入，又让来自全国各地的人汲取精神力量。

2021 年，李学海又投资建成了留山红色教育基地"实境课堂"，为各级党员干部丰富了革命传统教育的载体，"打造红色旅游，带动乡村振兴"的路子，走通了。而富裕的不只是谋家河，李学海还通过打造产业平台，带动周边 12 个村庄的 2000 多名贫困村民人均年增收 3 万多元。

"要让村民富起来，路子先得铺出来。"李学海清楚，要想让乡亲们彻底脱贫，不能只靠"输血"，根本上还要靠他们自己"造血"。

李学海在留山农业科技生态园察看作物生产情况

对此，在回乡之初，李学海就在规划一条带领乡亲发展现代农业的致富路。他先后投入1500多万元，与群众一起注册成立农民专业合作社，集中发展农业种植基地3000亩。他又投资4000多万元，建成了占地500亩的高科技农业种植示范园，让周围村子的乡亲们"抱团"搭上了脱贫致富的"直通车"。他协调扶贫资金600万元，成立辉渠镇第一家村办企业——安丘市惠农石化有限公司，建设高标准加油站1处，每年可为村集体增收50万元。

做慈善，扩大共同富裕惠及面

作为一名先富起来的党员，李学海时刻不忘自己的责任担当，时刻不忘那些老弱病残和劳动失能的乡亲。

2016 年 6 月，安丘市部分山区乡镇遭受冰雹灾害，李学海第一时间通过安丘慈善总会向受灾地区捐款 20 万元，帮助受灾群众渡过难关。在遭受"温比亚""利奇马"台风灾害后，李学海紧急购买了20 多万元的化肥，及时分给村民，帮助他们恢复生产自救。

新冠肺炎疫情暴发后，李学海第一时间向辉渠镇卫生院捐赠救护车，向安丘慈善总会捐款 70 万元，向石埠子镇清河村捐款 50 万元，向寿光市羊口镇捐款 30 万元，向临朐县柳山村捐款 10 万元，缴纳特殊党费 10 万元……

多年来，他拿出自己在外多年的创业积蓄，为谋家河村 65 岁以上的老党员和贫困群众每年每人发放扶贫金 1000 元，并为周边 12 个村共计 5508 名村民缴纳新农合医疗保险金，每逢重大节日还为周边村子 60 岁以上、失去劳动能力的老人发放慰问金。如今，李学海已累计发放了扶贫资金 1400 余万元。每一个被帮扶的乡亲，都心心念念着李学海的好。

对于李学海来说，"先富带动后富"绝不只是一句口号，更是他作为一名共产党员的责任与义务。

强队伍，夯实发展致富底子

党建兴则事业兴，队伍强则事业强。李学海认为，只有抓班子带队伍，不断探索好思路好方法，才能真正激活发展的"红细胞"。

为此，谋家河村党支部编制了《基层组织工作手册》，制定了《流动党员管理制度》《党员信息管理制度》。山东学海农林集团则坚持党委班子与行政班子相融合，党委班子与集团管理成员"交叉任职率"达 100%。

李学海出资建设的谋家河村为民服务中心

李学海认为，党建工作，既要有面子，也要有里子。他不仅建设了现代化党群活动室，更在人才培养方面提出了"把骨干培养成党员，把党员培养成骨干，把党员骨干培养成高管"的"三培养"机制。

2021年，在新一轮村"两委"换届中，李学海高票连选连任村党支部书记，并兼任村委会主任，谋家河村党支部被安丘市委授予"先进基层党组织"称号。

"我一直在想，人这一辈子，活着到底是为了啥？党的好政策，使我们过上好日子，致富思源，我觉得自己有义务回报社会。伸出双手，搀扶那些需要搀扶的人；捧出真情，温暖那些需要温暖的心。"多年来，李学海始终把这句心里话落在实处。在推动乡村振兴的道路上，李学海用一名基层党员的责任与担当，继续贡献着自己的力量。

在已经全面建成小康社会的今天，李学海又站在留山上，望着脚下生机勃发的土地，暗下决心：要继续带领群众建设美丽乡村的"齐鲁样板"！

新时代的沂蒙红嫂，身残不忘带动后富

——记临沂市平邑县凯凯服饰有限公司总经理刘加芹

刘加芹简介

刘加芹，1975 年出生，临沂市平邑县凯凯服饰有限公司总经理。尽管患有先天性心脏病且肢体三级残疾，但是她从未向命运低头。刘加芹"宁愿苦干，不愿苦熬"，凭借沂蒙山区女性的一股子韧劲儿，通过自己的双手摆脱了贫困。先渡己再渡人，面对周围群众的小康梦，她以"扶贫怎能少了我，先富不忘带后福"的责任担当，毅然用弱小的身躯撑起了两家服装厂 60 多名工人的生计，带动几十名残疾人和贫困户奋斗致富。获得"全国脱贫攻坚先进个人""新时代沂蒙红嫂精神传承者""临沂市自强模范""临沂市三八红旗手"等荣誉称号以及全国脱贫攻坚奖奋进奖。

走进平邑县武台镇孟家庄村凯凯服饰有限公司的加工车间，一台台电动缝纫机飞速运转，一件件衣服在工人手中成型。就在这间普通的厂房里，存在着一群特殊的工人——聋哑人李梅、视力不好的孙兰香、智力有问题的咸海红等，一共有 12 户建档立卡贫困户在此工作。事实上，这家年利润 30 余万元的扶贫车间，由肢体残疾的农村女性刘加芹负责经营。几年来，身残志坚的刘加芹不等不靠、自力更生，凭借着一股子韧劲儿实现了自身脱贫，且先富不忘带动后富，让几十户贫困户和残疾人脱贫致富，看到了生活的希望。

天行健，人生的大门不止一扇

刘加芹家住平邑县武台镇，今年 47 岁的她，声音洪亮，性格爽朗，给人一种自然的亲近感。很难想象，她患有先天性心脏病，依靠心脏起搏器生活，病重时，她的体重只有 35 公斤，心跳每分钟下降到 30 次。"那时真是在鬼门关走了一圈。"对于自己的病，刘加芹现在想起来还有些后怕。

天助自助者，即便病患加身、家徒四壁，刘加芹还是毅然叩开了属于自己的命运之门。1999 年，刘加芹和丈夫刚结婚时，家里没有任何生活来源，只能靠刘加芹在集市上摆摊做衣服，勉强维持家用，家里连一把像样的椅子都没有。屋漏偏逢连夜雨，更为不幸的是，当时公婆已瘫痪在床 4 年，全家只有丈夫大哥给的 20 元现金和盖新房欠下的 2 万元欠条。一贫如洗的家，加上刘加芹的病，使这个贫困的家庭雪上加霜。2004 年，刘加芹的丈夫借遍亲戚朋友、左邻右舍，终于凑够了 8 万元手术费，陪她去济南做了心脏手术。但手术后，她却留下了严重的后遗症，一条腿的神经受损，整整瘸腿两年。

坎坷的经历，让刘加芹深刻体会到了贫穷和残疾的艰辛，看着空荡荡的家和辛苦的丈夫，刘加芹暗暗咬牙，一定要努力改变现状。然而，当时的现实情况是，刘加芹连走路都困难，又该如何走出困境呢？她并未向命运屈服，思索了自己的优势，决定拾起自己的手艺。原来，刘加芹在十八九岁时曾在平邑缝纫学校学习制衣，有过加工衣服的经历。与丈夫商量后，她决定办个服装加工厂。2006年，刘加芹贷款2万元，从外地买来8台电动缝纫机、1台熨斗、1台锁边机，又找来5个同村妇女，就这么办起了服装厂。她相信，前途虽远，行则必至。

做下去，幸福的路上不畏荆棘

俗话说"万事开头难"，创业之初最为艰辛。请不起老师，刘加芹就自己钻研摸索机器，又手把手教会工人。厂子建起来了，刘加芹面临的首要问题就是订单。经过四处打听，她听说临沂市劳保市场有活，便揣着煎饼咸菜就去了。在偌大的劳保市场，刘加芹一家一家地问，一家一家地谈，可店家们见她是残疾人又是新服装厂，都不愿与她合作。直到第三天下午，一直留意她的一位女老板看着疲惫的刘加芹，出于同情，决定将2000件大褂的订单交给她。而正是这2000件大褂，为刘加芹积累了第一笔创业基金，也点燃了刘加芹奋斗的希望。之后，刘加芹带领工人加班加点、保质保量地完成了这第一笔订单，每件大褂仅赚了两毛钱。女老板看到刘加芹人很实在，又陆陆续续帮助她介绍了一些客户，刘加芹的服装厂终于运转了起来。

服务质量决定企业口碑。由于刘加芹干活儿实在，从不偷工减料，很快便在客户中树立起好口碑，老客户都乐意介绍新客户给她。

一开始，刘加芹的服装厂仅加工生产工装，利润较低。2011年，经老客户介绍，一位来自邹城的客户到刘加芹的服装厂详细考察后，定做了一批校服，利润相对较高。自此，服装厂转为主要生产校服，业务范围也逐渐扩展到济宁和枣庄等市。

2015年脱贫攻坚开始后，在县扶贫部门的协调帮助下，刘加芹的服装厂被认定为"扶贫就业车间"。现在，刘加芹的凯凯服饰就业扶贫车间有裁剪区、熨烫整理区、缝纫区等几大分区，人工机器已全部更新升级为电脑智能机器，各种加工设备有60余台，产品则由原先单一的劳保用品扩大到校服、工作服等十余个品种，年利润达30多万元。

奔向前，乡亲的恩情不忘一分

刘加芹常说，在她最困难的时候，是党委、政府为她落实了低保等惠民政策，是父老乡亲帮助她渡过了难关。虽然现在自己脱贫致富了，但是永远不会忘记这份恩情。她不仅要自己富起来，还要传帮带，让更多的人富起来。

曾经的磨难，让刘加芹更加明白残疾人和贫困家庭妇女的艰辛，所以从建厂那天起，她便给自己立下了一条有关招工用人的规矩——只要是残疾人或者贫困户，来一个收一个。

扶贫先扶志，扶志先扶心。刘加芹知道，作为一名残疾人或贫困户，最缺乏的是迈出第一步的勇气。于是，刘加芹主动找镇扶贫办要了一份名单，挨家挨户找上门，和其中具有一定劳动能力的贫困妇女拉家常、聊生活，以现身说法让她们鼓起勇气，依靠双手致富脱贫。

刘加芹亲自教工人加工服装

考虑到有些人的残疾程度较重，不便于进工厂工作，刘加芹又主动与她们联系，为她们送去缝纫机和加工原料，并上门传授加工技巧，最后定时收取加工成品，让她们足不出户就能打工挣钱。刘加芹还规定，残疾人每做1件衣服多给5毛钱加工费，农忙时大家可以先下地干活儿再过来上班。每到中午，刘加芹还专门为贫困员工提供免费伙食。这样的灵活就业办法，让不少建档立卡贫困群众在刘加芹这里脱了贫。

1989年出生的马文文，患有严重的驼背病，被鉴定为肢体三级残疾，家庭情况十分困难。而因为残疾，马文文有些自卑，担心外出打工受歧视。当得知马文文有务工意愿时，刘加芹就主动到她家中劝说。马文文至今还记得刘加芹说的话："别总觉得别人看不起你，虽然咱残疾，咱也有自己的价值，用自己双手换来成果不丢人。"在刘加芹手把手、面对面的教授下，勤奋的马文文如今能熟练操作缝纫

刘加芹与扶贫就业车间的工人合影

机，一年收入 10000 多元。而且因为有计件补助优惠，她每个月还能额外赚 200 元工资，家庭贫困状况得到较大改善。

像马文文一样，扶贫就业车间里很多工人是被刘加芹"劝"来的。"我腿部有残疾，出门不方便，还要照顾 95 岁的老母亲，多亏了刘总给我送来缝纫机、加工布料。"贫困人口刘平如说，这样她在家里做衣服，一天能有 50 多元的收入，既补贴了家用，也不耽误照顾母亲。她特别感激为贫困群众带来"脱贫希望"的刘加芹。

从最初的 8 台二手缝纫机、1 台熨斗、1 台锁边机和 5 个姐妹，到现在的 70 台电动缝纫机和 60 多名工人，刘加芹的扶贫就业车间先后让 20 多名残疾人和 12 户贫困户实现了脱贫增收，她带领工人们在脱贫致富的路上一步一个脚印坚定地走着。

近两年受疫情影响，刘加芹又开始尝试向网络销售转型，尽管第一场直播下来一件衣服都没卖出去，但是刘加芹依然充满信心。看着开朗乐观的刘加芹，人们几乎忘记了她因患有心脏病而需要靠心脏起搏器生活的事。谈及未来发展，刘加芹说："我要撸起袖子加油干，甩开膀子使劲干，带动更多兄弟姐妹实现致富梦，让我们的日子越来越好！"

助农致富三十载，笑看满园"金果果"

——记山东农业大学教授陈学森

陈学森简介

陈学森，1958 年出生，山东临沭人，现为山东农业大学园艺科学与工程学院果树学教授、山东省"泰山学者攀登计划"特聘专家，享受国务院政府特殊津贴，其科研成果获国家技术发明奖二等奖、国家科学技术进步奖二等奖、山东省科学技术进步奖一等奖等多项奖励。多年来，他把带领团队选育的 20 余个果树新品种及研发的配套栽培管理新技术无偿赠送给果农，还一次次跑到田间地头，手把手地教给果农果树栽培管理新技术等。陈学森团队的研究成果在山东、陕西等省市累计推广 800 余万亩，新增社会经济效益 110 余亿元。陈学森被授予"全国脱贫攻坚先进个人""山东省先进工作者""山东省科技兴农先进个人""山东省优秀科技工作者"等荣誉称号。

春节刚过，山东济南、菏泽、聊城等地的"山农酥"梨就卖脱销了。"100亩地收入上千万元，周边村民拿着土地流转费，还能在果园里打工挣钱，收入比以前翻一番。"山东一禾农林开发有限公司董事长李东生喜不自胜。

"山农酥"梨是山东农业大学陈学森教授团队研发成果的"新成员"。30多年来，陈学森始终将农民致富中存在的突出难题作为科学攻关的重要课题，他不仅搞科研，还下乡授艺，给无数农民送去了增收的金钥匙；对于最新的科研成果，陈学森从不藏私，将果种和技术倾囊相赠，助力山东和陕西果农在几百万亩土地上种植高经济价值水果。

陈学森曾动情地说："能为乡村振兴做些实实在在的事，我感觉很自豪、很欣慰，帮果农增产、助力乡村振兴是我一生的事业。"

农民难题就是最重要的课题

陈学森常说，苹果和梨分别是我国落叶果树中的第一和第二大水果，"饭碗"要端在中国人自己手里，"果盘子"同样要端在中国人自己手里。在科研中，他聚焦农民致富路上的"卡脖子"问题开展研究。

梨能生津润燥，止咳化痰。目前，虽有晚熟品种，但是由于受"口感有渣、梨核过大、不耐储运"等共性因素影响，国内很多梨品种"卖不上价"，影响了果农收入，也阻碍了中国梨产业高效发展。

"作为果树育种工作者，我能为果农们做点什么？"

2003年，陈学森和团队成员采集"砀山酥"梨花粉，与遗传背景复杂、含有新疆"库尔勒香"梨血缘的"新梨7号"杂交得到470

株宝贵的实生苗。他如获至宝，对这些树苗精心呵护、细心观察。

陈学森说："基地管理人员有一天告诉我，梨园子里有一个梨让鸟叨了一半，他吃了另一半，非常好吃，没有渣，很甜。这个梨是在10月上旬成熟的，比普通梨晚熟两个月。"2007年的偶然发现，让陈学森异常兴奋。

他笃定地说："这个株系可能就是我要选的品种。"最终，这棵被鸟儿"选中"的梨树，历经15年培育，最终育成"山农酥"梨。

在验收鉴定会上，专家们连连称赞："'山农酥'梨具有鲜食品质优良、加工性能优异、果实大、成熟晚、耐贮藏及抗病性强6大特点，综合性状全面超过它们的亲本，进一步丰富了梨品种资源，填补了优质、晚熟、耐贮大梨的市场空白。这个梨新品种及其育种技术是梨育种的重要突破。"

之所以能选育出表现优秀的"山农酥"梨，离不开陈学森和团队成员自主研发的"果树多种源品质育种法"专利技术。

"我们在科研中寻求解决农民难题的新突破时，也喜获具有自主知识产权的50余项专利技术，这其中包括能使育种年限缩短3年至5年的苹果红色芽变早期分子鉴定技术等。"陈学森对科研成果如数家珍。

"重器"在手，陈学森更有底气。近年来，他又选育出又红又好吃的"龙富""元富红"等红色芽变苹果新品种，育成"幸""福""美""满"等高类黄酮苹果新品种，填补了我国在这个苹果品种的空白。

这些成绩的背后，有一些不为人知的艰辛。在新疆采集野苹果时，陈学森在大山里来来回回寻找，"有一天早上上山时天还是晴的，中午就下起了暴雨，如果从山里晚出来10分钟，可能就被泥石流冲下山口了"。为了让育出的苗子尽快开花结果，陈学森自己把一担担发酵好的大粪水挑进基地浇灌小苗，让照看基地的郭志忠既心疼又感慨："没见过像你这样的傻教授，就是一个老农民！"

新成果无偿赠农民

行业里的人都知道，育出一个苹果或梨新品种至少要用 10 年的时间。陈学森带领团队选育了 20 多个果树好品种，并研发出配套管理新技术，这在人们看来肯定能转让个好价钱。

然而，面对果农和企业的需求时，陈学森却做出一个让很多人觉得有点"犯傻"的决定：良种良法"打捆推"，把新品种新技术全部免费送给农民。

前些年，山东龙口天降大雨，一条龙果品专业合作社 200 多亩果园里的苹果树不少被淹死了，总经理王恩琪向陈学森"求救"："这个老果园种了 20 多年的苹果树，新种的小苹果苗会因重茬障碍长不好，怎么办？"

对此，陈学森和团队成员毛志泉教授当即拍板："用我们新研发的重茬障碍绿色防控技术就能根治。"他们还带去了团队选育的"龙富"苹果新品种，让果农使用配套的省力高效栽培模式、幼树早果丰产技术、果园生草技术等。

"陈老师把他的好成果、好技术免费给我们用，果园好管理了，果子红彤彤的，好看、好吃，一斤能多卖 1 元钱左右。现在，我们 500 多亩果园里都用上了陈老师团队的成果。"望着亩产近 6000 斤的新苹果园，王恩琪笑得合不拢嘴。

看到团队科研成果为果农带来了收益，陈学森喜上眉梢。他表示："接下来的几年，我要把'山农酥'梨新品种推广给更多企业，快速带动高端梨产业发展，让老百姓看到它的效益，让种植基地周边农民'腰包鼓得更高'。"

当前，山东省内有 10 余家公司都成为"山农酥"梨的受益者。

陈学森和技术人员交流果树春季管理技术

"我尝了陈老师研发的这个梨，香酥脆甜，个头大但核很小，接着就决定要种。陈老师不但免费给我们种植权和育苗权，还把'山农酥'梨的种植管理'秘诀'都悉数教给了我们。"山东禾硕农业发展有限公司总经理李建功感激地说。

"山农酥"梨如今已是行业中耀眼的"新星"，种植面积近 2 万亩。2020 年 11 月，"山农酥"梨首次投放市场，在北京、上海等中心城市卖出了单个梨子 50 元的价格，现在更是供不应求。山东省土地发展集团有限公司还把"山农酥"梨苗运到了甘肃临夏回族自治州和政县，用来改造当地的"啤特果"梨园。

田间地头，手把手传授好技术

有了好品种、好技术，怎样在农民的地里产生最大效益？陈学森说："果农学会用新技术种植管理新品种，才能尽快从优良科技成

陈学森教给农民梨树修剪等技术

果中受益。"

他常常一次又一次到种植基地，手把手地教给农民如何进行修剪、刻芽及精准浇水和施肥。

农谚说，"桃三杏四梨五年"果树漫长的丰产期让不少想种植的农民打了退堂鼓。然而，陈学森传授的技术能让梨树半成苗早结果。

对此，一位果园技术负责人说："陈老师经常来我们果园，一对一地示范，教给我们多位刻芽快速整形技术，实现了早期丰产。也就是栽种第二年梨树萌芽前，在主干距离地面80厘米处，对20棵左右的芽进行定芽、摸芽和刻芽。这样，梨树第二年就能开花结果。"

前些年，陈学森发现，一种名为长柔毛野豌豆的草适应能力和抗逆性强，春季长势旺盛，抑制了其他杂草生长，还能涵养土壤水源、固氮培肥。在6月份结豆荚后，植株很容易腐烂，不需要刈割，非常省力，能有效提高果园土壤质量。

为让果农尽快用上这个好成果，他每次到生产一线讲课时都背着两麻袋野豌豆种子，课后送给果农，并指导果农在当地种植。

每年，陈学森都到山东、河南、甘肃等地义务培训果农上千人。在给果农讲课时，他用农民视角、农民语言、农民习俗，把"高大上"的先进技术讲成"接地气"的"大众艺术"，让农民听得懂、记得住、用得上。

果农们常说，陈教授是"平民教授""为民教授"，为老百姓免费送来了"真金白银"，让农民在"土疙瘩"中挖出"金疙瘩"，把"泥蛋蛋"变成了"银蛋蛋"，陈教授的"致富经"管用、好用，念到了自己心坎上。

百尺竿头，更进一步。对于未来，陈学森表示将奋斗不止，他动情地说："要继续研发出好成果，用新科技让老百姓过上更富足、更美好的日子。"

让乡亲们都过上好日子

——记菏泽市郓城县南赵楼镇甄庄村党支部书记张庆涛

张庆涛简介

张庆涛，1971年出生，中共党员，现任菏泽市郓城县南赵楼镇甄庄村党支部书记，山东绿禾农业综合开发有限公司总经理。2004年，张庆涛在村民推举下当选为甄庄村党支部书记。18年来，他带领村"两委"成员，因地制宜发展种植业，大力改善公路、水电等基础设施，设立大学生基金，助力贫困学子圆梦，设立教师质量奖，提高本村教学水平，使一个原本人心涣散、矛盾诸多的问题村，发生了翻天覆地的变化。在他的带领下，甄庄村被评为"全国一村一品示范村""省级文明村""省级绿化示范村"等。他荣获"中国好人""全国脱贫攻坚先进个人""山东省扶贫工作先进个人"等称号。

张庆涛，从出生起就扎根在甄庄村，如今，他是村民口中的"好书记"，也是带领大家致富的"领路人"。在张庆涛的带领下，甄庄村集体收入从 0 元突破到 50 万元，成了蓬勃向上、让人羡慕的"幸福村"。张庆涛始终铭记自己的初心，始终不能忘却来时的路。今天甄庄村的成绩越耀眼，回望来路时的感慨就越深沉。

当代愚公，百折不挠

张庆涛出生在郓城县南赵楼镇甄庄村的一个农民家庭，自幼在农村长大的他，从小就想干一番事业，尤其想为家乡的父老乡亲出把力，让大家过上好日子。

2000 年，张庆涛放弃了在县城经营红火的钢铁生意，回家竞选村委会主任，最终高票当选。亲戚邻居都骂他"傻"，因为当时村里又脏又乱，只有一条两米宽的小路通往镇政府驻地，是个"烂摊子"。为了改变村面貌，几年里，他先后 4 次自费到华西村、寿光、大寨学习考察，寻求带领群众致富的门路。通过考察学习，他深刻意识到，农村最重要的资源是土地，要想发家致富，就得从土地入手，改变原来传统的耕作模式，走现代农业的路子。2004 年，张庆涛担任村党支部书记。2003 年秋天的一个夜晚，他召开了村民大会。张庆涛在会上讲："能出去务工的，村委会给找活干，一边挣钱一边学技术；外出务工人员的土地，由村里统一耕种，将村里土地划分为种植区、养殖区、精作区、旅游区……"话没说完，村民哄堂大笑，嘲笑他在说梦话。

他不怕别人的嘲笑和白眼，一遍遍劝说、一次次引导，终于有多名村民同意外出打工。村里没有钱，他就自费送村民到江苏等地务工学习，费了九牛二虎之力，终于流转了 160 亩地。时隔不久，一些外出务工的村民因水土不服返乡，同时，想要回自己的耕地，一些答应流转土地的村民也反悔了。村民认为张庆涛年轻，不会种地，怕"赔了夫人又折兵"，至此，第一次土地流转以失败告终。

第一次土地流转的失败，让他感到要想干成一件好事，必须要得到群众的信任和支持。于是，在 2006 年至 2008 年，他积极向上级争取政策，多方筹集资金，给村里安上了自来水和路灯，修了水泥路，打了机井，挖了排水沟，村民渐渐开始信任他这个村干部。

到了 2009 年，搞现代农业的想法又一次次在脑海里涌现，他又做起土地流转的梦，并开始推进第二次土地流转。可现实是，即使村里补贴粮食和租金，村民心里依旧不踏实，无论怎么做工作，依旧有超过两成的村民不同意。土地不能连成片，无法规模种植，第二次土地流转又失败了。

时间一天天过去，经验也在一点点积累，张庆涛实现现代农业梦的信念越来越强烈。2014 年下半年，他开始了第三次土地流转，带领村民去成功的地区学习考察后，有 5 名村民参与入股，流转了 400 亩地，种植了圆葱和黄秋葵。但因技术管理跟不上，种地一年赔了 18 万元，5 名股东纷纷撤股，就这样，第三次土地流转画上了句号。

家人和好友都劝张庆涛放弃，可他说啥也不甘心，就是破八十一难，也要领着大伙儿蹚出一条致富路来。

黄土地上蹚出产业振兴路

为了发展现代农业，2015 年，张庆涛来到寿光，拜师"蔬菜大王"王乐义。回村后，他自掏腰包建起 50 多个大棚，组建农业合作社，迈出了现代农业建设的第一步。村民没钱，露地种菜，他就建大棚育苗提供种苗；种地需要肥料，他就建养猪场，发展食用菌大棚，将猪粪和食用菌渣做成有机肥料；种地培育食用菌没有销路，他又建起酱菜腌制厂，回收村民丰收的蔬菜和菌菇，形成一条农业绿色循环产业链。

张庆涛又建立了科学的合作社章程和分红办法，采取"党支部＋合作社＋基地＋农户"模式，农户以土地入股、村集体以资产入股，陆续流转土地2200余亩。通过实行集团化管理、订单式销售，打通了蔬菜销售市场，并示范带动周边村先后成立了12个党支部领办的合作社。终于，由张庆涛牵头，郓城县绿禾农业有限公司在2016年成立了，这是一个集科研、开发、种植、销售于一体的公司。同时，张庆涛吸纳了530余名村民加入合作社，通过土地入股，村里的贫困户当年就实现了脱贫。

由此，历经十余载，甄庄村的第四次土地流转终于成功了，张庆涛带领家乡父老脱贫致富的路也终于走通了。

截至2021年底，甄庄村瓜果、蔬菜种植大棚发展到152个、食用菌种植大棚80个；并与山东省农科院等院校长期合作打造绿色产品，与南京农业大学、华中农业大学等建立了长期合作关系。此外，甄庄村已注册了6个商标，获得9个无公害蔬菜产品证书、8个绿色蔬菜产品证书，荣获两项蔬菜良种培育国家专利，荣获"山东省级食用菌一村一品示范基地"称号。

产业化的力量是巨大的。截至2021年底，村里已经建有育苗大棚28个，智能连栋棚2个，年育苗达6000万株，26个瓜菜品种畅销国内。此外，村里又建起了占地40亩、年产3万吨的有机肥料制造厂，建起了生态养猪场2处，年出栏量超过1万头，还有酱菜腌制厂1处、休闲观光采摘园200余亩……在甄庄村，现代农业的路越走越宽。栽下梧桐树，引得凤凰来，自甄庄村迸发出强劲发展动力以

张庆涛在大棚里察看火龙果长势

来，数十名专业人才先后来到村里工作，给产业发展提供后劲。

为了使农业产业园生产出的绿色产品创出更多经济效益和社会效益，实现一二三产业融合发展，2020年8月，张庆涛带领绿禾集团公司投资1.1亿元，在郓城经济开发区成立了"中央厨房"，新上全自动生产线4条、购置配送车辆80余辆，为10万余名中小学生及企业单位提供绿色健康食品。

通过不懈的拼搏，甄庄村的农业综合开发从无到有，从小到大，从弱到强，实现了一二三产业融合发展，这些都证明着张庆涛十几年前思路的正确性，更体现出其在创业初期"遇挫不馁"的可贵品质。如今，绿禾公司已成长为绿禾集团，下辖6个子公司，累计投资达

2.2 亿元。现代农业发展成为甄庄村村民增收的"利器"，村集体收入从 0 元增长到现在的 50 多万元，村民纯收入达到 2 万多元。近年来，甄庄村的产业带动本村及周边群众 1800 多人就业，农业综合开发公司的 1800 多职工人均月薪达 3800 多元，以土地入股的 106 户均增收 8780 元。

"共同富裕"永远不是一句空话

经济发展壮大了，资金缺口补上了，村民的生活福利需求便能够集中满足了。紧紧围绕乡亲们最关心的衣食住行问题，张庆涛带领全村群众硬化、绿化、亮化了 3 纵 3 横 6 条街道，铺设下水道、污水排网，建起了文化广场、村民俗馆、科技馆、农家书屋，安装了健身器

张庆涛给村民发红包、猪肉、糕点

材等。几年下来，村里用于公共基础设施的投入超过百万元，村民的水费、卫生费、财产保险费全由村集体支付。逢年过节，张庆涛自费为全村60岁以上的老人送米送面、送猪肉，还给80岁以上老人送现金。党支部每年也会拿出10万元看望慰问周边村庄的孤寡老人。2022年3月，全村70多名老人联合给张庆涛送了"厚德载物"大匾，更让他体会到身上的责任之重、村民的期盼之切。

为了不让一个贫困户落下，张庆涛想出了产业与扶贫相结合的办法，对于有劳动能力的贫困户，引导他们来基地务工，每月发放3000元—5500元不等的工资；对于没有劳动能力的贫困户，则鼓励其土地入股，年底分红。2019年底，甄庄村所有贫困户全部实现脱贫。

张庆涛自己没上过大学，这成了他一生的遗憾，同时更让他理解"再苦不能苦孩子，再穷不能穷教育"这句话的含义。10多年前，当甄庄村还远称不上富裕的时候，张庆涛就自己垫资建设了学校教学楼，绿化了校园，硬化了甬道，配齐了教学设施，使校容校貌焕然一新。2014年后，每年教师节张庆涛都会自掏腰包拿出1万元奖励作出突出贡献的一线老师。后来，他又带领村委会成立了"大学生扶贫基金"，个人带头捐了10多万元，每年给村里上不起学的困难家庭的孩子现金补助，一直扶持他们到大学毕业参加工作，已帮扶20余名贫困学子圆了大学梦。

2021年2月，张庆涛因担当作为、大力发展乡村产业，走出一条以产业带领村民脱贫致富之路，被中共中央、国务院授予"全国脱贫攻坚先进个人"称号。

心有阳光，带着姐妹奔小康

——记济南阳光大姐服务有限责任公司党支部书记卓长立

卓长立简介

卓长立，中共党员，济南阳光大姐服务有限责任公司党支部书记、董事长、总经理，第十二届、十三届全国人大代表，全国妇联第十一届执委。她曾是一名济南染织厂下岗工人，20多岁承包宾馆，带领60多名下岗女工实现了再就业。2003年受济南市妇联委托，二次创业接手"阳光大姐"，投身家政事业。通过"阳光大姐"就业创业平台，她把党的温暖传递给家政服务员，带着姐妹们致富奔小康。荣获"全国优秀共产党员""全国三八红旗手标兵"等称号以及"全国五一劳动奖章"。

2021年"三八"国际劳动妇女节前夕，习近平总书记寄语广大妇女："希望广大妇女做伟大事业的建设者、做文明风尚的倡导者、做敢于追梦的奋斗者，在全面建设社会主义现代化国家新征程上，为实现中华民族伟大复兴的中国梦作出新的更大贡献。"在山东济南，一位妇女正忠实地践行着这一嘱托，她心有阳光，敢于追梦，带领着姐妹们奔小康。她就是济南阳光大姐服务有限责任公司党支部书记、董事长、总经理卓长立。

从下岗女工到二次创业

卓长立曾是一名济南染织厂的下岗工人，亲身经历了改革开放的洗礼。她 20 多岁便首次创业，在承包宾馆的 10 余年时间里，她带领着 60 多名下岗女工实现了再就业，成为自立自强再就业的典型，后又受济南市妇联委托，二次创业接手"阳光大姐"，全身心投入家政事业。在"阳光大姐"，卓长立坚持"安置一个人、温暖两个家"等朴素理念，携手下岗职工、农村姐妹奔小康。

回首过去，2003 年，由济南市创立的已运营两年的"阳光大姐"准备进行公司制改革，将其推向市场，市妇联在全市范围内寻找合适的带头人。成为带头人的条件有三个：对妇联组织有感情，对下岗职工有感情，有丰富的经营管理经验。这三个条件，卓长立全都符合。然而，那时的卓长立承包宾馆，干得风生水起。十几年间，她把最初的一家宾馆做到了六家，员工由十几人增加到上百人。她本人更是获得"再就业明星""劳动模范"等多个荣誉称号，很多省市领导都到她的企业去视察工作。

"我那时候衣食无忧，生活非常安逸，孩子马上要考高中，也想安安稳稳地过日子，多一些时间陪孩子、陪家人。但当妇联的领导找到我时，我觉得有责任把这副重担接过来。"

这种勇气从何而来？卓长立说了四个字：信任、感恩。

卓长立鼓励家政服务员自立自强

信任，是组织对她的信任，把她从众多的济南女性当中选出来放到这个岗位上。

"我不是最好的，也不是能力最强的，但组织认为我是最合适的。"凭着这份信任，卓长立无论在工作中遇到什么困难，都义无反顾地坚持下来。她哭过、累过、委屈过，但从来没有抱怨过，更没有放弃过。最艰难的时候，她曾因为问题没有解决，连续三天不回家，吃住都在公司。她心中只有一个信念：一定要把领导交代的工作做好，对得起这份信任。

"除了信任，我还常怀感恩之心。"卓长立介绍，她本是一名下岗的纺织女工，是在各级领导的关怀下，实现了第一次创业的成功，这次创业也改变了她和很多下岗女工的命运。"是党和政府培养了我、成就了我。尽我所能来回报党和政府，我责无旁贷。"

信任、感恩，就是凭着这份朴素的情感，卓长立十几年如一日，勤勤恳恳，把"阳光大姐"打造成了全国性的家政金字招牌，将自己与企业的发展完全融为一体。

创中国标杆，只为让姐妹们过上好日子

卓长立衣着朴素，很多年都一个风格，谈起家政，她却滔滔不绝，充满激情。

"阳光大姐"成立20多年来，卓长立在"掌门人"位置上工作了19年。这些年里，她把这个当初经营面积只有12平方米的小型家政服务机构发展成为全国家政行业翘楚，服务内容包含母婴生活护理、养老服务、家务服务和医院陪护4大模块，拥有12大门类、31种家政服务项目，服务范围涉及十几个领域。"阳光大姐"这四个字，甚至已经成为中国家政行业的代名词。

"阳光大姐"是为下岗失业人员、农民工等群体提供教育培训和就业安置，为家庭提供系统服务的家政机构。"'让党的阳光照亮妇女的就业创业之路，把党的温暖送进千家万户'是阳光大姐企业文化的宗旨，也是阳光大姐这个名字的寓意。可以说，她在诞生时就拥有了红色基因。"卓长立如此介绍。

经过20多年的发展，"阳光大姐"已成为拥有280余家连锁机构的大品牌，累计培训家政服务员41万人，安置就业260万人次，服务家庭246万户，固定家政服务员6万多名，其中1万余人成为高级工，60余人被评为省市首席技师、突出贡献技师，享受政府津贴等。可以说，在"阳光大姐"，"保姆变成了人才"。

"看到众多姐妹过上好日子，我就特别开心。"卓长立自豪地说。"阳光大姐"提出"安置一个人、温暖两个家"的服务宗旨，就是为

千千万万没有工作或生活困难的妇女提供了就业机会，让被安置的人得到温暖，让被服务的家庭得到了温暖。

来自沂蒙山区，只有小学文化、左手残疾的秦翠慧，在来"阳光大姐"之前生活困难、找不到工作，甚至应聘给饭店洗盘子都没人愿意要。刚到"阳光大姐"时，秦翠慧非常自卑，低着头、缩着手，不敢同别人打交道。而通过培训学习，又经过姐妹们的热心帮助和积极接纳，秦翠慧脸上的笑容多了起来，性格也开朗多了。

"原来是我找工作，现在是工作来找我。"秦翠慧感触颇深地说。几年下来，她在济南买上了房，在省技能大赛中夺冠，还光荣地入了党，当上了省劳模。现在，秦翠慧已是一名阳光自信的养老服务员。

在"阳光大姐"，像秦翠慧这样下岗、失业、生活困难的人还有很多。不仅如此，"阳光大姐"扶贫助人的"花香"还飘到了外省，卓长立带人深入湖南湘西、重庆、新疆和田、甘肃临夏等东西部扶贫协作地区，为当地人员开展技能培训，成立阳光大姐培训学校、家政公司，帮助当地人员提升技能、实现就业。一大批姐妹通过"阳光大姐"走上了就业创业之路，生活重新被阳光照亮。带着这份阳光，她们又走进了千家万户，用真诚的服务温暖着他人。

学习雷锋精神，信念为赢

"阳光大姐一直在学雷锋，如今又提出了'雷锋伴我行，阳光进万家'。我认为这是三大需要：一是践行社会主义核心价值观的需要，二是推动阳光大姐实现高质量发展的需要，三是打造家政企业和行业发展核心竞争力的需要。社会主义核心价值观就是企业的核心竞争力，是推动家政行业高质量发展的最大新动能。"卓长立说。

卓长立深入社区了解老年人需求

在卓长立看来，雷锋精神的核心就是爱党爱国、忠诚担当的理想信念，是干一行爱一行、专一行精一行的敬业精神，是锐意进取、自强不息的阳光品质，是艰苦奋斗、勤俭节约的创业精神，是服务人民、助人为乐的奉献精神。而这一切，与"阳光大姐"倡导的职业精神是不谋而合的。

"为什么都说，找一个好家政比找一个好媳妇都难，其实难的不在于家政服务员的技能水平，而在于包括职业道德、思想境界在内的精神层面的东西。"

卓长立带领姐妹们学雷锋，《学习雷锋好榜样》的歌声每天都在她们口中唱响，《雷锋日记》被广为传诵，开展学雷锋演讲比赛，成立雷锋精神宣讲团，进行"雷锋式家政人"评选表彰等系列活动。卓长立牵头建设的雷锋纪念馆不仅成为家政服务员的思想教育基地，也成为广受社会欢迎的爱国主义教育阵地，并被中宣部评为"全国学雷锋活动示范点"。

"要让我们的家政服务员既有丰富的物质生活，也有丰富的精神生活，有目标、有方向，有技能、有爱心。我要与更多的姐妹们携手向着阳光一路继续成长！"在全国上下为实现第二个百年奋斗目标而努力的今天，卓长立目光坚定，心向远方。

把小事做实，把实事做好

——记菏泽市经济开发区丹阳街道办事处党工委书记邓文博

邓文博简介

邓文博，1972 年出生，现任菏泽市经济开发区丹阳街道办事处党工委书记。他扎根基层 30 年，一颗初心，奋斗不止。先后在岳程、丹阳担任主要领导职务，善于分析解决复杂问题，妥善处理和化解复杂矛盾。尤其是在岳程街道任职期间，面对当地千余名建档立卡贫困户，因地制宜地制定了精准扶贫政策，探索出"党支部＋企业＋贫困户"的特色扶贫方式。在他的带领下，千余名贫困户全部提前脱贫。他进一步优化民生保障，杜绝了返贫现象，建设出了一个美丽崭新的街道。2021 年 2 月，荣获"全国脱贫攻坚先进个人"称号。

邓文博最难忘的，就是在岳程街道任党工委书记时，带领群众脱贫奔小康的经历。岳程街道位于菏泽市城区东部，辖44个社区，面积53.5平方公里，总人口6万余人。省定贫困社区2个，精准识别建档立卡贫困户1085户、贫困人口2550人。自党中央发出脱贫攻坚和全面建成小康社会的号角以来，时任岳程街道的主要负责人邓文博深知——全面小康，就是不能让任何一个困难群众掉队。几年里，他细化工作方案，实行挂图作战、按图销号，全面压实责任，坚持"把小事做实，把实事做好"。经过稳扎稳打，终于实现了千余户贫困群众的脱贫奔小康。

纾困脱贫，政策先行

1992年参加工作的邓文博，已经在基层工作了30年，他长期在基层一线担任领导职务，有丰富的处理各种复杂矛盾的经验，得到干部群众的一致认可。脱贫攻坚战打响以来，邓文博坚持把扶贫工作拿在手上、扛在肩上。用邓文博的话说："岳程辖区里的这1000多户贫困群众，始终是我最牵挂的人。"

脚上沾有多少泥土，心中就沉淀多少真情。邓文博在工作中压实责任，成立了由党工委书记及办事处主任任双组长的脱贫攻坚领导小组，细化脱贫攻坚工作方案，建立副科级领导包片、中层干部包社区、帮扶责任人包户的结对帮扶工作机制。为层层落实工作职责，他组织社区党支部书记多次召开脱贫攻坚工作会议，自上而下层层分解任务，严格落实"限期脱贫"责任，形成一级抓一级、层层抓落实的工作格局，从而进一步压实了工作责任，为确保打赢脱贫攻坚战加强了组织保障。

邓文博走访慰问贫困户

他带领出台了《精准扶贫开发工作结对帮扶方案》《脱贫攻坚工作实施方案》等文件，对上报的贫困户，严格按照精准扶贫识别标准、程序，对其进行入户核查和民主评议，对符合条件的贫困户全部建档立卡，确保底子清、信息准。同时，抽调230余名干部，采取"一对一、一对多"的方式开展帮扶，根据贫困户致贫原因，精准制定帮扶措施，做到真帮实扶。他认真履行责任，坚持每月遍访贫困社区和贫困户，聚焦"两不愁三保障"目标，抓实、抓细脱贫攻坚各项政策措施，进村入户与贫困户面对面交流，在产业扶贫、民政兜底等方面广泛征求群众意见，统筹推进贫困社区和非贫困社区同步发展，使群众的获得感和幸福感不断增强。经过不懈拼搏，2018年底，岳程街道辖区内1085户贫困户全部脱贫，提前两年完成了脱贫攻坚的各项任务。

"最近这段时间身体怎么样，孩子上学走了吗？"新年刚过，邓文博就来到包保贫困户郭庄社区宋士刚家中，进行每月的走访工作。2013 年，宋士刚因脑梗失去了劳动能力，被纳入建档立卡贫困户，"当时孩子正在上初中，眼看着面临辍学。邓书记是我们家的帮扶责任人，积极给我们争取各项政策。现在我吃药也花不了多少钱，邓书记还帮俺对象找到了工作，孩子上大学也减免了学费，日子比以前强多了。"宋士刚激动地说。

优质项目赋能，助力全面小康

脱贫攻坚，难的是让贫困户获得自主脱贫的能力。邓文博根据街道实际情况，扎实推进产业扶贫，注重扶志扶智。他精选产业，优化产业布局，提升了贫困群众的脱贫能力。而"党支部＋企业＋贫困户"的特色扶贫方式，"一村一品""一户一法"的发展模式，则成功推进了光伏发电、种植养殖、厂房出租等扶贫产业开发。岳程街道办事处先后利用中央、省、市专项扶贫资金 230 万元，街道办事处配套15.1 万元，建成扶贫项目 11 个，累计收益 31.2 万多元，贫困群众受益 30.5 万余元，确保贫困群众实现可持续稳定脱贫。

邓文博在工作中总结出来的经验：要激发群众的脱贫动力，开展就业扶贫极为关键。2016 年以来，他牵头建成扶贫就业车间 9 处，大力招引服装加工、山药分装、大型超市等劳动密集型项目入驻，为社区增加了集体收入、为贫困群众提供了就业机会。与此同时，充分发挥企业带动作用，联系辖区企业山东杨湖酒业对杨董、郝庄两个贫困社区进行结对帮扶，为贫困户提供就业岗位。

新年刚过，在岳程街道杨董社区扶贫车间里，一辆叉车正在将一台机器运上货车运往西藏，叉车师傅说："这个是烤鸭炉，要发给外地客户的，这几天订单比较多，每天都有，这一个大的售价要上万呢。"把好的项目引进来，就是要让群众通过家门口的产业富起来。山东鲁工厨房设备有限公司，是岳程街道引进的一家扶贫产业项目。该公司总经理张万景在一台刚刚包装完毕的产品前说："这个产品是我们用自己研发的机器生产的，有自己的专利，将冻鸭子挂上去，它可以做到解冻、晾鸭、风干一体化，拿出来之后就可以直接进行烤制了，非常方便。"为了让此类好的扶贫产业项目快速落地投产，邓文博和岳程街道办事处的同事们全力推动、攻坚克难，目的就是希望能够早一天让贫困群众在家门口实现就业。"从开业到现在，我们在周边社区一共培养了40多名电焊工，目前他们在各个岗位上都是熟练工，不少还成为我们的骨干。"张万景说。

"我在这干了好几年了，每个月有工资，也不累，能照顾家庭，觉得很好。"在岳程街道曹庄社区的扶贫车间内，一位正在剪线头的女工高兴地说。在邓文博的建议下，该社区依托扶贫车间加工项目，每周定期开展技能培训，有了技能的群众既可在扶贫车间务工，又可与扶贫车间签订代加工协议，领取代加工产品回家生产。如此一来，贫困户实现了劳务增收，企业用工难问题也得到了解决。

先脱贫后致富，完善民生保障

打掉了贫困这只"拦路虎"，岳程街道的群众对未来更加向往了，对更富裕的美好生活也有了更高追求。邓文博身担重任，进一步改善民生，通过完善基础设施，改善了人居环境。他大力实施乡村连片治理、农村道路"村村通"、美丽乡村建设等工程，进行人居环境全面升级改造。社区胡同道路硬化、路灯覆盖率均达到100%，绿化覆盖

岳程街道许楼社区新貌

率达到 40% 以上，广场、小景公园达 30 余处，坑塘、沟渠清淤工作全部完成。另外，扎实开展改厕工作，街道根据居民房屋结构、家庭情况以及实际需求，因地制宜，确定改厕模式，实行一户一厕，补齐因厕所问题影响群众生活品质的短板。2018 年，杨董、郝庄在内的 7 个社区，顺利通过省美丽乡村验收。2019 年，打造郝陈庄、石尧等 7 个美丽乡村，上海路以东 14 个社区全部被打造成省美丽乡村示范点。

老百姓的日子好起来了，邓文博更不敢松懈，他要给现阶段的成绩兜住底，避免返贫，进一步完善民生保障。邓文博瞄准"短板"，切实加大财政投入，实施精准兜底救助。开展"雨露计划"，累计救助贫困学生 158 人次，发放救助金 39.75 万元；完成健康扶贫"双签约"工作任务，贫困群众住院报销比例在 80% 以上，有效缓解了"支出型"贫困家庭的生活压力；推进农村低保标准与国家扶贫标准"两线合一"，将符合低保条件的 616 户贫困户纳入保障范围；利用财政专项资金 226.69 万元，为 178 户贫困群众实施了危房改造，确保了贫困群众住房安全。

如今，走进岳程街道，干净整洁的街道、环境优美的庭院，扑面而来的是清新、舒畅的文明之风。房前屋后，老人们乐呵地唠着家常。文化广场上，孩子们开心地嬉戏玩耍。我们感受到的是人与人之间真诚、和谐的温馨氛围。在岳程街道，一幅生态美、产业兴、百姓富的美丽乡村画卷正徐徐展开……

"我们这里现在的环境不比市里差，街道干净整洁、柏油马路全覆盖、配套设施应有尽有，在这生活别提有多幸福了！"在街角口袋公园休息的村民李爱巧高兴地说。

"脱贫攻坚不是终点，是老百姓幸福生活的起点，让群众满意是我终生奋斗的目标。"对于这句话，邓文博做到了知行合一。

征途漫漫，唯有奋斗。邓文博说："我们要持续巩固脱贫攻坚成果，保持扶贫政策总体稳定，健全防止返贫动态监测和帮扶机制，守住返贫底线。同时要集中资源支持'乡村振兴'，通过党建领航，共建红色岳程；生态优先，共建美丽岳程；优化产业，共建好品岳程；文明铸魂，共建文化岳程；人才培育，共建智慧岳程。全面推进乡村振兴，在社会主义现代化新征程上贡献岳程力量！"

"参田愚公"四十余年"种"出致富路

——记威海市文登区张家产镇口子李村
党支部书记王文水

王文水简介

　　王文水，是一位老党员，也是一名退伍老兵，现任威海市文登区张家产镇口子李村党支部书记、村委会主任。王文水是国内最早从事引进、试种、推广西洋参的人员之一，是威海市自行加工西洋参的第一人，首创并义务推广西洋参大田栽培技术，先后培训参农 20 多万人次，其中退役军人达 5000 多人次，辐射带动当地农民种植西洋参 6 万多亩，帮助 3000 余户家庭种参致富，西洋参及相关产业带动就业 4 万余人。荣获"全国劳动模范""全国最美退役军人""山东省优秀兵支书"等称号。

　　一粒种子落地生根，究竟能结出怎样的果实？

　　65 岁的"全国劳动模范""全国最美退役军人"王文水用 40 余年的辛勤耕耘告诉我们，种下一颗为民、惠民的"种子"，可以让山沟换天地，让百姓挺直腰板，让贫瘠的土地上崛起一座"中国西洋参之都"。每年，占全球总产量约 23%、全国总产量 6 成多的西洋参从这里运出，8000 名农民靠着种植西洋参富了起来，文登西洋参品牌价值达 116.43 亿元，而这一切，都离不开王文水的努力。

"一个人带动一个产业"的背后，是一颗拥有 44 年党龄的老党员"带领父老乡亲共同致富"的初心，是一种"愚公移山"般的执着坚守，是一个发扬新时代"三牛"精神的生动写照。

返乡为民"孺子牛"，头拱地也要让山村变个样

海拔 317 米的双顶山，是文登西洋参的发源地。在这里，王文水和岳父王继振种下了改变山村面貌的一颗颗"金种子"。

站在山上，一眼就能望见红瓦白墙、棋盘一般的口子李村。而在 40 多年前，口子李却是个有名的穷山沟，村里只有 46 户人家和 300 多亩山碃地，人均年收入只有二十几元钱。

王文水就出生在这个小山村，2 岁赶上天灾，5 岁父亲病故，在他的记忆里，冬天外边下雪的时候，家里屋中也下雪，雪花从破旧不堪的房顶和窗户飘了进来。19 岁那年，不甘就这样过一辈子的王文水在村党支部的推荐下报名参了军。

进入部队后，王文水迅速成长为一名尖子兵，他把周末时间全部用来学雷锋做好事，不到两年时间，就因表现优异光荣入党。

1979 年，结束服役的王文水回到家乡。"走了 4 年，村里一点没变样，党和部队培养了我，我不能啥也不做。"

王文水毅然放弃了民政部门安排的稳定工作。那天，他站在村头环顾，暗自许下了诺言："就留在村里，头拱地也要让村子变个样，

让乡亲们富起来。"

怎么办？王文水左思右想，决定去请教村里对中草药种植颇有钻研的王继振，并向他说出了自己的想法。此后，勤奋好学的王文水不仅成了王继振的得力助手，还成了他的女婿。两人引种了沙参、人参、黄芪、怀牛膝等几十种中草药，培育出的"文黄11号"亩产高达千斤。

1981年，山东省药材公司派专人送来了一个小玻璃瓶，里面是11粒西洋参种子。王继振如获至宝，欣喜地对王文水说："这就是西洋参，咱村发家致富就靠它了！"

当天，两人就把11粒种子种到了双顶山上，还在种子周围安上了玻璃罩，生怕被虫子咬了。此后，两人搭起草棚，吃住全在山上，夜以继日轮流看守，每2小时记录一次气温、光照、湿度等数据。饿了就啃口馒头，渴了就喝口溪水，他们就这样熬过了30个日日夜夜。5月20日一大早，王文水发现地里钻出了几棵鲜绿的小嫩芽，他兴奋地大喊："出来了！出来了！1棵、2棵……一共8棵苗！"

王文水在西洋参种植基地察看作物生长情况

如今，最初的草棚已成了"参源馆"，不远处是王文水和几名党员一起开垦出的 5 亩"林下田"。曾经的双顶山土石混杂，没有成片的地块，大家就一镢一镢，把土里的石块刨出来，堆起了 1 米高、30 米长的石头墙，王文水称之为"西洋参的长城"。

凭着这股劲头，口子李村成了全省 9 个西洋参试种点中唯一成功的案例。

移山种田"拓荒牛"，一个人带起一个产业

从双顶上下来大约 1300 米，开车仅需 3 分钟，但为了把西洋参安全"搬"下来，王文水却用独轮车整整推了 3 年。1986 年，林下田里的第一茬西洋参丰收。然而，紧接着迎接王文水的却是从头淋到脚的"凉水"。

山东省药材公司认为山上种参成不了大器，决定不再给口子李村提供参种。不少报名种参的村民也因费用高、周期长、难开垦等原因又把参种退了回来。这让王文水有了一个大胆的想法：总在山上种不行，得把西洋参种到山下去。然而，当他坐火车去外地请教大学教授后，却得到了"农田种不了西洋参"的答复。

回到家，王文水几夜没合眼，挑灯翻看各种书籍，发现土壤是关键，最后还是决定试一试。对比了各项指标后，王文水跑遍了附近村庄，挖来了 9 种不同的土壤。他把这些土样放在花盆里逐个测试，最终找到了适合西洋参生长的"含磷风化土"，这种土就在口子李村北山的深土层里。

接下来几年，王文水和妻子两人扛起了改良土壤的重任，用铁锨一锨一锨挖出来，再用独轮车一车车推到农田里进行土壤改良。一亩

地，要推三四百车土，他和妻子披星戴月、磨破鞋底，终于"推"出了8亩参地。

听说口子李村在农田种活了西洋参，省药材公司的业务员专门跑来验证。当他看到绿油油的参田后，惊呼道："可不得了了！"那年，省里的农田栽培西洋参鉴定会开在了口子李村，会议得出结论：西洋参农田种植可以推广。

熟练掌握种植技术后，王文水做的第一件事就是教村民种参。对于不懂种植的农户，王文水手把手教。他说："种下的是种子，也是一个个农村家庭过上好日子的希望。"

口子李村村民王文召今年90多岁了，儿孙满堂，生活富足。可就在40多年前，这样的日子他想都不敢想。

那时的王文召家境贫困，他也知道种参好，却拿不出几千元的种子钱。王文水知道后，找到王文召说："参种、肥料都先从我这拿，以后挣钱了再说。"

西洋参喜获丰收

4年后，王文召的西洋参收获了，他一辈子也忘不了拿到厚厚几叠钞票的场景，整整13万元！王文召只是一个缩影，在口子李村，20世纪80年代的户均存款就超过了50万元。

多年来，王文水累计义务培训参农20多万人次，带领村民真正走上了小康路。不过，王文水有条不成文的规矩：学员学成后，也要无私传授给其他人。这些年，口子李村有30多户村民走了出去，他们像王文水一样无私传授技术，带动各地百姓致富。

深情不改"老黄牛"，三代接力不断奔波

今年65岁的王文水，头发已经花白。他每天依然坚持去种植基地里忙活一番，像一头勤勤恳恳、任劳任怨的"老黄牛"。他不仅种下了带领参农致富的"金种子"，更将中国西洋参这块"蛋糕"越做越大。

王文水的参好、人实在，很多人都来找他谈订单。为了让村民辛苦种出的参能卖上好价钱，王文水都是"打包"拉订单。这些年，文登西洋参先后捧回了"最具影响力中国农产品区域公用品牌""中国地理标志证明商标""巴拿马国际博览会金奖"等荣誉。

如今的王文水，早已不是40多年前的壮小伙。因过度劳累，他的两个膝盖都动过手术，双腿从此再也无法合拢；手筋在试验烘干时被风扇打断，左手食指至今无法弯曲；早年，他半夜骑着摩托去地里看苗，肋骨摔断了3根；前不久，他刚做完心脏支架手术……这些伤痛，只要能换回乡亲们的好日子，王文水觉得"都值了"。

深受王继振和王文水两代参农的影响，口子李村的第三代"参娃子们"陆续回来了。村民李旭光的儿子李振兴前两年返乡创业，加入了村里的西洋参合作社；李鹏飞大学一毕业就成了"新参农"；在西

洋参加工项目办公室里，王文水的女儿王琳正和团队研发附加产品。

在 2018 年王文水正好 60 岁时，本该退休的他却有了一个新身份——口子李村党支部书记。家人说他又犯傻了，他却乐呵道："百姓信任我嘛，正好我也想多为村里干点实事。"

转眼几年过去了，王文水这个村党支部书记到底干得怎么样？

口子李村活动室里，有一首村民写的打油诗《家乡美》，诗里这样评价王文水：夏季雨水村外排，冬季雪大支书推，私家机械集体用，公务就餐自家贴。

上任以来，王文水先后为村子筹集乡村振兴资金 200 多万元，300 多米长的田间路、200 多米长的消防通道、1300 米长的双顶山山路，都是他用自家挖掘机和铲车修出来的，他对村民说："别去租铲车，一小时要花两三百，用我的不花一分钱。"

新冠肺炎疫情暴发时，王文水一边整晚守在村头的卡点，一边向湖北和文登捐赠了价值 100 万元的物资。村民想去替他站岗，他却说："党员不就得关键时刻冲得上、守得住吗？"

2020 年 11 月，这位老党员从田间地头走进了人民大会堂，被中共中央、国务院授予"全国劳动模范"称号。

载誉归来，王文水热泪盈眶："我就是一个普通党员，却得到这么高的荣誉。过去 40 年，我没有停止过奋斗，今后更会加倍努力！"眼下，这位"老牛"的劲头更足了，在乡村振兴的希望田野上，继续播撒共同富裕的"金种子"。

认准创新一条路，让中国服务器走向世界

——记中国工程院院士、浪潮首席科学家王恩东

王恩东简介

王恩东，1966 年出生，中共党员，计算机专家，浪潮集团首席科学家、中国工程院院士，高效能服务器和存储技术国家重点实验室主任，中国共产党第十九届中央委员会候补委员。长期从事服务器系统结构设计、关键技术研究和工程实现工作，是我国服务器技术领域带头人和产业开拓者。主持研制了中国首台 32 路高端容错计算机系统，并得到广泛应用，为该领域自主创新、技术进步和产业发展作出重大贡献，荣获国家科学技术进步奖一等奖 1 项、二等奖 2 项，曾获何梁何利基金科学与技术创新奖、山东省科学技术最高奖，被授予"全国优秀共产党员"等荣誉称号。

在全面建成小康社会的进程中，有人用脚步踏出了脱贫致富路，有人则用头脑打破了西方"技术壁垒"，中国工程院院士、浪潮首席

科学家王恩东无疑属于后者。

王恩东曾说过：自己的人生轨迹是直线型的"三个一"：只读了一所大学——清华大学，只就职于一个单位——浪潮，只从事一个领域——服务器。

1991年，从清华大学毕业进入浪潮集团工作的王恩东不曾想到，一项在别人看来枯燥又无趣的工作，他一干就是30多年，并乐此不疲。几十年中，他带领团队突破服务器产业核心技术，研发出中国第一款高端服务器，同时紧跟技术前沿，引领云计算、人工智能产业变革，使浪潮服务器销售额从不到1个亿发展到700多亿元，成为全球第二大服务器供应商，成功实现了中国服务器产业从"跟跑""并跑"到"领跑"的跨越。

天助自助者，坚持技术攻关创新

当前世界，无论国民经济、社会发展还是个人生活，都离不开服务器的支持。"十四五"规划明确提出了"数字中国"的发展目标——加快建设数字经济、数字社会和数字政府，以数字化转型驱动生产方式、生活方式和治理方式变革。服务器是驱动各个行业数据和信息流动的"心脏"，而中国的数字化转型，则要建立在自主服务器产业基础上。

王恩东刚参加工作时，中国服务器产业还处在萌芽时期，国内银行、通信等行业的信息化需求已经很迫切，但当时主要依赖进口产品。在服务器领域，不掌握核心技术的国产厂商毫无竞争优势，作为产业制高点的高端服务器更是如此。"如果说研发一台2至4路的服务器相当于爬一座几百米的山峰，那么研发32路的高端服务器就相当于攀登珠穆朗玛峰。"当时，国外厂商投入新一代产品的研发费用

王恩东在分析高速信号设计和调优工作

就高达 8 亿美元，周期长达 5 年，远超一般企业的承受范围。

高新技术门槛高带来的是高昂的垄断售价，国外高端服务器的售价，是中国中低端服务器的 20 倍。同时，有了高利润的支撑，国外厂商又能把中低端服务器的价格压得非常低，当时国产厂商面临着严重不对称的竞争。在这种情况下，王恩东说："我就一个想法，一定要攻克高端服务器关键核心技术，一定要造出属于中国人自己的高端服务器，而且这条路没有捷径。核心技术是有钱也买不来、市场也换不来的，只能靠自己！"起初，王恩东的这个想法一直被外界认为"不现实"，甚至到 2008 年即将开始研发时，很多专家仍然持怀疑态度。

王恩东将高端服务器研发项目命名为"K2"，这是世界上最难攀登的乔戈里峰的代号，以此来时刻警醒和激励团队。在此后的 4 年时间里，他带领 400 多位研发人员攻克了一系列关键核心技术，于 2012 年末正式发布了我国第一台 32 路高端服务器——天梭 K1，让中国成为第三个掌握最新主机技术的国家，这项成果荣获了 2014 年国家科学技术进步奖 一等奖。

此后，王恩东主导的浪潮高端服务器业务一直增长很快，全球权威的调查公司 IDC 数据显示，2021 年浪潮在中国高端服务器市场的份额占比超过 70%。

王恩东说："掌握核心技术，有了自主的高端产品，我们的服务器就进入了自由的世界，能够同全球企业进行公平竞争。"

在高端服务器的带动下，国产服务器在各行各业都得到了广泛的应用。在浪潮天梭 K1 发布的 2012 年，国产厂商的销售额份额总和只有 30%，而在今天，仅是浪潮服务器的份额就远远超过 30%。同时，中国服务器产业完成转型升级的同时也带动了数据库、中间件、云、大数据等上下游自主产业的发展，推动了整个国产 IT 产业的转型升级，为数字中国的建设提供了坚实的产业基础。

寻求再突破，引领前沿技术发展

在核心技术和高端领域"面壁十年图破壁"的同时，王恩东一直坚持"面向前沿应用需求开展研究"，让浪潮对于新技术、新需求的敏捷反应能力远超其他企业，在产业前沿创新方面总能下出"先手棋"。

2010 年左右，云服务商的业务增长很快，但是承载业务的云数据中心却快不起来，服务器上架部署工序烦琐，效率低。王恩东就想："那么，是不是可以考虑更大颗粒度的交付方案，比如整机柜服务器？"确定这个思路之后，王恩东迅速投入整机柜云服务器的技术研究工作中。2010 年 6 月，第一版样机研制成功，并在当年 12 月完成了评测，接着又在系统多节点设计、高密度集中供电散热等技术中取得了突破，发展出中国第一代适合云计算时代的新型云服务器。这一产品的交付效率比以前提高了20倍，实现了每2.88秒部署一台服务器的新纪录。

在云服务器的研发过程中，王恩东率先提出了"硬件重构＋软件定义"的融合架构技术演进路线，奠定了云服务器发展的基本技术路线，并且密切结合客户需求，快速迭代产品，不断创造着业界纪录，最终让浪潮成为全球最大的云服务器供应商之一。截至目前，浪潮云服务器在中国市场的份额一直保持在60%以上。

王恩东引领了云服务器和云数据中心的发展，浪潮也成为国际权威数据中心标准组织OCP的中国唯一的会员、云计算服务器开放计算标准Open19的创始会员，并在全球最先发布符合Open19的全线服务器，开发完成了下一代数据中心管理架构OpenRMC标准。刚上市不久的新一代浪潮服务器，已打破165项SPEC全球服务器应用性能基准测试世界纪录。王恩东主持研制的融合架构创新产品，则在欧美等国家的云服务提供商、人工智能巨头公司的数据中心得到规模化应用。

2016年，谷歌阿尔法狗震惊业界，伴随而来的是全球人工智能产业的爆发式发展，王恩东再一次依靠自己的前瞻洞察力实现了快速的技术突破与市场占领。王恩东带领研发团队突破性改变了人工智能服务器CPU和GPU紧耦合互联方式的固有设计思维，实现了开创性的解耦设计，先后研发出全球计算密度最高的人工智能服务器AGX-2、峰值性能每秒2000万亿次的超级人工智能服务器AGX-5、全球首款集成HBM2高速缓存的FPGA AI加速器等，这些累计打破了MLPerf全球人工智能基准性能评测41项模型训练和推理性能纪录，以绝对优势领先国内外厂商。

着眼未来，让中国方案走向世界

在经过大量的实践后，王恩东对于人工智能的认识越来越清晰，他没有只将人工智能当作一个市场机会看待，他认为人工智能将全面开启智慧计算时代，因此服务器应该面向未来而布局。

2017年，王恩东在业界首次提出"智慧计算"，即云计算、大数据、人工智能等新一代信息技术引发的变革仍在继续，新技术应用融合形成了一种创新的计算形态——智慧计算。所谓"智慧计算"，是指从海量数据中获得规律、策略、洞察和知识的复杂计算，将推动人类社会从数字化向智慧化升级。

王恩东着眼于智慧时代的社会发展需求，进一步提出"计算力就是生产力"的理念，认为智慧计算将在国家的创新发展全局中扮演重

王恩东在世界大学生超级计算机竞赛中致辞

要角色。王恩东率领团队围绕人工智能计算架构和算法，开展了前沿技术研究，突破了大场景检测跟踪、行人轨迹预测、盲人视觉问答等关键技术。在 CVPR2020 国际计算机视觉与模式识别会议盲人视觉问答比赛、GAIIC2021 全球人工智能技术创新大赛 10 亿像素级超大场景检测跟踪比赛、ICCV2021 国际计算机视觉大会长距离多目标跟踪比赛和行人轨迹预测比赛等国际顶级赛事中取得 4 个世界冠军。

2021 年，王恩东带领团队研发成功了全球最大中文人工智能巨量模型源 1.0，其参数量达到 2457 亿，训练数据集规模 5000GB，比美国的最大模型参数规模提高了 40%，训练数据集规模提高了近 10 倍。

如今，经过 30 多年的创新不止，王恩东带领的浪潮技术团队已在世界服务器领域占有举足轻重的地位。浪潮已拥有 8 个全球研发中心、6 个全球生产中心以及 6 个全球服务中心，服务器业务位居全球第二。面对如此成绩，王恩东却说："在 IT 领域，一定要保持初心，永远不能懈怠。"

巾帼小康路，花开别样红

——记菏泽市牡丹区妇女联合会党组书记、主席刘艳敏

刘艳敏简介

刘艳敏，1972 年出生，菏泽市牡丹区妇女联合会党组书记、主席。在脱贫奔小康的工作中，她创新思路，大力发展扶贫产业项目，培训了 2 万余名妇女，帮助 1200 余名贫困留守妇女实现了就业。深入实施"美丽庭院"建设，摸索形成"庭院六法"模式，组织巾帼志愿者开展志愿服务 1200 余人次，提升了贫困家庭的精气神。开展了贫困母亲"两癌"救助行动，为 240 余名贫困"两癌"患病妇女发放 170 余万元救助金。她还建议实施贫困人口大病商业补充保险制度，有效化解家庭因病致贫、因病返贫的风险。因成绩突出，被授予"全国脱贫攻坚先进个人""山东省妇女儿童工作先进个人""山东省三八红旗手"等荣誉称号。

俗话说，"妇女能顶半边天"。

在全面建成小康社会的征途中，在脱贫攻坚的道路上，有这样一位女同志，她始终以自己的巾帼之力和巾帼之智，用心诠释着那抹最美的"巾帼红"，撑起小康工作的"半边天"。她，就是2021年荣获"全国脱贫攻坚先进个人"称号的菏泽市牡丹区妇女联合会党组书记、主席刘艳敏。

妇联当好"娘家人"，保险托底暖人心

"真是谢谢妇联的'娘家人'，在我最困难、最无助的时候伸出了援助之手，让我鼓起勇气与病魔顽强抗争。"牡丹区沙土镇杜庄村村民王宝红提起刘艳敏，心里满是感激。

刘艳敏慰问患病贫困妇女

王宝红早年丧偶，儿子在外打工。屋漏偏逢连夜雨，2018年，她被查出身患乳腺癌，为了治病欠下了4万多元的债务，因病致贫成了建档立卡贫困户。

同样是2018年，当生活无情的给她关上一道门时，来自妇联的持续关爱，却为她打开了另一扇窗，撑起了一片晴天。这一年，王宝红获得了刘艳敏为她申请的1万元贫困母亲"两癌"救助金，在妇联的强力帮扶下，王宝红的大部分医疗费用得到了解决。

从那一刻起，刘艳敏的鼓励，让原本对生活失去信心的王宝红重新看到了希望。王宝红是不幸的，但也是幸运的。为了帮助像王宝红这样的农村"两癌"贫困妇女，刘艳敏始终全力以赴，为她们提供更多的关爱和帮扶。

"在实施贫困母亲'两癌'救助和女性安康工程工作中，我深刻体会到因病致贫是脱贫路上最大的'拦路虎'，全区贫困户因病致贫占比47%，是亟待解决的首要问题。"刘艳敏表示，她主动联系卫健部门，深入调研，反复测算，建议牡丹区政府建立贫困人口大病商业补充保险制度。区领导及相关部门深入调研后与保险公司合作，全面实施。这一制度社会效果显著，使全区的贫困人口医疗费用自负比例由45%左右降到了10%以下，有效化解了家庭因病致贫、因病返贫的风险。

"助推精准扶贫·实施女性安康"工程项目完成率高达150%。2020年，48名参保妇女获得了共计247万元的赔付金额，12名参保妇女获得女性安康救助金15万元。

近年来，牡丹区共有240余名农村贫困"两癌"妇女，获得全国、省、市、区共计170余万元的救助金，为贫困妇女撑起了一把"保护伞"。

要富口袋，先富脑袋

"现在日子过得可比以前好太多啦，多亏了'大姐工坊'公益技能培训班，让我学会缝制布鞋。"在牡丹区安兴镇宋河村，村民张艳芝早早地来到村口的布鞋加工车间忙碌着。

50多岁的张艳芝是一名建档立卡贫困户，老伴残疾，儿子在镇上读书，家中只剩她一人。"过去一直种地，但是我年纪越来越大，很多活儿干不来了，有心无力。"以前，像张艳芝这样的"留守妇女"在宋河村有很多，她们家庭贫困，但又无法从事繁重的体力劳动。

"多接民生地气，工作才有底气。"这是刘艳敏在多年基层工作中总结出来的一句话。为准确掌握贫困妇女的第一手精准数据，解决她们的就业问题，刘艳敏带领区妇联干部跑遍全区400余个"扶贫车间""大姐工坊"，主动帮助扶贫企业解决融资难、销售难等问题，积极宣讲就业扶贫财政奖补政策，动员企业优先吸纳贫困妇女上岗就业。

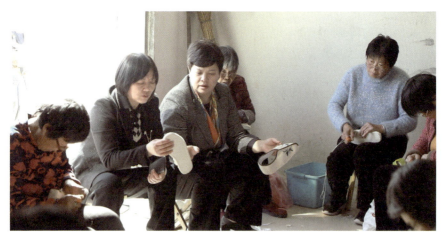

刘艳敏与"大姐工坊"的工人们详细交谈

刘艳敏说:"授人以鱼不如授人以渔,如何调动留守在家妇女的积极性,帮助贫困户家庭就业创收才是脱贫的关键所在,要富口袋,先富脑袋。"

如今,有了一技之长的张艳芝不仅可以选择进工厂上班,也可以在家承接来料进行订单加工,既方便照顾家人,又能足不出户赚钱养家。现在宋河村,包括张艳芝在内的 10 名贫困妇女已全部实现脱贫,同时带动周边 80 余名留守妇女实现居家就业,每个工人每月可以有近 2000 元的收入。

同时,刘艳敏针对部分贫困群众缺技能、难就业的情况,根据岗位需求,先后开展"订单式"公益培训 300 余场次,培训妇女 2 万余人,帮助全区 1200 余名贫困留守妇女实现了"一人就业,全家脱贫"。

美丽乡村,照进现实

青砖灰瓦小院、红门灯笼鲜花……在牡丹区何楼街道办事处郭湾社区,村路化身美丽的花卉小巷,生态文化景观别致有趣,老人们庭前闲坐,孩子们嬉于花间。这美丽的生活环境,让人实在难以想起这里曾经破旧不堪的景象。

群众美丽生活环境的改变,得益于刘艳敏着力组织实施的"美丽庭院"创建活动。

贫困群众居住环境的"脏乱差"问题,一直是刘艳敏工作中最大的难题。为彻底解决这一"顽疾",刘艳敏带领工作队走遍了全区 14 个镇街的 150 多个村庄,开展"美丽庭院"创建活动,推行"一线工作法",带动 1800 余户贫困家庭转变落后的生产生活方式,激发了群众脱贫致富的内生动力。

"那是一段辛苦但幸福的日子。渴了,喝水不管冷热;饿了,吃饭顾不上咸淡。"刘艳敏说道。"美丽庭院"创建时,她采取妇联主席负责制、妇联执委包联制,要求区妇联干部镇镇到、镇妇联干部村村到、村妇联干部户户到,一家一户、一步一个脚印地抓突破。蓬乱的头发、晒黑的脸庞,沾着泥巴和尘土的衣服、鞋子……这些都是刘艳敏工作中的常态。

终于,刘艳敏争取到近 30 万元的扶贫资金,定制了 2 万个储物袋,根据各户情况,发放给 1.6 万多户贫困家庭,并组织巾帼志愿者开展志愿服务 1200 余人次,指导他们进行衣物整理收纳,以往贫困户杂乱不堪的家庭环境逐渐改善。

郭湾社区村民郭喜梅见证了村容从"脏乱差"到"阳光花房"的转变。

50 多岁的郭喜梅没有随打工的儿女去城里生活,而是在妇联组织的培训班学到了花卉种植技术,在庭院中栽植高产核桃、柿树等经济树木,并在合适季节兼种豆角、黄瓜、韭菜等食用蔬菜,既创建了"美丽庭院",又发展了庭院经济,增加了收入。"现在,我们的社区很漂亮,生活环境很好,大伙儿的生活品质提升了一大截,孩子们回来说跟城里的环境一样好……"

巾帼送暖,儿童梦圆

"爸爸,一年多没见面了,我非常想您,您在外面打工要照顾好自己,我在家会好好听爷爷奶奶的话。"对于牡丹区李村镇宋楼行政村贫困留守儿童宋孟雪来说,2021 年的春节是温暖的,在刘艳敏帮助下，宋孟雪通过手机"见到"了远在浙江嘉兴务工的父亲，圆了她和爸爸进行视频通话的梦。

当时 12 岁的宋孟雪上小学六年级，父母离异，家境贫寒，她一直跟着身体羸弱的爷爷和奶奶生活，家里的唯一收入来源全靠爸爸在外打工。由于疫情原因，宋孟雪的爸爸响应政府号召没有返乡，选择"就地过年"，家庭贫困的宋孟雪经常梦想着能有一部手机和爸爸进行视频通话。

刘艳敏深知，在牡丹区，像宋孟雪一样的贫困留守儿童还有许多。"对于留守儿童来说，每逢新春快要到来的时候，就是最想念父母的时候。为此，我们在全区范围内组织开展'巾帼送暖，稳岗留工'行动。"刘艳敏说，让贫困留守儿童和在外务工的父母进行视频通话，小小的举动会温暖孩子的心灵；一本书、一套文体用品，也能丰富贫困孩子们的精神世界；一些孩子渴望到工厂、企业等地开眼界，妇联就给孩子们提供一个课外参观、学习的机会。这些举措不仅帮助贫困留守儿童养成自强、自信的性格，也使他们学会懂得感恩。

刘艳敏介绍，在区妇联的统一部署下，各乡镇街道和村社妇联干部深入家庭排摸，对全区贫困留守儿童的家庭经济状况、教育状况、生活状况进行详细调查研究，积极探求企业、社会资源救助，增加对特困儿童和突发困难儿童的救助和慰问。通过开展"巾帼送暖""岗企村结对扶贫奔小康行动""春蕾计划"等活动，为 400 余名贫困留守儿童送去了生活及学习用品，在全区形成一种共同支持和关爱贫困留守儿童健康发展的氛围。

"非常幸运，非常高兴，非常激动。"回忆起参加全国脱贫攻坚总结表彰大会时的场景，刘艳敏依然难掩内心激动之情，"这份荣誉并不属于我一个人，而是属于所有积极参与脱贫攻坚的妇联姐妹们。"

刘艳敏说:"完成脱贫攻坚不是终点,是新生活新征程的起点。作为一名基层妇女工作者,接下来,我将积极发挥妇联组织的'联'字优势,争取政策,搭建平台,带动更多妇女姐妹创业就业。"如今,在刘艳敏的带动下,牡丹区越来越多的妇联干部活跃在一线,成为乡村振兴工作中一支重要的巾帼力量。

轮椅上的"林业英雄"

——记淄博市原山林场发展战略委员会主任孙建博

孙建博简介

孙建博，1959 年出生，中共党员，现任淄博市林学会理事长，原山林场发展战略委员会主任，第十三届全国人大代表，全国第三位"林业英雄"。凭着"千难万难，相信党依靠党就不难"的坚定信念，他 30 多年扎根基层，在有效保护森林资源的基础上，探索出一条林场保生态、企业创效益、公园创品牌的"一场两制"科学发展之路，将负债 4000 余万元、职工 13 个月发不出工资的小林场打造成全国林草战线的一面旗帜，为全国 4000 多家国有林场提供了可借鉴的现实样板。先后按照组织要求接管代管了 5 家濒临绝境的单位，努力践行了"一家人一起吃苦、一起干活儿、一起过日子、一起奔小康，一起为国家作贡献"的承诺。荣获"全国优秀党务工作者""时代先锋"称号以及"全国五一劳动奖章"。

初春的原山，万物勃发。

站在原山山顶举目四望，漫山松柏林立，满目郁郁苍苍，全然没有这个季节北方常见的萧瑟景象，这里也因此被当地人称作"淄博的肺""城市氧吧"。而这些赞美和褒奖的得来都与一个人有着密不可分的关系——原山林场发展战略委员会主任孙建博。

在淄博，孙建博知名度颇高。人们只要提起他，总会心生敬佩。

孙建博是全国人大代表、全国林业英雄、原山发展战略委员会主任，曾任原山林场党委书记。1986年，他拖着一条残腿，承包了原山林场下属陶瓷批发公司。10年后，他上任原山林场场长。因他的到来，原山林场资产盘活，起死回生。如今的原山群山叠嶂，林海茫茫，绿色产业遍地开花，绿水青山变成了金山银山。

"我是一名共产党员，就要有面对一切困难的勇气。"孙建博坐在窗前，回忆着往事，脸上映满大山的苍翠。

生活似鞭，人是陀螺

"10年治腿路，全家人不知道为我流了多少泪。"孙建博说。

3岁时，因打错针导致双腿无法站立，父亲背着孙建博四处寻医治病，他的整个童年都是在父亲的背上度过的。

"我在棺材板上被蒸了三个月，每隔三天一次，母亲躲在屋里哭，父亲扭头不看我。"回想起那次印象最深的治腿经历，孙建博面露苦涩，"刚开始叫得撕心裂肺，后来怕父母听到心疼，我就用力咬紧嘴里的木棍。"

孙建博是父母心中过不去的一道坎儿。在那个吃饭都特别困难的年代，家里倾其所有为他治病，最终只治好了一条左腿。

成为残疾人的事实摆在面前，他决心通过上学来改变自己的命运。

"20世纪六七十年代，学校是不收残疾人的，父亲问了几所学校都被拒绝了。"孙建博回想起自己的求学经历，庆幸且自豪地说，"我是爬到学校门口的，用尽最后的力气大喊'我要上学'，学校才同意。"10岁时的一天清晨，孙建博偷偷从家里出发，前往离家最近的一所学校。三里路，他用了一个半小时。入学时，孙建博比同龄人整整晚了四年。上学后，孙建博成绩优异，还考上了中专，却因身体原因再一次遭到拒绝。那一年，燕子从南方飞了回来，整齐地排在电线上，他却成为不能上学、不能参军、不能就业、不能上山下乡的"四不人员"。

此时的孙建博，就业之路困难重重，干过几次临时工，收过废酒瓶子，生活的酸甜苦辣浸泡着他，理想与现实的巨大落差不断冲击着他。

1981年3月，在当地民政部门的关怀和帮助下，孙建博终于在一家规模不大的福利工厂就业。不久，由于工作成绩突出，他被调到民政局担任团委书记，成了一名人人羡慕的机关干部。

"时间一长，我渐渐意识到那种被养起来的生活，并不是我想要的人生。"1986年，在家人和同事们的一片反对声中，孙建博毅然决然地辞掉了机关工作，开始了自主创业，自力更生。辞职后，孙建博的生活虽然很累，但是很有尊严。

心如花木，向阳而生

"人们都说我腿瘸了，脑子也坏了。"辞掉铁饭碗，孙建博承包了只有3间平房、3000元流动资金、6名待业青年的原山陶瓷批发公司。

生活所迫，每天清晨不到6点，他就与大家一起出门，辗转在高高的废陶瓷堆里，挑拣好的瓷具。傍晚时分，他们使出全身力气，推着一两百斤重的"生活"向前走。

没有门市的时候，他们就出来摆地摊，街头、路边、火车站都去过。跑市场、找客户，在外过夜不舍得住旅馆，常常被人看作组团要饭的。为了省装卸费，他们自己装卸货物，几个人咬紧牙关，挥汗如雨。那时候，孙建博脸晒得黝黑，晚上双腿经常肿得脱不下裤子。

平淡苦闷的日子里，孙建博与大家细数人间百态，在相互帮助和鼓励中，抚平心里的褶皱，将生活的疙瘩捋顺。

到1991年，原山陶瓷批发公司销售收入达到1480万元，创利税90.5万元。此后，连续两年成为全省同行业年销售额、年创利税、人均创利税三项指标最高的单位，承包的第三年，年销售收入达到3500万元，获得利润300万元。原山陶瓷批发公司逐步成为江北最大的陶瓷批发公司之一，销售实现了"买全国、卖全国"。

同年，孙建博光荣地成了一名共产党员。曾经，他无数次仰望天空，思考着自己人生的列车该去往何处。入党的那一天，他终于找到了答案。

"入了党，就有了归属，仿佛是一颗大大的太阳照耀着我，温暖着我，给予我力量。"孙建博肯定地说，"一颗浮躁的心渐渐沉淀了下来，遭受的种种苦难成了勋章。"

结束工作，回到家，孙建博在日记里写下昨天、今天和明天。"夜里还会听到火车长长的汽笛声，那声音传得很远很远，带走了耳边的冷嘲热讽。"

山高路远，与党同行

正当孙建博的陶瓷批发公司经营得风生水起时，1996 年底，原山林场的老场长退了下来，市里研究决定由孙建博担任原山林场场长。

原山林场是一个生态公益型林场，林场工人的主要任务就是封山造林，工作生活条件十分艰苦。几任场长都为发展经济、使职工吃上饭伤透了脑筋，一直探索着"以副养林"的路子。到 1996 年底，林场基本上靠贷款维持生存。

"负债 4000 多万元，职工 13 个月发不出工资，126 家有名有姓的债主天天轮流上门讨债。"孙建博说，刚上任的时候，林场发展举步维艰。

孙建博从不缺乏从头开始的勇气。面对组织的召唤和职工的期盼，他坚定信念，接下了这个烂摊子。

他从工副业入手，关停下属亏损企业，健全管理体制，投资新项目，用两年多的时间，为职工补发了工资，退还了集资，支付补交了养老保险，报销了医药费，逐步归还和消化了全部借贷款。

"后来，我们相继建立了全省第一家森林乐园、第一家民俗风情园、第一家鸟语林、第一家大型滑草场……"孙建博如数家珍地介绍，"通过大力发展旅游，走以副养林的路子，林场渐渐有了起色，职工生活越来越好，各项收入源源不断地投入森林资源保护中，形成了良性循环。"

1996 年以后，原山林场实现了 24 年零火警，活立木蓄积量净增116760 立方米，森林覆盖率由 82.39% 增加到 94.4%，原山林场也因此被当地市民亲切地称作"淄博的肺"。2016 年，原山林场在上级部门的支持下建立原山艰苦创业纪念馆，打造了全国首家弘扬务林人艰

不顾行动不便，孙建博坚持到林区一线工作

苦创业、改革创新、无私奉献精神的大型展馆，形成了"红＋绿"融合发展的旅游新模式。孙建博接手后的原山林场，每年都有新发展、新变化，职工年收入超过12万元，相比从前翻了10番，每人还分到了一套房子。绿水青山真真正正地变成了金山银山。

"职工就医、住房，孩子上学都不用愁了，生态林自然而然地也就管护好了，这就是党交给我的使命。"孙建博说，"前进的路上也不是没有困难，但我们坚信'千难万难，相信党依靠党就不难'，通过创新实施场党委领导下的'一场两制'管理模式，打造了集生态林业、生态旅游、餐饮服务、旅游地产和文化产业五大板块于一体的企业集团。"

随着企业不断发展，扶贫济困、回馈社会也成为孙建博的人生追求。"党和人民养育了我，我理应报答。"多年来，他带领原山人开展扶残助残活动，资助博山区弱智儿童学校，为白内障患者提供免费手术，成立由原山干部职工组成的"爱心原山"雷锋私家车队，先后为失学儿童和贫困家庭提供救助近万人次，免费接待残疾人游园达8万人次，充分体现了原山人的社会责任和担当。

2018年，孙建博由于长期高负荷运转病倒了，被确诊为重症肌无力，一年做了4次大手术。他在遗嘱中写道："我要把一切献给党和人民，如果救不过来就把遗体捐给祖国医学事业，用于活着的人；余下的骨灰埋到原山森林中，与同志们一起继续保护生态林；把我和妻子名下的存款及房产全都捐出，作为向组织交的最后一次党费。"

孙建博凭着不向命运低头的信念，再一次创造了奇迹，通过了命运的考验。同年，他被授予"林业英雄"称号。2020年，孙建博到了退休的年龄，但他没有因此离开自己工作的地方。出院后，他直接

孙建博参加中外记者见面会，讲述原山林场从荒山秃岭到金山银山的历程

到了山东原山艰苦创业教育基地，每天都给参观学习的游客讲述原山艰苦奋斗、保护生态的故事。

"今年，原山已成为全国国有林场深化改革试点，计划到 2025 年完成'两个基地''四个示范区'建设的光荣使命。"孙建博说，"我们刚刚选举产生了新一届场'两委'班子，新班子将继续不忘初心、牢记使命，全面推进生态高质量发展，争取成为全国第一个现代化林场，让绿水青山发挥更大的价值。"

用一腔"农民情"唱好"致富经"

——记中国农业银行阳信支行个贷中心客户经理耿建国

耿建国简介

耿建国，1970年出生，中共党员，1991年参加工作，现任中国农业银行阳信支行个贷中心客户经理。作为金融系统扶贫战线的一员，长期以来，耿建国恪尽职守、辛勤付出，创新推广光伏扶贫农户贷款特色产品，发放光伏扶贫贷款1385万元，受益贫困户277户。牵头创建了金融服务示范村12个，覆盖农户2000余户。他是乡亲口中的"老耿"、农民心中的"兄弟"，他用真心服务和默默奉献帮助贫困户走上了小康路，真正践行了"不忘初心、牢记使命"的内涵、把"人民至上"的理念落实到造福人民的行动中。2021年，获得"全国脱贫攻坚先进个人"荣誉称号。

在滨州市阳信县，有这样一支来自农行的"金融人"队伍，他们肩负使命，穿梭在田间地头，奔走在乡村小路，用实际行动诠释着"不忘初心、牢记使命"的责任意识，全力以赴为打赢脱贫攻坚战贡献力量。而耿建国，正是这支力量中的先进代表。

1970 年出生的耿建国，家中兄妹五人，从贫穷中走来的他，感恩这个时代让他上了大学。他觉得最美的行头是制服配党徽，最骄傲的事是人员身份这一栏填的是"国有金融企业职工"。如今，他最坚定的事是行程万里，初心不忘。

全面脱贫，为了 277 户农民兄弟

"老耿，来家里请你喝酒，喝好酒。"临近春节，耿建国接到的此类电话多了起来，虽然这样的邀约他不会去，但是心里还是暖暖的，因为乡亲们的日子过好了，他心里比吃了蜜还甜。打这些电话的，多是近年来他帮助过的脱贫户。"农民兄弟，直接又朴实，你对他们好，他们就对你掏心掏肺。"他们把老耿当兄弟，老耿也不能辜负了这份深情。这段脱贫情，要从 2017 年 5 月中国农业银行阳信支行开展光伏扶贫贷款开始。

当时，阳信县光伏扶贫贷的攻坚战战斗打响，就是要把阳光——这一普照大地的能源，在金融的助力下变成群众脱贫的"家业"。

前几年，为解决建档立卡贫困户收入问题，农业银行滨州分行加强与各级扶贫机构对接，在充分调研论证的基础上，与滨州市扶贫办联合推出"光伏扶贫贷"产品，单独配置贷款规模，实施利率定价优惠，建立扶贫贷款绿色通道，简化贷款手续。当地县区政府通过财政出资设立风险补偿金，农业银行则根据补偿金规模放大 10 至 15 倍发

放"光伏扶贫贷"，政府与金融机构风险共担。

但这一工作刚迈步，质疑声就来了："这能行？万一电发不出来，贷款又签了字，这贷款不是也得照还？"一方面是老百姓的质疑，另一方面是县里巨大的脱贫工作压力，仅商店镇张连禹村就有贫困户27户，占了全村的1/3。就在这样的关口，党派耿建国同志来了。

耿建国是一名老党员，接到任务后，他第一步就是深入村里调查摸底，掌握第一手资料，入户串门听取群众诉求。在村里办业务，下起雨来就随便往哪家一钻，既能躲雨，又能了解村里的情况；回家时，遇到下雪天，他就开着车一点一点往家挪。为提高服务效率，他带领服务团队白天上门走访贫困户，晚上整资料、录系统，兑现了3天放款的承诺。有些贫困户不了解政策，他就手把手地给他们算账，让贫困户知道光伏扶贫有收益、能脱贫。"我的工作时间就是赶在农民出工前、等在农民回家后，自己吃饭就是随便将就一口……"耿建国至今都感慨工作初期的艰辛。

深夜加班，已成为耿建国的生活常态

2018 年 12 月的一天，在去洋湖乡收集贫困户资料的路上，耿建国突发身体不适，住院 3 天后，他就坚持要去工作，只因心里惦记着自己帮扶的贫困户。

5 个乡镇、50 个村庄，最远的村要走 100 多里路。他的小汽车，一箱油加满能跑 600 公里，在扶贫攻坚的小路上，他一个月加两箱油，行程千里。靠着长期的调研了解，他做到了 50 多个村的乡间小道条条熟悉、不用导航，他负责的几百个贫困户，情况个个都了解，见了面一半能叫上名字。

在商店镇张连禹村，提起耿建国，村民张洪志总是称赞不绝、连连竖起大拇指："是农行帮我摘掉了贫困帽，是耿建国经理帮我走上了小康路。"在耿经理的精准帮扶下，3 年前还是村里有名贫困户的张洪志，借助光伏发电带来的收益，不仅种植了蔬菜，还组织本村的贫困户成立了蔬菜示范基地，年收入达到 5 万元，彻底甩掉了贫困帽，成为当地有名的脱贫攻坚先进代表。

更让耿建国暖心的是，他办理投放的 1385 万元光伏贷款没有出现一笔不良贷款。"这么好的政策，困难群众不早一天享受上，我都着急。"耿建国激动地说。2017 年 5 月份开始办理的光伏贷款，当年年底一些群众已经有 1500 元或 2000 元的受益。自耿建国开展工作以来，277 户贫困户已经实现全部脱贫。

翻身致富，幸福是奋斗出来的

"我养牛干啥，一头牛好几万，去哪儿弄钱？"刚靠光伏贷脱了贫的张杰贤对耿建国说。

"脱贫了不能算完，咱得富起来！不然，这穷日子什么时候是个

耿建国与养殖户交流

头？"耿建国个子不高，黝黑粗壮，和下地干活儿的老百姓一个肤色，说起话来常常咧嘴大笑，显得格外爽朗和憨厚，他的话农民兄弟爱听。经过耿建国反复的"洗脑"，2018年张杰贤夫妇俩决定养牛。此时，牛的价格还比较便宜，两口子从亲戚朋友处七拼八凑，筹钱买了两头牛。没想到，日子就这样红火起来了。

养殖用的玉米秸秆饲料都是自己地里种的，牛圈就在自己家地头。牛一头一头增加，又赶上牛的价格翻了一番，张杰贤的日子一天天好起来。现在张杰贤两口子养了7头牛、40多头猪，一年纯收入十几万元，过上了以前连想也不敢想的日子。如今，张杰贤准备再买4头牛，他致富的信心更足了。

耿建国说："阳信是养殖大县，产业链完整，销路不愁。群众原来穷，越穷越没信心，缺的就是一个信心。"贫困户老万，四十来岁，身强力壮，但一门心思想靠政府救济生活。耿建国了解情况后，屡次上门做思想工作，劝说他靠双手勤劳致富，切莫毁了自己，又耽误了下一代。在耿建国的帮助下，老万不仅靠光伏发电收益让生活有了保障，而且在铝厂找到工作，获得了不错的劳动收益。

贫有百样，困有千种。有的群众根本没劳动能力，对此就要开展兜底保障工作；而有的贫困是思想上的，对此就要既扶智又扶志。同时，做扶贫工作还要懂点心理学。在村里贷款签字现场，耿建国会当着乡亲们的面嚷嚷："老张，书记说你是懒汉，我看你不懒。"老张不好意思地低下了头。"老张，别让村里看不起，身体健康，闲着干啥？快干点事吧。"耿建国对离婚后天天与酒为伴的老张说。如今，在耿建国"激将法"的作用下，老张承包了果园，媳妇和他复了婚，生活走上了正轨。

扶贫工作既要富口袋，也要富脑袋。耿建国始终把"幸福是奋斗出来的"当作口头禅，走到哪里就说到哪里。他积极为乡亲寻找翻身之计，从单向扶贫到产业扶贫，摘帽不摘责任，摘帽不摘帮扶，先后有 30 余户贫困户通过"扶智"改变了观念，先后通过就业、农业经营致富。

奋斗不止，脱贫致富久久为功

在耿建国心里，每一笔贷款都是一个生动的扶贫故事。

牛年春节前，山东泰荣生物科技有限公司总经理于金海急急火火地找到耿建国求助，说："原材料涨价，一天一个价，公司急需要资金储备原料。"这家企业耿建国熟悉，经营稳健，重要的是这个企业还帮助了很多群众就业脱贫。

急事急办，耿建国第一时间就准备好了递交的材料。周五递资料，农行阳信县支行下周一开审议会，周二就批了贷款。这样的速度让企业吃惊，而且是年息 4.35% 的 30 万元低息贷款，更让企业轻松上阵。

耿建国平时喜欢读《习近平总书记系列重要讲话读本》，特别是与扶贫工作相关的讲话，都读了好几遍。他说："作为一名最基层的银行人，就是要不忘初心、牢记使命，真正将国家的好政策落到实处。"

"大道之行也，天下为公。"中国历代仁人志士呼唤的"大同"，穿越历史的年轮，在中华大地实现，彼时彼刻的愿景已成为此时此刻的现实。"习近平总书记在庆祝中国共产党成立 100 周年大会上向全世界庄严宣告，我们全面建成了小康社会，那一刻我感到比自己挣多少钱都幸福，心里跟吃了蜜一样甜。"耿建国说。

奋斗不止，耿建国一直为乡亲们的富裕生活操劳着。现在他又接到了新任务，就是大力推进"五覆盖，一力争"活动，即"强村贷"投放、村集体经济组织开户、惠农通服务点打造、农户信息建档、"示范村"建设五项工作全覆盖，力争实现"三资"管理平台上线。这些活动的开展，加快了"三农"县域数字化转型。

"乡亲们脱贫只是迈向幸福生活的第一步，是新生活、新奋斗的起点，我还得加把劲儿！"耿建国说。

北方的早春，生命在无人注意的地方生发复苏。张连禹村的村民张杰贤家一头牛的肚子里，一只小牛犊正在孕育生长，不久就会降生。一出生，它的"身价"就会随着张杰贤家的希望一起升起。展现在乡亲们眼前的，是一幅更加动人的振兴图景。

五、无字丰碑篇

——为有牺牲多壮志

2021 年 7 月 1 日，在庆祝中国共产党成立 100 周年大会上，习近平总书记强调，一百年来，中国共产党团结带领中国人民，以"为有牺牲多壮志，敢教日月换新天"的大无畏气概，书写了中华民族几千年历史上最恢宏的史诗。这一百年来开辟的伟大道路、创造的伟大事业、取得的伟大成就，必将载入中华民族发展史册、人类文明发展史册。

　　在山东脱贫攻坚、全面小康、共同富裕的路上，有些同志殚精竭虑、鞠躬尽瘁，甚至为伟大事业献出了宝贵生命，用一生践行了初心和使命。这些英雄楷模，就是"自己有一条被子，也要剪下半条给老百姓"的人。他们的牺牲终将被人铭记，他们的精神遗产终将被更多人继承。小康事业继往开来，无字丰碑上，必须刻上英雄的名字。"闯"的精神、"创"的劲头、"干"的作风，当山东人民为实现第二个百年奋斗目标而奋发前行时，这种齐鲁底色定会透出纸背、历久弥新、薪火相传。

燃烧生命，铸就楷模

——记鲁南制药集团原董事长赵志全

赵志全简介

赵志全，1956年出生，中共党员，曾任鲁南制药集团董事长等职。他创新技术、创新管理，建立起一个具有百亿资产的现代化制药集团；他重视科研，推动鲁南制药完成了200多项研究课题，78个项目获得科学技术进步奖，授权并维持有效专利数量居国内医药企业第二位；他不忘社会责任，多年来投身公益事业，资助文化团体，通过捐资助学、打井修路等方式扶贫济困；他坚决让员工们共享发展果实，自己住了20多年的40平方米宿舍，却给新人免费盖房、发安家费……他是"全国五一劳动奖章"获得者，全国劳动模范，山东省有突出贡献的中青年专家，享受国务院政府特殊津贴。2016年，中共中央宣传部追授其"时代楷模"称号。

作为沂蒙山区第一个招标承包的企业家，他把一个濒临倒闭、仅有 19 万元净资产和 2 万元贷款的小厂，发展成为一家总资产 100 亿元、净资产 60 亿元的大型综合制药企业集团。作为一名身家几十亿元的企业老总，他在弥留之际，没有想着如何将财产留给妻女，而是签署了一份公司人事任命书、一份提高职工待遇的计划书、一份科研项目的审批书，还有一封留给妻女的遗书和一张写着《忘忧草》等 5 首歌名的便条。

2014 年 11 月 14 日深夜 11 点，当他用颤抖的双手批阅完最后一份关于企业改革与发展的文件，想要起身休息时，却在猝然而至的呼吸骤停中晕厥在办公桌前……

他就是荣获"全国劳动模范""时代楷模"称号的鲁南制药集团原董事长、党委书记、总经理赵志全。

从 19 万元到 60 亿元，白了头发，火了企业

当地人都知道，鲁南制药集团并不是从一开始就这么火的。1987 年的一个秋天，作为临沂首批招标承包的企业，30 岁的企业骨干赵志全开始"掌管"这个仅有 19 万元净资产和 2 万元贷款的郯南制药厂。自此往后的 27 年来，赵志全把全部心血放在企业的改革和发展上，换来的是鲁南制药的百亿资产，还有自己的一身病痛。

1956 年，赵志全出生在费县的一个农民家庭。1982 年，他从山东化工学院毕业后回到沂蒙大地，并被分配到当时的郯南制药厂。1987 年 10 月 25 日，在承包制风靡全国的背景下，郯南制药厂成为临沂地区首家公开招标承包经营的试点对象。年仅 30 岁的赵志全一举中标担任厂长。很多人想不通，为什么赵志全会选择这个仓库原料

赵志全在深夜办公

仅能维持 3 天、人心涣散、濒临倒闭的小厂子，而不是在更大的舞台发挥自己的才华。在竞标书上，唯有他提出"当年扭亏为盈、实现利润 20 万元"的目标，"到 1991 年实现产值 1000 万元、利润 120 万元"，在当时看来，这是个犹如"白日梦"般的军令状。

然而，赵志全却把这个别人眼中的"白日梦"，当成了自己的奋斗目标。一上任，赵志全就大力推行人事制度、劳动制度、分配制度三项改革，走上"以改革为动力"的发展道路。

1994 年，乘着股份制改革的东风，赵志全将企业改组为山东鲁南制药股份有限公司，并在当年 11 月进一步推行分配制度改革，直至鲁南人反复提起的"96 决战"，提出"以市场为中心"的业务首位意识，才让这个"背水一战"的企业凤凰涅槃。

直到今天，很多老鲁南人坐在一起回忆那段历史的时候，大家依旧为"赵总"当年 9 天跑遍东北三省 18 个城市的辛劳感到心痛，依旧被他坐着轮椅到一线和业务员一起攻坚的事迹所感动。"没有赵总，就没有今天的鲁南制药，更没有我们这些鲁南人幸福的今天。"赵志全的老同事、老邻居，已经60多岁的徐传英抹着眼泪，感慨万千。

对于赵志全来说，时间总是不够用。27年的时间，赵志全从承包制的探索、三项制度改革、股份制的确立到弥留之际的公司运行体制的确立，一头青丝变白发，但是他攻坚克难的改革豪情却丝毫未减。如今，鲁南制药集团品牌价值已超120亿元，屡次成为"纳税百强企业"和"民营企业500强"。

栽梧桐引凤凰，人才是他的毕生骄傲

在鲁南制药，有两支赵志全引以为傲的队伍：一支是擎起科技创新大旗的1000位科研骨干，一支是跟他南征北战的2000名业务将士。他从不说"销售人员"，总是用"将士"来表达对自己队伍的钟爱之情。"三千越甲可吞吴"，鲁南制药便是依靠这两支富有凝聚力的队伍闯出一片天地的。

在鲁南制药集团有一个"怪现象"，工资最高的人不是老总而是科研人员。1994年，鲁南制药进行分配制度改革，高级工程师工资为5000元。2000年，公司规定博士月薪为8000元，硕士为3000元，这在当时的沂蒙山区可谓轰动一时。而2002年9月赵志全的工资单：收入6002元，扣除水电费、房租等52.72元，实发工资5949.28元，这让大家瞠目结舌。但对于赵志全来说，这一切再正常不过，因为他深知"企业竞争力要以科技创新为引领"，科技人才是鲁南制药创新发展的不竭动力。

2001年以来，鲁南制药平均每年科研经费的投入占销售收入的比例在 9% 以上，最高年份高达 18%。从 2001 年第一位博士来到集团，到后来千名科研骨干拥有研究生以上学历；从建成国家手性制药工程技术研究中心，到建成哺乳动物细胞高效表达国家工程实验室，再到设立博士后科研工作站……鲁南制药在赵志全的带领下，完成了 200 多项研究课题，78 个项目获得科学技术进步奖，先后承担了国家"863"计划项目等国家级重大科研项目 22 项；申报国际、国内专利 782 项，获授权专利 452 件，授权并维持有效专利数量居国内医药企业第二位。

2014 年，在鲁南制药的一对博士夫妇双双获得表彰的事情被传为佳话，丈夫刘忠获得了"山东省五四青年奖章"，妻子赵丽丽则获得了"全国五一劳动奖章"。

如果有人问，赵志全在集团最偏爱谁？但凡鲁南人都会脱口而出——他的"业务将士"们。2014 年 11 月 18 日，在赵志全的告别仪式上，一位已经离职的业务员专程从美国回来，跪在赵志全的灵棺前，哭成了泪人。

"业务将士一年到头在外求人，我们不能让他们回来之后再求我们。"这是赵志全经常说的一句话。早期做业务时，逢年过节赵志全都会到"业务将士"家里走访。随着公司规模的扩大，赵志全会召开业务家长、家属座谈会，亲手把过节费发到员工的家人手中。

40 平方米的房子住了 20 年，只为让员工过上好日子

"你不到鲁南来，就不知道赵总对鲁南人有多好。"这是在鲁南制药的员工中流传的一句话。

在鲁南员工们住上大房子、开上好汽车时，很多人无法想象，他

们的带头人赵志全在 40 平方米的房子里住了 20 年，陪他走南闯北的桑塔纳则行驶了 50 万公里。就在赵志全弥留之际签下的文件中，其中一份正是关于提高职工待遇的计划书。

为了让改革红利更好地惠及员工，赵志全可谓"挖空心思"。他自己放弃了 6 次分房机会，却为新人提供住房、发安家费，举办集体婚礼和数不清的文化娱乐活动。赵志全明白，年轻人住房是社会难题，他便先后投入 8 亿多元建设了 3000 多套职工住房，员工交上几万块钱押金就可以免费分房。赵志全深知，幼儿教育问题困扰着很多人，他便投资 5000 多万元建设了两座现代化的省级规范化幼儿园，解决员工子女入托难问题。他曾经见到一位年轻员工在用餐时长期只打一份青菜两个馒头，便决定给全厂每名员工发放每月 300 元的生活补助。为满足员工的业余文化需求，他还投资 2 亿多元建设了大量文体活动场所和设施，运动会、元宵灯会、厂庆文艺晚会、职工歌咏比赛、职工技能比武等文体活动更是丰富多彩。开展活动时，赵志全总会走到员工中间，与大家共同庆祝节日。赵志全用他的一生，兑现了为员工创造美好生活的诺言。

对社会，赵志全始终充满爱心。费县朱田镇上水连峪村村民李胜利，永远也忘不了 2002 年的那个夏天，那年沂蒙山区大旱，一些群众的生产生活用水一度出现困难，来找赵志全反映情况。李胜利说："他听着听着，脸上就冒出了汗，那副着急的样子，一点也不亚于我们。"没过多久，赵志全就为上水连峪村打了一口深水井，建了三个拦河坝，彻底解决了用水问题。27 年来，赵志全创造了万余个就业岗位，捐助贫困大学生 800 余人，安置下岗职工 1000 余人，接纳平均年龄超过 65 岁的周边留守老人"特殊绿化人员"200 多人，在公益事业中累计捐款捐物 1 亿多元。即便在病情极度恶化的情况下，他也为费县慈善总会捐款 500 万元。

赵志全在费县农村调研农田水利建设情况

　　赵志全临终前，在一张便条上写下了自己送给家人与员工们的 5 首歌曲：《粉红色的回忆》《兄弟干杯》《兄弟抱一下》《忘忧草》和《掌声响起来》，充满离别的孤独、不舍、宽慰与感伤。在遗留下的人事任命书中，赵志全指定了新的领导班子，里面没有出现妻子和女儿的名字。而在此前，他还嘱咐让负责公司后勤工作的妻子退下来。

　　赵志全甄选了新的法人代表，就是为了把企业彻底地推向市场。更令人惊诧的是，赵志全在生前没有向新任董事长、党委书记、总经理张贵民透露半点儿消息。从放在桌前的遗嘱里，张贵民才知道，自己已肩负起带领这个沂蒙山区最大纳税企业继续前行的使命。至此，人们终于理解了赵志全，他是一位彻彻底底的改革者。他以经营权移交的方式，点燃了现代企业改革的又一束火焰。

　　赵志全虽已远去，但他一心为改革、一心为群众的崇高品格，在沂蒙人心中留下了难以磨灭的印象，他是新时期沂蒙精神的杰出代表，推动着沂蒙人民在改革大道上奋勇前行。

"拼命书记"扶贫二十一载，穷陡山变成金陡山

——记泰安市岱岳区扶贫办原副主任、大陡山村原党支部书记苏庆亮

苏庆亮简介

苏庆亮，1970年出生，中共党员。为了家乡脱贫，他三下基层，一干就是21年，以"就是搭上一条命，也要让穷村富起来"的"拼命三郎"精神，把一个穷村乱村打造成为远近闻名的全国文明村。在担任区扶贫办副主任的142天时间内，跑遍全区82个省、市级贫困村，为精准扶贫工作殚精竭虑。2016年7月24日，突发疾病牺牲在脱贫攻坚一线。曾获"全国劳动模范""全国绿化奖章""山东省青年五四奖章"等。2016年10月，被追授"齐鲁时代楷模"称号。2021年2月，被追授"全国脱贫攻坚先进个人"称号。

2016 年 7 月 24 日，正值壮年的苏庆亮因过度劳累突发心肌梗死，猝逝在工作岗位上，年仅 46 岁。两天后，在泰山脚下的大陡山村，所有能行走的村民、机关干部、外来朋友……1000 多人自发拥上村头为他送葬。

泰山肃穆，汶水呜咽。人们不会忘记，身为泰安市岱岳区扶贫办原副主任、大陡山村原党支部书记的苏庆亮，不忘初心，凭着坚忍执着的信念，在村里一干就是 21 年，带领全村党员和群众，把一个荒山秃岭、贫穷落后的"荒陡山""穷陡山"变成了山清水秀、物阜民康的"绿陡山""金陡山"。

"我是大陡人，再难也要挑起这副担子"

1994 年 11 月，24 岁的苏庆亮服从组织安排回村之时，大陡山已是远近闻名的穷村乱村，三年换了两任党支部书记。

曾担任过生产队长的父亲极力反对儿子返村接这个烂摊子，但苏庆亮对父亲说："我是土生土长的大陡人，父老乡亲需要我，不管有多难，我都要挑起这副担子。"

治穷先治乱。一上任，苏庆亮和班子成员就在短时间内走访了前 5 任党支部书记、在村的全部 30 多名党员、40 多名有代表性的群众和 13 名在外工作的大陡山村籍干部，征求到 300 多条意见。而后，他从村民拖欠款、宅基地、土地调整三个关键问题入手。

为顺利推动调地，他和村干部主动提出将差地、距离远的地留给自己，好地、近地分给村民，并向村民宣布了这种方案。可是，有的村民并不相信。有一个村民公开提出和苏庆亮换地，苏庆亮当即同意。那村民便在夜里去量苏庆亮的地，没想到，量出的面积比公布面积不仅没多,反而少了半分。从此,这位村民绝口不提换地了。

为大陆山找到发展路子,苏庆亮探索了整整8年。其间,尽管有曲折也有弯路,但是大陆山村因地制宜、靠山吃山的发展思路在苏庆亮头脑中逐步清晰。恰逢市里出台绿化扶持政策,大陆山便全力投入绿化工程。几年间,大陆山村栽植松、柏和各类果树等70万株,绿化荒山1500亩。绿水青山,民生福祉。新冠肺炎疫情发生前,每逢国庆假期,大陆山村都会迎来数万游客。

荒山绿化还激起了苏庆亮发展苗圃产业的灵感。他和"两委"班子成员约定,每人出资1万元,共筹资13万元建了10亩苗圃园,并向村民承诺:"赔了钱赔村干部的,赚了钱利润归村民。"

80多岁的村党支部副书记马万春回忆说:"当时的苏庆亮思想压力很大。他从南方购进幼细的苗子,并在当地率先做起了网上销售,创下当地电子商务之先。"

苏庆亮的真诚、执着终有回报,那年底,正赶上京福高速公路泰安服务区绿化,10亩苗圃当年盈利5万元。尝到甜头的苏庆亮因势利导,又把发展目标瞄向茶园种植。经四五年的反复试验,大陆山规模化种植南方茶终获成功,并注册了"泰山极顶茶"商标。2007年,泰山极顶茶在北京国际林业产业博览会上获得银奖。到2015年底,大陆山村集体总资产已达1亿元,集体经营性年收入突破500万元,村民年人均收入达1.4万元。

而为了这一天,苏庆亮放弃了三次跃龙门的机会,在基层一待就是21年。

2009年,山东省统一组织面向优秀村干部招考乡镇公务员,苏庆亮以优异成绩被录取。此时正值大陆山发展的爬坡关键时段,走还是不走,他心里异常纠结。苏庆亮生前曾坦言:"当时自己犹豫不决,总

林科院专家与苏庆亮探讨茶叶质量问题

觉得走好，但是又无法面对全村父老乡亲。"村民们听到消息，选派了10多位代表，集体去办事处请愿，坚决要求上级将他留在大陡山。

苏庆亮最终选择了留下，在大陡山上铸起了一座不朽的丰碑。

拼命三郎，有一不争二

2016年3月4日，是苏庆亮到区扶贫办报到的日子。

上午区委宣布了任命，下午他就进入工作状态。很快，他成立了一个微信群"岱岳扶贫攻坚"，群里每天更新扶贫工作信息。他的微信昵称是"业精于勤"，这个"勤"字，正是对他工作最好的写照。从上任到猝然发病，短短三个月时间里，他跑遍了全区17个乡镇的82个省市级扶贫村，许多贫困户家中都留下了他的足迹。而这三个月，正是扶

苏庆亮到扶贫车间调研贫困群众脱贫情况

贫办工作最紧张忙碌的时候。为筹备全区第一场扶贫推进会，当天上午打了两小时吊瓶之后，他又自己开车到现场，落实第二天开会事宜。

"庆亮书记就是个'拼命三郎'，无论做什么工作，'有一不争二'。"大陡山村村民苏乾广心疼地说。

在苗圃、茶园种植的早期，苏庆亮曾经连续两个月住在旁边临时搭起的窝棚里；在他的工作日记中，日程排得满满的，经常是以 10 分钟为单位排顺序；他总顾不上吃早饭，饿了就从裤兜里掏出事先预备的花生米吃……

2003 年冬，修建环山湖陡山桥，需要找到水库底的排水闸阀。刚做完阑尾手术的他，竟脱衣扎进两米多深的冰水中，耗了好久寻找到闸阀，最终工程顺利开工，他却因冰水刺激造成了肠粘连，再次住院。

大陡山社区卫生所的医生说，苏庆亮患有高血压、糖尿病、偏头疼、咽炎、失眠等，很久之前便得了神经性耳聋，因工作压力大所致，一旦严重时就从耳孔流水。

在大陡山任职 21 年，苏庆亮没到群众家里吃过一顿饭，没收过群众一瓶酒、一包烟。

村里人都知道，在茶叶试种成功后，苏庆亮却戒掉了喝茶的习惯。有人问他，他这样解释："村里种茶，我是书记，担心村民犯琢磨，干脆戒茶。"时任天平街道办事处武装部部长的侯信涛回忆说，2013 年，大陡山村集体收入已有几百万元，但他和苏庆亮去浙江衢州考察炒茶设备，途经杭州时，每人吃的还是 12 元一碗的面条。

苏庆亮家住着 6 口人，父母、儿女和他们夫妻。院落狭小到只有条一米多宽的走廊。母亲曾唠叨过一句在屋顶加盖两间房，苏庆亮吆喝道："你可别给我惹那个事呵！"妻子在村幼儿园当教师，月薪1200 元。母亲患糖尿病 10 多年，并发症导致双目失明。74 岁的父亲在外打工，说自己一个月 1000 多元，吃药钱够了。

据说，苏庆亮从孩子以后的发展和安家角度考虑，也曾想过在市区买房，可是这么多年仅攒了 10 多万元，远不够首付，便没买。

苏庆亮 2012 年 3 月 28 日的工作日记中开头语这样写道："舍小家顾大家。"这恰是苏庆亮一贯的行为准则。

时刻不忘记，自己是一名共产党员

"说一千道一万，让群众幸福满意是关键。"苏庆亮的心里，始终装着广大干部群众。

村民霍守平的孙子吃花生呛了气管，情况危急。苏庆亮听说后，亲自开车把他送到医院，帮着挂号、找专家……直到孩子脱离危险才离开，临走时还掏上 200 元钱。

村集体有了钱，投资了 160 万元在村南河上架起大桥，把市区内公交车协调通到村口，所有 60 岁以上老人买了养老保险，建起高标准小学、幼儿园和便民服务中心……

后来的村党支部组织委员孟广波评价苏庆亮说："他最大的成就一是干，二是把村民都凝聚到了党支部周围来。"

苏庆亮去世后，人们从他家中翻找出了 27 本工作日记。2005 年 10 月 26 日，他的新一本工作日记开始启用，在扉页上，他写下了这样的句子："时刻不忘记，自己是一名共产党员，所肩负的职责是什么？"这是他作为一个共产党员的职责信念，也是他日常工作的座右铭。

大陡山村每天早晨 7 点准时开的"两委"干部"碰头会"已坚持了 10 多年。碰头会一项最重要的内容是汇报、检查前一天的工作完成情况，就是"抓落实"，要求当天完成的工作绝不能拖延到第二天，这是苏庆亮一贯秉持的原则，从而保证了村务工作的高效运转。

苏庆亮自己生前也常说："这些年村里的发展，多亏了有一个好班子，有一支好队伍。"

壮志未酬撒手去，留取丹青励后人。7 月 26 日，包括大陡山村所有在家村民、一些邻村村民和机关干部、外来朋友，共 1000 多人拥上村头，为他送葬。

张德海在村里独门独姓，身体常年衰病，两个孩子年幼，家庭生活困难。苏庆亮帮他翻修了房子，定期资助两个孩子上学。得知苏庆亮去世的消息，他放声痛哭。80 岁的宁洪芳泣不成声，一直念叨着："20 年了，你一直来拜年，这回来不了哇！"

卢水生，是苏州"三农"问题专家，因为来泰安讲课与苏庆亮认识。此后 8 次来大陡山，曾与苏庆亮商量规划发展蓝图至半夜。惊闻苏庆亮不幸去世，他非常心疼，认为苏庆亮一心为公，工作能力又强，是新时期优秀村党支部书记的楷模。

在苏庆亮的手机上，至今保存着他在西柏坡拍摄的 37 张照片、在大寨拍摄的 3 张照片，分别为"共产党员先锋岗""自力更生，奋发图强"字样的牌匾，还有纪念碑、特色雕塑……显然，这些都给当时的他以新的发展灵感。

这 40 张照片，就是他留给人们的最后遗嘱。

唯愿春风拂麦浪，一生真情系"三农"

——记山东农业大学余松烈院士

余松烈简介

余松烈，1921 年出生，中国现代小麦栽培学奠基人，中国工程院院士、山东农业大学教授。一生从事作物栽培学教学和科研工作，为我国小麦生产实现高产、优质、高效作出了重要贡献。2016 年 4 月 20 日因病逝世。他研究推广的冬小麦精播高产栽培技术被农业部确定为全国农业主推技术，在黄淮冬麦区大面积推广，多次刷新全国冬小麦单产纪录；主编《中国小麦学》《作物栽培学》等 10 多部著作，先后培养了 50 多名博士和硕士研究生，为国家输送了大批农业科技人才。1999 年获何梁何利基金科学与技术进步奖；2009 年被评为"山东省百位为新中国成立、建设作出突出贡献的英雄模范人物"；2016 年 9 月，被追授"齐鲁时代楷模"。

2016 年 4 月 20 日，中国现代小麦栽培学的奠基人，我国著名小麦栽培学家、教育家，中国工程院院士，山东农业大学教授余松烈与世长辞。风风雨雨数十载，如今春风又吹过，随风舞动的麦浪无言地诉说着与余松烈的羁绊，仿佛想再让老人看一看这蓬勃的长势。

与农结缘，一生牵挂

余松烈 1921 年出生于浙江宁波一个商人家庭，因抗战爆发，早年在南京求学的他被迫与叔父前往吴兴乡村山区避难。在那段"吃一顿饱饭都变成奢望"的岁月里，年少的余松烈亲身体验到新中国成立前农业生产的艰辛，农民"靠天吃饭"的状态带给他极大的思想冲击。

1938 年，余松烈随叔父辗转到上海，带着对农学的强烈兴趣，进入上海的南通学院农科读大学，1940 年，经考试转入私立福建协和大学农学院农艺系，并于 1942 年 6 月毕业，获农学学士学位。

大学毕业后，余松烈致力于农学的教学研究工作。新中国成立后，解决"吃饭问题"成为维护国家安全稳定的第一要务。当时，全国 90% 以上的人口从事农业生产，粮食产量却达不到自给水平。国家迫切需要一批农业科学家站出来，改变农业旧有的生产方式，带领农民科学种田，迅速提高粮食产量。也正是从那时起，余松烈开始将他多年的农学研究应用于生产实践，把"科教兴农"当作其肩负一生的责任和使命。

为解决我国北方小麦亩产不高的问题，这个对白米饭偏爱有加的南方人却将一生都献给了北方的麦田。他主导的小麦试验田曾多次刷新全国冬小麦单产纪录，关于冬小麦精播高产栽培理论的研究和技术创新，成为北方 6 个省份的小麦主推栽培技术。统计数据显示，余松烈一生的研究成果惠及 3 亿多亩麦田，累计增产小麦 260 多亿斤。

他与麦田打了 67 年交道，哪怕是生命的最后岁月，放不下的依旧是那片麦田。麦穗在他眼中仿佛不只是麦穗，而是活生生的生命。它们低垂的脑袋，在余松烈看来，像是诉说，像是娓娓而谈，又如同致敬。所以人们都说，来到地头的余松烈，永远都是笑着的。

金色勋章，功勋卓著

余松烈被誉为我国现代小麦栽培学奠基人，曾获过无数荣誉，其中不乏中国工程院院士、国家科学大会奖、两次国家科学技术进步奖二等奖、山东省科学技术进步奖一等奖等重量级称号和荣誉。可在他看来，这些都不如滕州农民赠予他的一枚金质勋章。

1974 年，为了能够研究出高产小麦，余松烈独自背着行李来到滕州。那时候，他白天和村民们到田间地头做调查，晚上则点着煤油灯和大家分析原因。不久后，他就提出"六改"的栽培方法，即改换主栽品种"鲁滕一号"为"泰山四号"，改播种量较大为适当压缩播种量，改适时晚播为适时早播，改耧播为机播，改行距 16.5 厘米为行距 19.8 厘米，不种畦埂麦，改重施返青肥为重施起身拔节肥。

"这一下不得了！ 1975 年，史村全村 820 亩小麦平均单产 457.5 公斤，并出现 500 公斤地块 209 亩。"1975 年夏收之后，余松烈总结史村"六改"试验成果，建议在全县推广史村的增产经验。

1975 年秋播，余松烈又选择姜屯公社黄庄大队，亲自进行人工小麦精播高产栽培试验。种了一辈子田的农民问余松烈："我们每亩

1974 年，余松烈和农民学生在研究冬小麦精播高产栽培技术

下种 10 多公斤，种这么稀还能收到麦子吗？"余松烈说："地力差，小麦分蘖少，种稀了不行。地力好，分蘖多，种稀了麦子会越长越好。"果然，麦苗起身拔节后越长越好，麦收时亩产达到 638 公斤，创下了我国北方冬小麦高产纪录。1980 年，余松烈在滕县指导农民种植的小麦高产试验田，亩产达到 500—600 公斤；滕县小麦面积 82.1 万亩，平均单产达 239.5 公斤。

1996 年 6 月 26 日，滕州市 120 万农民派两位代表王其金、韩敬田专程到山东农业大学，把一枚刻有"科技兴农，功勋卓著"的金质"丰收"勋章赠予余松烈。余松烈把这枚勋章看得比他获得的所有奖项都重要，评价为其一生中获得的无上荣誉。这枚金质勋章，既表达了农民兄弟对农业专家的敬仰之情，也是农民对农业科学家作出卓越贡献的一种无价的精神回报。

躬耕麦田，攻关高产

20 世纪 80 年代初，山东省 5500 多万亩小麦绝大部分还处在低产阶段，小麦生产发展潜力巨大。1980 年，余松烈担任山东省小麦技术顾问团团长，他决定在小麦主产区推广已经成熟的冬小麦精播高产栽培技术，以大幅提高全省小麦生产水平。余松烈结合山东省小麦技术顾问团和农业部小麦专家顾问组的工作，几乎跑遍了山东省所有小麦丰产县，还到河北、河南、江苏、山西等省进行宣传和示范推广。据不完全统计，1984 年至 1989 年，山东省各地累计推广冬小麦精播高产栽培技术 2126 万亩，累计增产 9.61 亿公斤，节省小麦种子8000 万公斤。

进入 80 岁高龄之后，余松烈不再主持科研项目，亦没有科研经费可用，但是他研究创新小麦精播高产技术的脚步却没有停止。2010年 6 月 1 日，已近 90 岁高龄的余松烈照例来到山东省泰安市岱岳区马庄镇小麦宽幅播种高产攻关田。"每年的 6 月初，赶到鲁中地区小麦即将成熟的时候，他总要实地考察一番。"山东农业大学教授董庆裕说，在亩产接连突破 500 公斤、600 公斤、700 公斤后，余老就把下一个目标定在了小麦亩产要突破 800 公斤上。

2014 年 6 月，小麦收获的季节，农业部组织的 7 位专家来到了烟台招远市辛庄镇马连沟村，在农业部小麦高产创建万亩示范区十亩攻关田里，对由余松烈担任技术顾问的攻关试验田进行实打验收。经过紧张的收割、脱粒、晒干等严格程序，实验结果出来了：3.14 亩验收田平均亩产达 817 公斤！已经 93 岁高龄的余松烈在病床上听到这个好消息时，高兴地频频点头。

余松烈在泰安市岱岳区马庄镇小麦宽幅播种高产攻关田考察

教书育人，桃李芬芳

　　余松烈不仅是一位育苗的科学家，还是一名育人的大学老师，在67年的教师生涯中，他收获了累累硕果。让余松烈最引以为傲的，不仅仅是他的小麦精播理论，更重要的是他培养了李振声、于振文这样的院士和一批有影响力的小麦专家。

　　他对学生的学习科研要求严格，对学生的生活关心细致入微，其严师慈父的品性，让学生们难以忘怀。中国科学院院士、著名小麦遗传育种学家、国家最高科学技术奖获得者李振声至今难忘余先生在地里工作的情景。李振声说："让我没想到的是，老师在地里给麦苗拴小牌子，记载一级、二级、三级发生分蘖的时间和规律，我的确很感动。"

余松烈培养的第一位博士、山东农业大学教授王振林对老师关心爱护学生的事记忆犹新:"我们上学时经济不宽裕,隔上一段时间,余先生就要把学生叫到一起,请我们吃饭。饭桌上大家心情舒畅,畅所欲言,师生之间其乐融融。每次吃饭,余先生都是包饭包酒。他特别理解青年人,总是提前离场,留下更多时间让我们同学单独交流。"

从 1982 年带第一个博士生,到 2007 年最后一个博士生毕业,28 名博士生得到了余松烈的言传身教。岁月带走年华,沉淀的却是余先生的谆谆教导。他培养的毕业生,分布在国内外高校、科研机构、农业管理部门和基层推广单位。这些学生深受余松烈学术思想影响,已经成为研究推广余松烈作物栽培学理论,特别是冬小麦精播高产、冬小麦宽幅精播高产理论和技术的学术传承人。

余松烈一生笔耕不辍,在山东农业大学校史馆保存着百万文字的稿纸,他编写的《作物栽培学》《田间试验管理》《冬小麦的栽培》等全国高等教育教材,不仅改变影响了我国无数农业科研工作者,也改变影响着上亿亩土地和几亿农民的命运。

作为农业科学家,余松烈深谙"农业丰则基础强、农民富则国家盛、农村稳则社会安"的道理。没有多少豪言壮语,但他把科教兴国、科教兴农作为奋斗目标,把服务"三农"、小麦增产作为心灵寄托,把对国家的责任、对人民的热爱化作实际行动,谱写了一曲大地耕耘者的奉献之歌。

以身许党的 "好书记"

——记临沂市兰山区义堂镇原党委书记许步忠

许步忠简介

许步忠，1975 年 1 月出生于临沂马厂湖镇，1993 年参加工作，先后在兰山区大岭小学、兰山街道、临沂商城管委会、兰山区安监局、李官镇、义堂镇工作，生前系义堂镇党委书记。在他的带领下，义堂镇打破环保和安全生产的双重瓶颈，成为全国重点镇、国家级发展改革试点镇、国家新型城镇化综合试点、国家级建制镇示范镇、山东省发展改革试点镇、山东省百镇建设示范镇等。2018 年 7 月，义堂镇党委被中共山东省委组织部表彰为 "干事创业好班子"。10 月 22 日，许步忠因劳累过度，因公殉职，年仅 43 岁。11 月 7 日，中共山东省委宣传部追授许步忠 "齐鲁时代楷模" 称号，11 月 8 日，又追授其 "山东省优秀共产党员" 称号。

在临沂市兰山区，有个能挑重担子、能啃"硬骨头"的基层党委书记。工作 25 年来，历经几次岗位调整，他一直扎根基层、拼搏进取，解决了一个又一个急难险重的困难，用一生践行着恪尽职守、敢于担当的崇高精神。他，就是"山东省干事创业好班长""齐鲁时代楷模""山东省优秀共产党员"——义堂镇原党委书记许步忠。

2018 年 10 月 22 日凌晨的临沂，一场秋雨寒凉，让人更感意外的，是一个生命的终结。许步忠因连续工作，劳累过度，突发疾病，因公殉职，走完了他年仅 43 岁的一生。

义堂镇的干部群众不会忘记，是许步忠在担任镇党委书记期间，勇敢挑起了产业重镇、板材之乡的发展重任，破解了"工业围城"难题，担负了新旧动能转换等重要职责。他攻坚克难，注重创新，用自己的生命诠释了一名共产党员对党忠诚、无私奉献的优秀品质。

讲真话干实事——他是不忘初心的"躬行者"

"有担当"三个字，是领导及同事们对许步忠评价最多的一个词。不论是到临沂商城主管消防工作、到李官镇抓土地增减挂项目，还是到义堂镇担任党政正职，许步忠都欣然受命。他务实踏实的工作作风，每到一处都给党委班子以清风正气。义堂商会党委书记李继品清晰记得许步忠初来义堂镇的情景，当时在参加退休老干部的集体活动时，许步忠说："我来就要讲真话，接下来就要干实事！"

义堂镇作为产业重镇，素有"中国板材之乡"的美誉，企业众多、镇强民富，多年来一直领跑兰山区各镇的经济发展。而产业红火的背后，代价也是巨大的。2017 年，义堂镇 4300 余家板材企业中，70% 的企业没有环评手续；火灾警报约占全区 1/4；在临沂市空气质

许步忠督导铁路物流园建设

量检测排名中，义堂镇几乎月月排倒数第一。许步忠曾说："融入义堂，才真正感受到义堂工作的压力和艰辛。"

环保和安全生产的双重压力，像两座大山压在义堂镇全体党员干部心头，"工业围城"问题成为心腹大患。"西城的发展必须要破解工业围城的问题"，"必须通过拆迁腾出发展空间"，"要拆除脏乱污，还绿水青山"……新区发展需要腹地，义堂群众也渴盼良好的生态环境。面对重任，许步忠只说了一句话："没问题，请放心。"

这句话正是许步忠的口头禅，在他上任170天后，义堂镇累计拆迁"散乱污"企业占地360万平方米，是兰山区2017年全区拆迁量的两倍；2018年义堂镇全镇都未发生火情；2018年前10个月的地方财政收入6.79亿元，同比增长43.9%；2018年7月，义堂镇党委被中共山东省委组织部表彰为"干事创业好班子"。

义堂商会会长凌思法说："许书记多次到企业、工地现场办公，有时拔出腿来两脚泥。但许书记就是有这种'一竿子插到底'的精神头，为了解决企业新上项目的土地流转问题，他全身心扑在上面。"

义堂镇干部群众都是这样评价许步忠的：什么时候见到他，基本上都是在忙工作。全年无休、加班熬夜是家常便饭，哪怕在生命最后时刻，许步忠想的还是工作。

时任义堂镇镇长的刘振超回忆称："10月21日晚上10点左右，我接到许书记电话连忙赶到了医院，他跟我交代了一些工作。快进手术室时，声音虚弱的许书记还在给另外一名同事打电话说工作上的事。"

办公室的门永远敞开——他是群众的"知心人"

2018年10月24日上午，许步忠同志遗体告别仪式在临沂市殡仪馆举行。上千人从不同地方赶到现场，人们跪倒了一片，许多人泣不成声。悼念厅外、广场上、马路上，挤满了前来送行的群众。有的群众拉起写有"一生奉献，两袖清风，人民的好书记许步忠同志一路走好"的横幅，表达无限追思。

"许书记是个好干部，心里有我们老百姓，这样的人不该走得那么早啊！"义堂镇小义堂社区56岁的郭道祥十分痛心地说。郭道祥双腿残疾，家境贫困。2017年8月，许步忠到社区走访后，托人给他送去一台轮椅；知道郭道祥喜欢写东西，许步忠又给他换了新电脑。

义堂商会会长凌思法至今还记得初次到许步忠办公室的情形：一个极其简朴的房间，一张办公桌、一张茶几、一组沙发，没有字画、没有花草、没有花哨的装饰。进门后，凌思法习惯性地把门关上。许步忠却起身走过来，又亲手把门打开了。"开着吧，群众有事好找。"

许步忠脱口而出的几个字，让凌思法温暖如春。

许步忠常说："我要干不好，群众就骂党；我要干得好，群众更爱党。"他还勉励同事们："可能咱看着是一件小事，在老百姓眼里那就是天大的事，咱镇村干部就是为老百姓干事才有价值的。"

时任临沂市兰山区委副书记、组织部部长陈士贤说起许步忠时，竖起大拇指："他从不把自己当领导干部，而是当作人民的儿子。"

没问题，你放心——他是干事创业的"好大哥"

"许书记待同事真诚宽容，是'我们的好大哥'。"时任义堂镇党委秘书谢逸康回忆，每天早上七八点钟，许步忠都会赶到办公室，晚上他又总是最后离开，周六周日他也雷打不动到单位加班。一年365天没有一天休息过，连大年三十那天晚上，许步忠也只是简单在食堂吃了盘饺子，后又在单位值了一夜班。

2012年11月，在李官镇推进土地增减挂工作的关键时期，许步忠走马上任镇人大主席。在楼子村搬迁工作现场，很多群众对楼盘分配方案不理解，群体性事件几乎一触即发。为了解决矛盾，他和工作人员一起冲在一线，迅速摸索出了一套搬迁上楼和拆迁复垦的李官工作模式。

"说起来惭愧，楼子村是我的片区范围，出了问题我压力特别大。"时任李官镇组织委员的杨宁回忆说，关键时刻许步忠挺身而出，通过耐心细致的解释，工作得以顺利推进。在工作中，许步忠一个人承担下了所有的压力，他还不忘给杨宁做思想工作："你压力不要太大，不要自责，我们从哪儿跌倒，从哪儿爬起来。"

"许书记真的就是把我们这些同事、下属当亲兄弟看。"杨宁每每想起许步忠，就只有"佩服"二字。

一个好班子，离不开一个好带头人。基层问题千头万绪、错综复杂，基层领导干部承受着很大压力。许步忠坚信"火车跑得快，全靠车头带"，他凡事都冲锋在前。同事们说，义堂镇领导班子之所以能处于"想干事，把事干好"这样一种状态，就是许书记"把正气树起来了"。

虽然带头冲在前，凡事敢担当，但在许步忠亲手写的汇报里，却字字未提自己，而是把班子成员、工作人员夸了个遍。

干净做事是最大的孝——他是永远的"老许"

时任兰山区柳青街道办事处主任的孙鹏飞，曾和许步忠共事6年，两人既是同事也是知交。孙鹏飞知道，许步忠深爱家人，只是不常宣于口。因为工作忙，有时老许回到家后，家人都睡了。一次工作餐时间，他向孙鹏飞感叹，哪怕再累再晚，都要走到孩子床头看看才心安。

许步忠，是孩子可以拍拍肩膀叫一声"老许"的好爸爸，是妻子口中调侃的"甩手掌柜"，更是父母眼中的"好儿子"。每次回老家看父母，许步忠逗留的时间都不长。他也馋老母亲做的饭菜，但常常没时间等她做完饭，就接到电话赶着去忙工作了。

2018年中秋节早晨，许步忠打电话说回家吃午饭，一家人高兴坏了，早早准备好一桌饭菜。但临近中午，许步忠却打电话说工作没干完，让家人先吃。一家人从中午11点等到下午5点，好不容易等到许步忠回来，他接了个电话，又因工作匆匆离开。不想，这顿只吃了5分钟的饭竟成了全家在一起吃的最后一顿团圆饭。

许步忠的父母都已年过七旬，父亲在村里当环卫工，母亲在附近工厂打零工。看到二老年龄大了还要操劳，同学邵泽山曾给许步忠父亲找到一个比较轻松的看大门工作。许步忠得知后却跟邵泽山发了火，认为这样做是以权谋私，执意让老父亲继续回村里"扫大街"。

许步忠生前常说："无论做事还是为人，都要干干净净，这才是对父母最大的孝顺。"

或许，正因为"从农村走出来"，才使许步忠更加了解人民疾苦和期盼，才使他始终坚守着廉洁的本分，清白做人，干净做事。而在全面建成小康社会的今天，许步忠虽已离去，但他的同事和战友们，正循着他的处事原则，在产业振兴和为民服务的大路上奋勇前进。

逝去的，永存着

——记山东能源临矿集团选派"第一书记"刘建光

刘建光简介

 刘建光，1971 年出生，临沂人，生前系山东能源临矿集团扶贫办公室副主任、临沂市派驻沂水县四十里堡镇洪沟村"第一书记"。因连续工作劳累过度，突发疾病抢救无效，于 2020 年 7 月因公殉职。他自参加工作以来始终信念坚定、忠诚于党，扎根基层、敬业奉献。尤其是 2016 年之后，他主动请缨，坚决打赢脱贫攻坚新时代"孟良崮战役"，先后担任第三批市派兰陵县鲁城镇刘家郭村"第一书记"、第四批市派沂水县四十里堡镇洪沟村"第一书记"。获得"临沂市优秀第一书记""临沂市最美第一书记"等称号，被中共临沂市委追授为"优秀共产党员"；2021 年 2 月，被中共中央、国务院追授为"全国脱贫攻坚先进个人"。

2020 年 7 月 7 日，在沂蒙老区脱贫攻坚战役胜利的前夕，沂水县四十里堡镇洪沟村"第一书记"刘建光却因突发疾病、以身殉职，年仅 49 岁。

这一天，他刚得知自己有望成为"临沂市最美第一书记"；他不知道的是，200 多天后，习近平总书记将向世界庄严宣告"我国脱贫攻坚战取得了全面胜利"，他也将被追授为"全国脱贫攻坚先进个人"。刘建光，用 1500 多个日夜的无悔付出和宝贵生命，叙写了沂蒙干部在小康路上的奉献伟力，他那满腔为民的情怀，早已融入八百里蒙山沂水间。

两代传承，一颗初心

2016 年初，临矿集团选派干部到村任职"第一书记"，时任临矿集团安全技术培训中心副主任的刘建光放弃了舒适的工作生活环境，主动请缨，奔赴一线。

2016 年 3 月，刘建光和同事兼搭档郭圣刚被安排到兰陵县鲁城镇刘家郭村任职"第一书记"。自此，"刘郭"的缘分就结下了。刘建光曾多次这样对郭圣刚说："我们两个人，一个姓刘，一个姓郭，这里又是'刘家郭村'，难得的缘分啊。"更让大家没想到的是，刘建光跟这个村子的缘分，远不止于此。

"30 年前，临矿集团也曾来村里扶贫，帮村里通了电。我记得当时的负责人叫刘春祥。"刘家郭村的老村委会主任说。而当时来扶贫的刘春祥，正是刘建光的父亲。时隔 30 年，父子俩竟先后走进同一个村，做同一份脱贫攻坚事业。刘建光在一份材料里写道："这是真正的'子承父业'，这更加坚定了我做好这份事业的决心。"

为了锻造一支意志如铁的扶贫队，刘建光一上任就制定了加强党支部建设和发展党员、培养后备干部的计划。为了提升党员的政治素质与综合能力，他定期组织学习，并培养了 14 名入党积极分子，为开展下一步工作打下了基础。

要想富，先修路。刘家郭村共 215 户、670 人，是一个建在半山腰的库区移民村。刘建光到任伊始，就把群众抱怨最多、期盼最大的修路作为一定要烧好烧旺的"第一把火"。可等刘建光好不容易申请来修路的项目和资金，村里人的反应却让他傻了眼。有些村民议论纷纷："修路是好事，不过不能砍我的树、占我门前的地，村里得赔钱补地！"

面对困难，刘建光一往无前。对于不愿意砍树的村民，他三番五次去做工作；对于不想填埋地瓜窖的村民，他带着笑脸上门劝说；对于不让在门前动工的老人家，他提着礼物去探望……就这样，刘建光和郭圣刚走遍了全村所有人家，开了数十场的大小会议，终于为村里

刘建光为学生免费发放学习用品

修好了 2000 多米的村内路和生产路，建好了两处健身活动小广场。

看着村子变了模样，村民脱贫致富的心也热起来。趁热打铁，刘建光他们又为村里新打 8 口农业灌溉水井，盖起了社区服务中心，还建了 60 千瓦光伏发电扶贫项目。而投资 70 万元入股的"扶贫车间"，主要引导村民学习草编加工和电子商务知识。另外，刘建光主动帮助有创业愿望的群众申请了小额扶贫贷款。为了丰富乡亲们的精神生活，刘建光还结合村子特色，牵头在村里成立了柳琴戏剧团……实干总会有收获，多管齐下，村里建档立卡的 26 户贫困户终于全部精准脱贫。

班子强了、村子美了、乡亲富了，在刘家郭村，经常能看见乡亲们在新修的广场上谈笑，时不时还拿出手机拍照发朋友圈。刘家郭村从原先的"三类村"一跃成为"一类村"，而那个时常站在匡王山顶、面朝会宝湖，谋划创造这一切的刘建光，却即将奔赴另一个"战场"。

接续奋斗，再战脱贫

"2018 年 4 月，我们第三批'第一书记'两年任期结束。刘建光对我说，咱们都是党员，有扶贫经验，身体也不错，应该将脱贫攻坚继续干下去。"郭圣刚提起当时的情形，眼泪依然忍不住，"于是，我们就又申请担任市派第四批'第一书记'。"

这一次，刘建光与郭圣刚被分到沂水县四十里堡镇洪沟村驻村扶贫。作为省定贫困村，该村各项工作都在全镇排名倒数。

2018 年 4 月 23 日，刘建光来到洪沟村。"那天，刘书记刚来到村里，就把行李一甩，说：'走，咱们出去转转，看看村里情况。'"

刘建光深入了解群众的所思所盼

村党支部书记韩洪贵回忆起来，当时刘建光连口水都没喝。

"在今年中秋节前，我要让洪沟村的大路修起来，路灯亮起来。"在随后召开的村民大会上，刘建光当众立下"军令状"。村民们笑话他："俺村 30 多年都没把路修起来，你来就能修好？"

村民们没想到，刘建光他们进村还不到俩月，村里的道路建设就开工了；刘建光也没想到，仅有 360 多米长的一条路，竟会遇到填沟、砍树、拆屋、迁坟等一个又一个"硬骨头"。

面对村民一次次的"闭门羹"，刘建光毫不气馁，村民上午把他推出家门，下午他就接着去，村民今天不开门，他待在门口一等就是一整天。在将近 1 个月的时间里，数不清他到村民家中去了多少次、说了多少话。

2018 年 9 月 22 日，距离中秋节还剩两天，下着小雨，而洪沟村的 58 盏太阳能路灯亮了，照在村里 6 米宽的新修道路上，让冒雨来看路灯、看新路的村民们欢呼一片。乡亲们拍了照片和视频，分享给在外的亲朋好友，整个村子都沉浸在欢乐中。可村民们不知道，刘建光他们为了抢时间，每每凌晨 3 点就起床干活儿，就为了实现中秋节前让路通起来、灯亮起来的承诺。

"没想到村里这条沟能填平！没想到路中间的房子能拆掉！没想到坟墓能移走！"金杯银杯不如群众的口碑，洪沟村村民韩凤树用一连 3 个"没想到"，道出了全村所有群众对"第一书记"的钦佩和感激。

任职洪沟村两年多来，刘建光和郭圣刚经多方协调筹资，新建穿村道路 2000 米、"户户通"11000 余平方米，绿化 4800 平方米、美化墙面 600 平方米，建起了 815 平方米的党群服务中心办公楼，协调安装了 12 万元的信号塔基站和 200 千伏安变压器等，让洪沟村发生了翻天覆地的变化。

为了让村民致富增收，刘建光跟罗欣药业合作，在村里流转土地种植了 80 亩丹参。村民不懂种植技术，村里就请来技术员一点点地教，刘建光学习也冲在村民前面。

就是在这样的工作热情和工作强度下，洪沟村的丹参获得了好收成。每亩地比以往增收 1000 元以上，可以给村集体带来收入 7 万多元。村里的老干部说，有了"第一书记"，洪沟村从"落后村"成了"红旗村"，还被评为"沂水县美丽乡村"。

点燃生命，践行初心

"我是一名党员，也想为乡亲们办点实实在在的事。"这是刘建光 2016 年主动报名加入"第一书记"队伍时说的一句话。

刘建光说到做到，用生命践行了"为乡亲们办点实实在在的事"的初心，谱写了新时代"水乳交融、生死与共"的沂蒙精神新篇章。

翻开刘建光生前留下的日记，上级工作要求、具体如何落实记得详细、安排得明白；每一名困难群众的家庭情况和需求诉求都被重点标记，但他唯独遗忘了自己。日记的最后一页，即定格在了他人生的最后一页。

从2016年驻村任职"第一书记"，刘建光就过上以村为家的生活，艰苦的条件没有让他退缩。他真正把村子当成家，把群众当亲人。早起晚睡、加班加点是家常便饭，一旦村里有工程建设，他就全天候上阵，接连一个多月都不回家。年复一年，他以一项项工作成绩深深打动了每一位村民，成为老百姓的"自家人"。

刘建光以身殉职后，在他为刘家郭村修建的小广场上，农民柳琴剧团唱出的"拉魂腔"声彻云霄，这是一场悼念演出。剧团团长张如乾，这位50多岁的沂蒙汉子哭红了眼睛。"我们剧团是刘书记他们全力支持才建起来的。当年买戏服太贵，刘书记说超出的钱他两个私人出钱补上。"嘹亮悠长的声调中，夏天的急雨突然而降，仿佛是来自上天的泣诉。

建光走了，蒙山垂首。"最美书记"的奖状还没来得及去领，女儿的婚礼还没等到他操办，洪沟村的丹参地还等着他去挥汗收获，刘家郭村的柳琴戏还等着他去欣赏聆听……

建光走了，沂水含悲，但他留下的精神遗产永存，全面建成小康社会的丰碑上，刻有他的名字。

奉献社区，鞠躬尽"翠"

——记济南市历下区甸柳新村街道第一社区原党委书记、居委会主任陈叶翠

陈叶翠简介

　　陈叶翠，1955 年出生，中共党员，生前为济南市历下区甸柳新村街道第一社区党委书记、居委会主任。她是山东省第一位直选出的"小巷总理"，自 1988 年到社区居委会工作以来，她倾多年心血于方寸之地，始终牢记全心全意为人民服务的宗旨，把"上为政府分忧，下为百姓解难"作为自己的座右铭，为群众办实事、办好事。几十年如一日的坚守，让陈叶翠在平凡的岗位上作出了不平凡的成绩，她把社区变成了"近者悦，远者来"的和谐家园，实现了"人和乐居"。但就在 2017 年 11 月 11 日，陈叶翠因病不幸去世，辖区居民长街送行，当地百姓至今缅怀着"最亲爱的陈主任"。

2017 年，立冬刚过，济南市历下区甸柳新村街道第一社区的居民们惴惴不安，他们不断祈祷着、祝福着。

可是，噩耗还是从山东省立医院传来：11 月 11 日晚，百姓们的"小巷总理"陈叶翠因病不幸去世，享年 62 岁。

11 月 12 日中午，甸柳新村街道第一社区食堂里温暖如春，正在吃饭的 4 位老人从电视里看到陈叶翠去世的消息后，抱头痛哭："陈主任你咋走了呢？你走了谁还管我们吃饭啊！"

她是社区百姓口中"看病和温饱，有事就去找"的"陈主任"，她是近 3000 户居民心目中敢作敢当的"当家人"，她是每天"不是在社区，就是在去社区路上"的"好书记"；她扎根社区 29 年，拖着病体走街串巷，直到去世前还惦记着社区幼儿园新添的志愿者名单；她让社区老人能够有尊严地养老，她让残疾居民自食其力活得踏实，她顶着千难万阻开办了社区医院、社区食堂，她让社区成为济南市第一个"双气入户"的老旧小区；她怒拍桌子为居民争取最大的利益，逼着开发商 11 次修改户型图……

鞠躬尽"翠"，在党委书记兼居委会主任陈叶翠的努力下，甸柳新村街道第一社区成了一个居民获得感、幸福感、安全感"指数爆棚"的地方。幼有所育、学有所教、劳有所得、病有所医、老有所养、住有所居、弱有所扶，都一一在居民身边实现。

叶落归根，枝开滴翠。追忆像一本线装书，被一页一页慢慢翻开。

咱把心交给百姓，百姓才能把心交给咱

"我拍了三天，就是没拍上书记的运动鞋。"想起这件事，宋秀珍的眼圈就开始泛红。

陈叶翠与社区老人交流交心

退休后，宋秀珍和几位老党员在社区的电脑班学会了做视频。"爱琢磨事儿"的陈叶翠成立了一个社区新闻中心，主要拍摄好人好事，每周制作两个视频，在社区大屏幕上播发，传递正能量。

拍了几十个视频，唯独没有陈叶翠的，大家便商量着一定要给书记拍一个，题目就叫"书记的运动鞋"。

原来，陈叶翠每天都穿着一双运动鞋在社区跑来跑去。问她为啥不穿皮鞋，她总是笑着说："穿运动鞋轻快，为大家服务起来方便。"

可是，宋秀珍早上6点多就扛着摄像机出门了，连着追了3天，愣是赶不上"书记的脚步"。"陈书记根本不在社区居委会办公室坐着。"风风火火，成天在社区里"转悠"，这就是居民眼里的陈叶翠。

"天天转悠啥呢？一个小小的社区，有那么多事情吗？"王英仙

2003 年退休之前，在济南汽车第二改装厂工作，工作的地方正对着甸柳新村的楼群，看着陈叶翠进进出出，她心里不禁纳闷儿。

退休后转入社区，自幼爱好武术的王英仙被陈叶翠拉着一块儿编健美操，看着陈叶翠相继建立起腰鼓队、合唱团、太极拳队、时装队等 13 支文体队伍，社区的文体活动越来越红火，王英仙这才刷新了对陈叶翠的认识："无论你什么时候去找她，她都在忙社区的事，经常'没事儿找事儿干'。"

看到小学生放学放假无人看管，她就腾出社区活动室让孩子们开展活动；为帮助社区残疾人就业，她带领大伙儿建起了全区第一家手工作坊；为帮助困难家庭和下岗失业人员再就业，她在社区成立了"再就业促进会"；为照顾社区孤寡空巢老人，她发动志愿者成立邻里互助"妈妈团"……

社区面积 0.4 平方公里，2900 多户、10000 多名居民，谁家孩子怎么样、谁家有人生大病、谁家有什么困难，全都装在陈叶翠脑袋里。

"咱把心交给百姓，百姓才能把心交给咱。"这是陈叶翠生前常说的话。

从家到居委会骑电动车只需 5 分钟，陈叶翠却常常要走上一两个小时——谁家下水道堵了、房顶漏了、夫妻俩闹矛盾了，大家都愿意找她拉一拉、唠一唠。

2012 年 7 月，陈叶翠被查出患有恶性肿瘤，手术后仅休息了两个月，就又回到了工作岗位。病情恶化后，她前后 5 次住院，心里依然放不下社区，经常是拔下针头又往社区跑。

重病住院期间，有同事去探望她，说话已无气力的她还在问："秋季运动会定到什么时候开？体育馆建设进展到什么程度了……"

要想管理好，就要为他们服务好

"甸柳人怀念陈叶翠，思绪如潮涌。不忘初心为民众，跟党心一条。奉献无悔三十载，桩桩件件顺民意……"

哼唱着自己专门为陈叶翠编写的歌——《怀念》，杜玉贞几度哽咽，热泪盈眶："我晚年最幸福的事就是来到甸柳一居认识陈书记，她是我最敬重的党员。"

杜玉贞爱唱爱跳，本不是甸柳一居的居民，但听说甸柳一居有个居民群众活动站，她就过来瞅瞅咋样。陈叶翠发现她有写歌作词的特长，就让她在社区里当腰鼓队教员和电脑班老师，每逢节日就请她编歌写词，她几乎每天上午都要坐车来甸柳一居。

"社区是共建共享的。只要做对甸柳一居有益的事，你就放手大胆地做，你就是甸柳一居的人。"陈叶翠的这句话，温暖了杜玉贞7年。而像杜玉贞这样被吸引来"共建共享"的外社区党员群众多达200人。

党员引领，是甸柳一居最大的特点。社区42位楼长、112位居民小组长，90%以上都由党员担任。陈叶翠划分党员责任区，有的负责楼宇环境卫生，有的了解居民思想动态，有的调解邻里矛盾纠纷。不仅如此，根据每名党员的特长，陈叶翠还成立了老党员环境卫生服务队、治安巡逻队和在职党员互助队，解决了垃圾乱倒、车辆乱停、占道经营等问题。

"说话有人听，办事有人跟。"陈叶翠身上有一股这样的魔力，但魔力不是与生俱来的。

因为企业改制，不少退休党员转入了社区。但由于缺乏归属感，一开始许多老党员不愿亮身份、不愿缴党费、不愿参加组织活动。陈叶翠没有把责任推给老党员，反而从自身找原因："什么叫管理？人家理你，你才能管，人家不理你，你怎么管？要想管理好，就要为他们服务好。"

她带领社区党委成员挨个走访党员家庭、了解情况：党员姜宗新家的房产证多年办不下来，心里总是不踏实，陈叶翠就积极协商有关部门，终于让她拿到了迟到 11 年的房产证。老党员刘春生，患有膀胱炎和胆结石病，一直没看好。陈叶翠就四处求医问诊，帮他住进千佛山医院，请来最好的专家，为他成功做了手术。刘春生深受感动，逢人便讲，是陈书记给了他第二次生命……

一个个党员的心，就这样被陈叶翠给暖热了。社区老党员开始愿意戴党徽、亮身份、当先锋，200 余名在职党员主动到社区报到，一支 500 余人的党员志愿服务队伍在小小社区拉了起来。

党组织是一杆旗、书记是一盏灯、党小组是一张网、党员是一团火——这就是陈叶翠的工作理念。

只要是居民的事儿，咱就要千方百计办好

走进甸柳一居，三幢质朴大气的高层居民楼耸立其间，与老楼群隔街相望。2016 年 6 月底，济南汽车第二改装厂棚户区改造的拆迁户陆续拿到了新房钥匙。

户型南北通透，面积没有一点浪费，每个房间都有窗户，阳光充足，卫生间干湿两区分开。66 岁的刘福运和老伴搬进了新房后，常念叨："有这样的居住环境和条件，很知足。"

早在 2012 年，搁置了多年的济南汽车第二改装厂棚户区改造再次启动。由于方案极不合理，老百姓都不配合。开发商找到陈叶翠，希望她来帮着做工作。

陈叶翠给街坊们送去珍贵的新房房产证

陈叶翠一看方案，立时急得拍了桌子："人家厕所还（有）6个平方（米），你们设计的卧室才7个平方（米）大，让老百姓怎么住？""咱总不能拆了个棚户区，又建个新的棚户区吧？"

被陈叶翠"怼回去"的开发商不得不重新设计户型，直到方案合理。最终，247户居民在3个月内全签了拆迁协议。

面对社区里的大事难事，陈叶翠总是迎着上，她说："只要是居民的事儿，咱就得管、就得办，而且要千方百计地管好办好。"

社区的甸新北路这条商业街，仅饭店就达20余家，排出的油污严重堵塞下水道，每周都得疏通两三次。由于涉及经营业主切身利益，以往整治起来十分困难。陈叶翠先后召开6次居民代表会议，实行"支部包片、党小组包楼、党员包户"，不到一个月，88个门头房整治一新，22家饭店被取缔，商业街彻底告别了"脏乱差"。

为了让"空巢老人"的午饭吃好，陈叶翠筹划建设老年食堂。没有场地，就说服租户清退门头房；没有建设资金，就四处"化缘"；没有水电气暖规划，就积极协调企业支持……如今，食堂办卡人员达到 1100 人，每天固定就餐的老人超过 200 人。

当陈叶翠去世的消息在大街小巷传开后，一位正在老年食堂就餐的、年过八旬的孤寡老人，拉着几个老姐妹抱头痛哭："我们的好书记，我们的好闺女，老天爷为什么不让我替你先走？"

2017 年 11 月 11 日，当陈叶翠的灵车缓缓行驶在社区，上千名居民含泪涌来，泣不成声，夹道送别。"社区我的家，是个温暖的家。社区我的家，是个和谐的家……"这首陈叶翠参与创作、甸柳一居人人都熟悉的旋律在社区广场上空响起，大家都忍不住停步落泪，眼前仿佛又浮现出陈叶翠风风火火的身影。

他用生命践行"为人民服务"

——记山东省工商局原派驻单县黄岗镇柴庄村 "第一书记"王新杰

王新杰简介

  王新杰，中共党员，2015 年 2
月到菏泽市单县黄岗镇柴庄村任"第
一书记"。在驻村工作中，创新思路、
苦干实干，为柴庄村修路、打井、改
造坑塘、建设加工企业、注册特色商
标、打造村级服务中心……柴庄村的
乡亲们实现了脱贫致富，王新杰成为村民口头的"贴心人"。
柴庄村的路平了、灯亮了，柴庄人心中的灯也亮了。然而，
2016 年 4 月，正当王新杰准备让村子百尺竿头更进一步时，
他倒在了扶贫一线。2021 年 2 月 25 日，王新杰被追授"全
国脱贫攻坚先进个人"称号。

  王新杰，一名普通的省直机关干部和省选派驻村"第一书记"。自
担任"第一书记"以来，他脚踏实地、任劳任怨，400 多个日日夜夜
带领单县黄岗镇柴庄村的 630 余户群众逐渐摆脱贫困。然而，正当他

铆足了劲儿谋划村子的发展前景，让百姓生活"好上加好"时，他就像一座从不歇息的钟，突然停摆了，生命定格在了 2016 年 4 月 24 日。

噩耗传来，第一张合影变成最后一张

2015 年 2 月，年关将至，春寒料峭，孟良崮战役纪念馆前，省工商局选派的 5 位"第一书记"，在接受完现场教育后，共同合影留念。可未曾想，这是他们与王新杰的首张也是最后一张合影。

2016 年 4 月 24 日，带病连续工作 10 余天的王新杰，刚从菏泽回到济南，就突发心脏病不幸辞世，终年 51 岁。

噩耗让共同生活、工作在一起的其他几位"第一书记"们感到难以置信，更让王新杰帮扶过的柴庄村村民感到意外和震惊，83 岁的老困难户黄富银甚至哭倒在王新杰生前居处……

热情、认真、无私是同事们对王新杰的一致评价。

2015 年 2 月，为积极响应省委的工作安排部署，王新杰主动报名，到单县黄岗镇柴庄村担任"第一书记"，开始了为期两年的帮扶工作。

自打到村任职，王新杰兢兢业业，任劳任怨，舍小家顾大家，经常连续几十天回不了济南。事实上，王新杰有睡眠呼吸暂停的老毛病，长期使用呼吸机，但他从不主动提及。由于工作任务繁重，生活不规律，他开始出现胃疼打嗝、胸闷憋气等症状。为了不影响工作进度，他也一直没有问医就诊。

2016 年 4 月 4 日，为了尽早完成争取修路计划、考察上报扶贫项目、收尾村级服务中心建设和坑塘改造等多项任务，王新杰独自驾车提前返村工作。

4 月 21 日，身体愈加难受的他才去县医院看病，但由于技术等原因无法检查。次日，他又去了县医院，但因记挂着工作，依然没有进行全面检查，仅是拿回了一包药服用。当天，他赶去安徽砀山考察粉条加工致富项目。返回后，又接着召开座谈会，商量建设用地问题。

23 日，王新杰还是没有休息，又两次驱车到朱集镇考察。

24 日上午，他亲自驾车，与工作组同事一起从单县返回济南，准备回单位汇报工作情况，以争取更多支持，然后到外地考察脱贫致富项目。在返程初始，他就感觉不适，但仍坚持赶路，最终耗时 4 个多小时匆忙赶回济南。不幸的是，当妻子下午回家后，发现王新杰已猝然离世。

"临走时还安排了下一步修路的事，说是回济两天就赶回，没曾想这一去就再没回来。"柴庄村的村民听说了王新杰去世的消息，止不住地流泪。

"他去世前 4 天，由于村里的打井、修路、建村级服务中心还有编织项目，基本告一段落了，大家特别高兴。他提议改善下生活，我们就自己包了水饺。"同在黄冈镇并肩工作的战友们感慨万千。

400 多个日夜，带领 630 多户群众脱贫致富

柴庄村，之前是个不被人熟知的穷村，王新杰生前就在这里工作。全村共 630 户，其中贫困户占比就超过 1/3；乡亲们的生活水平普遍较低。

初来柴庄村的王新杰看到，村头至镇驻地的 7 公里道路年久失修，雨天泥、晴天土；全村近 2/3 的耕地未解决灌溉问题，只能看天吃饭；全村电路老化，生活用电受影响；村活动室年久失修、房屋老

化，还存在用地纠纷，村干部无法正常开展工作，群众没有活动场所……王新杰每天要骑车在这高低不平的土路上，来回颠簸两次以上。王新杰很清楚基础设施对一个村庄的重要性，这7公里路，不仅是外出的必经之路，更是全村脱贫致富的必由之路，多走一趟，就多了份希望。

面对种种困难，王新杰丝毫没有退缩，冬冒严寒，夏顶烈日，以无私的奉献精神和抓铁有痕的优良作风，为柴庄村修了一条"幸福路"。现在的柴庄村，新修的水泥路两旁完成了绿化和亮化；实施了高低压生产生活用电线路的升级改造，群众不再浇地难、用电难；村活动室有了新址，村级服务中心主体工程已经完工；有线电视、网络以及全村90%的自来水入户，群众的生产生活条件大大改善……

村里的路平了、灯亮了；柴庄人心中的灯，也亮了。这一个个的变化，都包含着王新杰等人400多个日日夜夜的心血和汗水。从此，柴庄人真切地感受到：王书记是来干实事的！

授人以渔，走可持续发展之路

王新杰认为，脱贫致富是个大课题，绝不仅限于修路通水电这些基础项目。他一到柴庄村，就进行了大量走访调研。通过到党员干部、致富能手及贫困户家中走访，通过在田间地头、路边村口与群众交谈，他深入了解了村情民意，获得了丰富的第一手资料。而随着与大家交流的深入，彼此的感情也拉近了。最终经过反复酝酿，王新杰按照"一村一品、因地制宜、尊重民意、改善民生"的原则，谋划了村子的两年发展规划。

王新杰在田间与村委会主任交流种植情况

　　王新杰与村"两委"成员先后赴浙江、安徽等地考察致富项目，经调研筛选，确定了覆盖村全部贫困户、符合村实际情况的粉条加工项目，并稳步推进实施。为了增加村集体收入，他又提议将坑塘改造成鱼塘，转租后收取承包费，发展各项公益事业。

　　熟悉商标业务是王新杰的一大优势，他想方设法将其转化成老百姓的收入，主动为干部群众讲解商标助农的政策。他紧密结合当地的企业实际注册商标，协助一家企业申报了驰名商标，为前花园、张下庄、南老窝村合作社注册了"黄岗垄腾""铁倍""故道情"等商标，为单县百果家庭农场、黄岗镇果木种植专业合作社和柴庄村个体户注册了"慧硕"等特色商标，助力了特色农业发展，拉动了农产品加工销售，更促进了农民增收。就在他去世前，还协调着为黄岗镇注册"黄岗红炖羊肉"等地理标志商标。

　　短短一年多的时间，王新杰为老百姓交出了一份满意的答卷：建设村级服务中心 1 个，修路 4 公里，打井 20 眼，建设坑塘 1 个，建粉条加工企业 1 个，帮助发展注册驰名商标 1 个、特色商标 6 个等。

在他眼里，农民群众就是最亲的人

王新杰，有一双总是含笑温暖的眼睛，透着朴实亲切。作为一个农村出身的干部，王新杰之所以愿意去做"第一书记"，是因为在他眼里，农民群众就是最亲的人。

从 2015 年 2 月被选派到柴庄村开始，王新杰的心里就时刻装着那里的家家户户。谁家的房子该修了，谁家的老人生病了，谁家缺棉衣棉被油面了，哪个五保户家没钱过节……他都逐一登记造册。在柴庄人眼里，王新杰就是"咱柴庄人"。

把真心捧给群众的王新杰，也赢得了百姓的爱戴。郭灯山是柴庄村的一名独居老人，年过 70 岁，常年居住在一个破旧简陋的茅草棚里。棚子既不挡风，也不挡雨，存在极大的安全隐患，老人住处仅有一个烧水炉子和一张简易床。王新杰了解情况后，连忙想办法为他申请了危房改造。郭灯山住进新房后，专门邀请王新杰到家做客，他紧紧握住"第一书记"的手道谢："我们家三辈子都没住屋子了，到我这一辈总算离开茅棚盖上屋子了。"

村里的老困难户黄富银已经 83 岁，他的儿子黄显灵 64 岁，身体有病常年不能劳动，生活起居全靠父亲照顾，父子俩长期生活在 3 间破旧危房内。得知情况后，王新杰为父子两人各申请了 1700 元的低保，并申请了危房改造。生活得到明显改善后，父子俩感激地说："王新杰书记就是共产党派来的恩人。"

为了让孩子们有更好的学习环境，王新杰还致力于改善村里简陋

郭灯山住进新房后，特邀王新杰到家做客

的教学设施。四处奔走后，他联系到十几家爱心企业，打算发起一场关爱留守儿童的爱心捐赠活动。然而，正当王新杰鼓足了干劲，打算为柴庄村的进一步发展大显身手时，这座上足了发条钟，停摆了。

愿书记一路走好

400个日夜，在一个人生命的长河中只是短暂的时光，而王新杰却用这不长的生命历程诠释了一名共产党员的信念和追求。

他像一团火，为柴庄村炽热地燃烧着；他像一把阶梯，扶助乡亲们站得高、看得远。

"四百公里常往返，三千群众挂心间。党建脱贫两不误，事业个人难顾全。杰兄常新永为杰，天不假年终恨天。待到小康功成日，致祭英雄陵墓前。"这是单县挂职副书记乔国华沉痛缅怀王新杰的诗。

王新杰去世后,他早前联系的那些爱心企业负责人也不约而同地前来,为留守儿童捐钱捐物,完成了其遗愿。

王新杰走了,妻子还等着他回家吃一口热乎饭;女儿还等着向他倾诉心里话,乡亲们还等着他一起见证新项目的完成……

王新杰用生命践行"为人民服务",他所做过的一切,柴庄村人民都记在心底。村里的一草一木、一砖一瓦都在见证着一位农民之子、柴庄之子的深情。

站着是一座山，躺下是一条河

——记淄博市淄川区环保分局监察大队监察一科原科长孟祥民

孟祥民简介

孟祥民，1963 年出生，中共党员，1996 年转业后进入淄博市淄川区环保分局工作，历任监理站科员，罗村、磁村、龙泉 3 个镇环保站站长，监察一科科长等职务。2011 年 7 月，他因病医治无效去世，年仅 48 岁。他生前牢记宗旨，心系群众，忠于职守，即便患病期间也以超常毅力奋斗在环保工作第一线，用毕生精力实现了为人民健康鞠躬尽瘁的理想；他不畏艰难，敢于担当，面对违法行为敢于说"不"，被誉为"环保硬汉"；他一身正气，秉公执法，视名利淡如水，尽管家境困难，但从未利用手中权力谋私利、徇私情。2011 年 8 月，他被追授为"山东省优秀共产党员"；2013 年 9 月，被追授为"全国道德模范"。

孟祥民，生前为淄博市淄川区环保分局监察大队监察一科科长。2008 年 10 月，孟祥民就已确诊身患结肠癌。之后两年多的时间里，他经受了 22 次化疗。可每次治疗后，他都坚持回到工作岗位。生病期间，他多次参加环保专项行动，出色完成各项任务。后来孟祥民的病情再次恶化，不得不住院接受治疗，这一住就是 82 天。经历 8 个多小时的手术后，孟祥民醒来的第一句话就让家人与同事落泪："我还有几项工作没结尾……"

2011 年 7 月 24 日，钢铁般的"环保卫士"孟祥民逝世，年仅 48 岁。

他 15 年如一日默默奋战在环保一线，没有轰轰烈烈的壮举，只有踏踏实实地工作和清清白白地做人。

老孟走了，他的身躯已化作淄川马鞍山上挺拔苍翠的松柏，他的音容已汇入孝妇河奔腾不息的流水……

"百姓过得舒心，我们才能安心"

时间追溯到 1996 年，那年孟祥民刚从部队转业，来到淄博市淄川区环保分局监察大队工作。

刚到监察岗位，孟祥民毫无专业基础。于是，他每次到企业调查时，身上总带着一两本专业书，抽空就看，不懂就查，回到家也常常学习到深夜。就是靠着这种不服输的劲头和锲而不舍的精神，仅仅用了 3 个多月，孟祥民就从业务上的"门外汉"一跃成长为"行家里手"。

理论联系实际，孟祥民工作起来更是如虎添翼。他每天奔波在企业之间、河流两岸，时时以身作则，事事冲在前面。他经常对身边的人说："干不好工作，我们就对不起共产党员的称号。"

2001 年 8 月 4 日中午 11 点，群众举报罗村千峪乙炔厂无任何手续却在违规生产。这个厂紧邻千峪村，时值盛夏，室外气温近 40 摄氏度，而厂院内堆满的乙炔气罐，在阳光暴晒下堪比一颗颗不定时的炸弹。一旦发生爆炸，将危及千峪村近 2000 名村民的生命财产安全。

接到举报时，孟祥民正在沿河排查污染源，已经徒步检查了一上午，又累又饿，双腿酸痛，可他二话不说，直接赶到了事发地点。

见到企业负责人，孟祥民严厉问道："这些是不是乙炔气罐？这么热的天，爆炸了怎么办？"一句话，让企业负责人也惊出一身冷汗。孟祥民大踏步走上前去，伸手一摸气罐，火炭一般发热，粗略一数，有几十个气罐露天堆放着，如果发生爆炸，后果不堪设想。孟祥民当即上报，并协同当地政府部门紧急对气罐进行了降温处理。后经调查核实，这个企业是"三无"企业，存在巨大安全隐患，自然被依法取缔，涉案人员也受到了处罚。

淄川区是老工矿区，辖区监管企业多达 2000 家，占到整个淄博市企业总数的 1/3，乡镇企业可谓"遍地开花"。尽管环保工作力度不断加大，但有的企业为了经济利益仍顶风作案，偷排偷放时有发生。

孟祥民常给同事们鼓劲："保障群众的环境安全，也是保障自己家人的安全，苦点儿累点儿怕什么？重要的是群众对环境放心，家人生活舒心，我们才能安心。"丰富的基层环保实践经验让孟祥民逐渐成长起来，一步一步担起淄川区环境监察工作的重担。

"只要我身体还行，就让我多做一些工作吧"

人终究不是铁打的，巨大的环保压力和繁重的工作任务，长期的风餐露宿和极不规律的生活饮食，让孟祥民的身体吃不消了。2007

年，妻子刘爱清多次发现他有便血症状，屡次要求他去医院检查，但是每次都被孟祥民以"忙过这阵子就去"为由拖过去了。后来刘爱清从饮食上多加注意，督促丈夫多吃蔬菜水果，便血症状就消失了，她也就没有再理会。

直到有一天，孟祥民突然感觉肠胃很不舒服，肚子胀得难受，他不得不抽空到医院检查，而检查的结果竟是——他患了结肠癌，医生让他尽快进行手术。当听到"癌症"两个字时，孟祥民的心当时就揪起来了，脑子里乱极了，怎么办？还能活多久？还有好多想法没能实施啊！

从医院出来，孟祥民找了个台阶坐下，他眼泪止不住地涌出来。"反正这病得都得了，治也治不好，能干一天是一天吧。"孟祥民一把抹掉了眼泪，把诊断书往口袋里一塞，径直回到工作岗位上。

当时，淄川区正在开展取缔小砖瓦厂、小炼铁厂、石灰窑的专项行动，这类重污染厂子分布广、牵连多，清理取缔阻力重重。有几次，群众在取缔现场与执法人员甚至发生了冲突，孟祥民总是第一个冲上去护住其他执法人员，安抚业主情绪，耐心细致地解释取缔行动的意义，最终全部完成了取缔工作。

在这些专项取缔行动中，让同事们奇怪的是，孟祥民比以前更拼命了，起早贪黑，话也少了许多。另外，他变得特别喜欢喝香油，两三天喝一瓶。事后大家才知道，这是大夫嘱咐他的，如果不做手术就得喝香油，每天至少半斤，通便。

2008年12月，专项取缔行动基本告一段落，孟祥民这才走进局长办公室，拿出了诊断书，说前段时间检查确诊患了癌症，需要做手术。领导和同事们大为吃惊，又着急又心疼。

12月29日，孟祥民接受了第一次手术。术后，医生悄悄地告诉刘爱清："你爱人的癌细胞已经扩散到肝脏，进入晚期了，最长不过

孟祥民检查环保设备

半年，短了也就 3 个月。"

　　然而，做了结肠手术后，孟祥民仅仅休息了两个月，就拖着病躯重新站到了工作岗位上。领导多次强烈要求他回家休息，他却一直坚持了下来。他说："人总有一死，没什么大不了的，只要我身体还行，就让我多做一些工作吧！"

"只有清清白白做人，才能挺直腰杆做事"

　　很多人说，孟祥民干工作不要命，从不把自己当病人，敢冲，敢拼。其实，身患绝症的孟祥民，比他们每一个人都更加珍惜自己的生命，因为他知道，留给家人和环保事业的时间不多了，要把有限的生命投入无限的事业。

2009年，按照淄博市统一部署，淄川区全面开展环境整治工作，孟祥民负责调度、督导列入整治工程的20多家重点企业。五一节后上班第一天，是孟祥民跟医院约定好做化疗的日子，但局里恰巧定于那天组织统一督查。他便悄悄给医院打电话推迟了化疗时间，然后带领同事们逐家督查耐火材料厂的关停情况，并查看了3家粉尘治理重点企业的整改进度，直到中午1点多才到镇政府食堂就餐。同事们看他一手捂着肚子，便问他怎么了，他说难受、不舒服，大家让他赶快坐下休息，可他只喝了一杯白开水，又忍痛带领大家去了下一个乡镇督察。

环境监察不仅是一项辛苦活，更是一项危险活，尤其是淄川区的企业多为乡镇企业，环境执法过程中常常遇到"不合作"的当事人。面对危险，孟祥民从不低头，更不吐一个难字。

2009年4月，淄川利民污水处理厂连续几天排放超标。为尽快查清原因，孟祥民带领夜查组，从留仙湖一路步行到贾村水库，顺着排污管线严密检查。凌晨3点多，当检查到离污水处理厂100米左右时，孟祥民发现有一辆罐车开到了一个院内，随后院门紧闭，院墙有两米多高，从外面看，什么也看不到。

为一查究竟，孟祥民爬上院墙观察，发现一伙人正在利用观察井偷排废水。他回头告诉后边的同志立即报警，自己则跳进院内制止违法行为。没想到，违法排污人员非但不听，还对他进行恐吓，更将笼子里的狗放了出来。孟祥民见事不好，立即翻上了院墙，即便这样，还是被狗咬了一口，小腿鲜血直流。直到公安干警迅速赶到现场，才制止了违法行为。

熟悉环保工作的人都知道，在环境"命门"意识持续加强的大背景下，"环保权力"往往在张弛之间就能左右一个企业的生死。孟祥民长期战斗在环境执法一线，随时面临着金钱的诱惑。然而，淄川区

孟祥民在双凤电厂询问情况

的很多企业主们都知道，孟祥民是一个不为金钱所动的人。

多年来，通过请客送礼干扰环境执法的事孟祥民没少遇到过。可孟祥民用实际行动践行了一个共产党员的忠诚，作为一个手握环境执法权十几年的人，他清贫如水，身后是一个穷困异常的家庭：年迈的父母是地道的农民，常年用柴草做饭，偶尔进城看儿子，连基本的液化气灶都不会用；一直在身边不离不弃的妻子，1996年就下岗了；女儿读大学，一家人的生活开支全靠孟祥民的工资，月月捉襟见肘；单位两次集资建房，孟祥民都因家庭困难而放弃指标，一家人一直住在不足70平方米的老房子里……

而孟祥民丝毫不怕清苦，他只是说："我有两件事情很遗憾，一件是当了15年兵，没当够；另一件是想活着，还想工作！"

2011年7月24日，年仅48岁的孟祥民最终还是离开了这个世界，但他用生命谱写了一曲震撼人心的环保赞歌。孟祥民生前常说："人这一辈子，站着就得像一座山，堂堂正正，光明磊落；躺下就得像一条河，滋润大地，泽被后世。"

夕阳虽微，普照大地

——记烟台招远市蚕庄镇柳杭村村民刘盛兰

刘盛兰简介

刘盛兰，1923 年出生，是烟台招远市蚕庄镇柳杭村一位普通的农民，他用自己的人生诠释了"虽莹莹微光，却熠熠生辉"。早年家境贫寒，只读过几年小学；属"五保"老人。自 1996 年起至 2013 年，以拾荒为生，几乎未尝肉味，没添过一件新衣，"吝啬"到连一个馒头都舍不得买。但是，他却在近 20 年时间里，慷慨地将拾荒所得钱财捐给了 100 多名贫困学生，圆了学子们的读书梦。2014 年，入选"感动中国"2013 年度十大人物；2015 年，荣获"全国道德模范"提名奖。2016 年 1 月 16 日，老人安详去世，享年 93 岁。

刘盛兰，这个经历过抗日战争、解放战争的老人，在清贫的晚年活出了"人间大爱"。他既是"拾荒人"，又是"公益人"，还是让百名贫困学生重返课堂的"圆梦人"。

1923 年，刘盛兰出生于烟台招远市蚕庄镇柳杭村的一个普通农民家庭。9 岁那年，父亲去世，留下老母亲和兄妹五个。由于父亲的离开，家里没有壮劳力，他的童年可谓饥寒交迫。后来，在姐夫的资助下，刘盛兰踏入了学堂，但好景不长，仅仅上了四年半的学，他便因为家庭原因而辍学，当起了学徒工养家糊口。自此以后，上学，便成为他一生无法完成的夙愿。刘盛兰年轻时的经历很平凡，长年在外打工，后来在一家企业做保管员。73 岁的时候，老伴去世，他成了孤寡老人。惨淡的身世并没有让老人抱怨，更没有让老人沉沦，他反而自立自强，即使在最困难的时候，也愿用自己的微薄之力给他人带去希望。夕阳虽微，普照大地。

虽居漏屋，毅然助学

1996 年，刘盛兰无意中从一张废旧报纸上看到：邹城市王村乡东洪洋村 13 岁的中学生吕亚洲，因家庭发生变故，父亲去世母亲改嫁，家里只剩下瘫痪在床的 85 岁的曾祖母和 60 岁的奶奶，面临着辍学危险。经过仔细考虑，刘盛兰老人给吕亚洲写了一封信，一边鼓励他安心上学，一边随信寄去了 50 元钱。这就是刘盛兰的第一次助学。

第一次帮助别人，让刘盛兰感受到前所未有的责任感和归属感。自那以后，他一边从捡来的废旧报纸上获得失学孩子的信息，一边把自己辛辛苦苦捡破烂挣来的钱寄给那些孩子，刘盛兰老人的拾荒捐助之路，就这样开始了。在后来的近 20 年时间里，只要从电视或报纸上看到有人需要帮助，老人就往外寄钱，帮助最多的是失学的孩子。而关于捐钱的理由，他的回答却是那样简单，他说："吃什么咽下去都一样，还不如捐出来。"

刘盛兰老人拾荒助学

1997年，刘盛兰又从报纸上看到烟台海阳的中学生李晓国面临失学，就开始资助他，每年都会寄去几百元。如今，李晓国早已从烟台大学顺利毕业，走上了工作岗位。乔刚和乔磊是山东龙口的一对双胞胎孤儿，在刘盛兰的资助下，哥哥乔刚已经大学毕业，兄弟俩都找到了不错的工作，而且已经结婚生子……

在刘盛兰的一次次捐助下，一批又一批孩子成人、成才，但实际上刘盛兰自己的生活极其清贫，常年居住的房屋也简陋至极。他没有一件像样的家具，最值钱的宝贝却有两样，一样是一摞整整齐齐的信封，信封里有厚厚一叠汇款单，50元的、100元的、200元的、1000元的……时间从1996年一直延续到2016年，汇款地址从黑龙江，到广西、云南、海南，再到青海、甘肃、陕西、山西等，几

刘盛兰阅读资助学生的回信

乎遍布全国各个地方。此外，还有300多封受捐助学生的来信，开头有叫他"爸爸"的，有叫他"刘阿姨"的，也有叫他"刘奶奶"的，大部分人连老人的性别都不知道，但老人却一点儿也不在乎。刘盛兰生前曾说："称呼不重要，我这个人也不重要，只要对他们有帮助就行。"

刘盛兰的另一样宝贝，是放着许多照片的镜框，后来镜框里放不开了，他又把照片贴在一张大白纸上。每每看到这些，刘盛兰都备感自豪，因为这些照片里既有大学生，也有中小学生，是他资助学生的一部分。

这两样"宝贝"，在刘盛兰心中比什么豪华家具都贵重，他没事的时候就翻看一下报纸，端详一下照片，每想到这些孩子因自己而完成学业，甚至改变人生，他就感到很幸福。

讨薪不为己，只为读书郎

若干年之前，刘盛兰曾在当地一家公司里做保管员，每月能挣300多元钱。不过随着公司生意的不景气，到后来就一直没给他发工资。"拖了整整三年，一万多块钱的工资几乎一分没给。"待刘盛兰准备离开公司时，那家公司老板只给了他300元钱，之后就再没提工资的事。尽管多次讨要，一直未果。

最终，刘盛兰将其告上了法庭，那一年，他82岁。后来，官司赢了，老人就去要钱，但经理还是赖着不给。之后老人几乎每天都到公司去讨要欠款，但公司经理却一直告诉他没钱。当地法院的一位主任得知此事后，积极为老人提供帮助。"那个主任一听我的情况，就赶紧找到法院的执行局。"最终，在法院执行局的多次干涉下，刘盛兰要回了欠款。

不过，钱刚到手不久，便全被刘盛兰"挥霍"了。他笑着说："全捐出去了，我留着也没用，捐给学生念书救急，怎么不比自己花强？"几年奔波要钱，前后曲折滋味恐怕只有老人自己知道，但钱到手后，却毅然决然地捐给了贫困学生。在他心里，讨薪根本不是为了自己，而是为了尚未有书读的孩子。

虽如莹莹微光，却能熠熠生辉

刘盛兰的事迹经多家媒体报道后，他成了当地的名人，影响力也越来越大。全国各地的好心人及众多志愿者纷纷前来看望老人，有的拿着钱，有的带着慰问品。然而，刘盛兰把吃的喝的留下，钱又全部捐了出去。

2005 年，当地政府工作人员看望了刘盛兰，并送去 4000 元慰问金，安排他到镇敬老院生活。刘盛兰谢绝了组织的安排，而且把慰问金全部资助了学生，他说不愿意给政府添麻烦，要趁还能活动的时候多资助几名学生。事实上，为多攒点儿钱捐助学生，刘盛兰一直没住养老院，因为不去养老院，他每年可拿到 1800 元的生活补贴。而这1800 元钱，总会被他全部捐出去。

多年以来，刘盛兰穿着旧衣服，一年就冬夏两套，吃的菜往往是菜市场里的"边角料"，邻里都说他："谁吃的都比你吃的强。"但刘盛兰不在乎这些，近 20 年时间里，他把自己 10 多万元的积蓄一点点儿寄往了大江南北，前后资助了 100 多名孩子。别人都以为刘盛兰活得苦，但刘盛兰觉得自己活得很安心。两年时间里，他出了 5 次车祸，有一次被一辆摩托车撞出好远，但爬起来一点儿事也没有，他相信这是"好人有好报"。"钱再多也没有什么用，人是无价宝。"这是刘盛兰生前常挂在嘴边的话。2010 年之后，严重的白内障让老人几近失明，可他却不舍得花钱去治。2013 年，老人得了病，不能再继续拾荒助学了，政府帮他把病治好后，将他安排在市老年公寓安度晚年，可能正应验了他那句"好人有好报"。

在生命的最后几年里，有人问他未来生活的打算，刘盛兰的回答让人吃惊："岁数大了，不中用了，等我死了，把遗体捐给医院吧。"

2016 年，老人安详去世，他数十年如一日拾荒助学的故事，至今仍在人们口中传颂。有人说："他让爱心的星火燎原，在暮年之际，用微光照亮了整个大地。"我们说，全面小康的实现，离不开一个个"伟大人物"，也离不开一位位"平凡角色"。虽莹莹微光，却熠熠生辉。

后　记

"民亦劳止，汔可小康。惠此中国，以绥四方。"小康，是中华民族的千年梦想，寄托着人民对美好生活的向往。

在实现全面建成小康社会这一百年奋斗目标的伟大进程中，山东各级各部门各单位和广大党员干部群众坚持以习近平新时代中国特色社会主义思想为指导，深入贯彻习近平总书记关于全面建成小康社会的重要论述和对山东工作的重要指示要求，一以贯之地落实"五位一体"思路，始终以百姓为先，紧盯"黄河滩"，聚焦"沂蒙山"，锁定"老病残"，以只争朝夕的魄力和不动如山的定力拼搏奋斗。全省251.6万建档立卡的贫困人口全部脱贫，8654个省扶贫工作重点村全部退出，居民人均可支配收入达到3.57万元，城镇新增就业连年稳定在100万人以上，交出了"一个也不能少"的山东答卷。

小康一头连着中华民族的"大梦想"，一头连着每个家庭的"小日子"。在实现"小康梦"的道路上，无数齐鲁儿女谱写出一曲奋进与收获之歌，无数感人至深的事迹在山东大地上传播。本书不只着眼于宏大叙事，更聚焦在一个又一个敢干敢为的山东奋斗者身上，展现其生动的生活细节和工作场景，旨在以图文并茂、案例鲜活的形式让榜样的力量引人共情和共进。因此在人物选择中，既有闻名全国的时代楷模，又有百姓喜闻乐见的民间英雄。如永远战斗的"当代保尔·柯察金"朱彦夫，如"志""智"双扶的乡村振兴"领头雁"王传喜，如唯愿春风拂麦浪的农业科学家余松烈，如矢志带领乡亲们致富的好书记王乐义，还有为小康事业献出宝贵生命的赵志全、苏庆亮、许步忠、孟祥民等等。一位位小康路上的山东奋斗者，诠释了人民群众是历史的"剧中人"；一位位平凡却又伟大的山东英雄，昭示着人民群众也是历史的"剧作者"。他们用行动宣告，奋斗不是一阵子的事，而是一辈子的事。

本书作为"纪录小康工程"地方丛书"山东奋斗者"分册，自2022年春节后开始编撰，到6月底定稿，历时4个多月。其间，在中共山东省委宣传部指导下，逐一确定内容主旨、梳理甄选人物、开展电话访问、搜集各类素材。中共山东省委宣传部、山东人民出版社、山东省互联网传媒集团的同志们力出一孔、通力协作，省内各市、各机关单位、各院校、各企业鼎力相助，提供宝贵资料，为分册的顺利付梓支持甚大，在此一并致谢。

因时间仓促，水平有限，书中难免会有一些疏漏之处，恳请读者批评指正，待再版时予以修正。

本书编写组

2022 年 6 月